本书系重庆市普通高中教育教学改革研究重大课题
“区域推进普通高中多样化发展的实践研究——以南岸区课程领导力建设为例”
（批准文号：2015cqjwgz1002）的研究成果

深化课程教学改革丛书

课程领导力

——普通高中系统变革的核心动力

包茹华　李小兵◎主编

北京师范大学出版集团
BEIJING NORMAL UNIVERSITY PUBLISHING GROUP
北京师范大学出版社

图书在版编目(CIP)数据

课程领导力：普通高中系统变革的核心动力/包茹华，李小兵主编. —北京：北京师范大学出版社，2023.11

(深化课程教学改革丛书)

ISBN 978-7-303-26517-6

Ⅰ. ①课…　Ⅱ. ①包…②李…　Ⅲ. ①课程－教学研究－高中　Ⅳ. ①G632.3

中国版本图书馆 CIP 数据核字(2020)第 225874 号

KECHENG LINGDAOLI——PUTONG GAOZHONG XITONG BIANGE DE HEXIN DONGLI

出版发行：北京师范大学出版社　www.bnupg.com
　　　　　北京市西城区新街口外大街 12-3 号
　　　　　邮政编码：100088

印　　刷：天津中印联印务有限公司
经　　销：全国新华书店
开　　本：710 mm×1000 mm　1/16
印　　张：13.75
字　　数：260 千字
版　　次：2023 年 11 月第 1 版
印　　次：2023 年 11 月第 1 次印刷
定　　价：46.00 元

策划编辑：刘　一　　　　责任编辑：刘　一
美术编辑：姚昕彤　　　　装帧设计：汉风唐韵
责任校对：段立超　　　　责任印制：李汝星

前　言

随着教育改革的不断深入和“十三五”教育规划的制定，我国基础教育阶段的高中教育已经进入了普及化阶段，其面临的主要任务已不是规模增长等外延发展，而是在普及基础上如何促进高中教育的质量提升等内涵发展。这个内涵发展的关键，就是按照2018年全国教育大会习近平总书记有关“推动教育从规模增长向质量提升转变”的方向引领和《国家中长期教育改革和发展规划纲要（2010—2020年）》有关高中教育的具体要求，大力推进普通高中的多元办学、多样培养与特色发展。

当前，重庆市南岸区基础教育的整体水平正在不断发展，普通高中的教育质量也在日益提升。同时，也出现了区域内高中教育办学特色不够鲜明等问题，不同高中在办学体制、办学理念、培养模式、学校课程等方面存在统一化、趋同化的倾向，难以满足当前高中学生日益增长的多样化的发展需求和社会发展转型背景下多样化的人才要求，这已经成为南岸区普通高中教育发展面临的一大挑战。为了在区域内推动普通高中学校多元化发展，从根源上扭转区域内普通高中缺乏多元格局和多样发展的现状，南岸区以国家基础教育课程改革和重庆市深化教育领域综合改革为契机，结合当前重庆市深化普通高等学校考试招生综合改革精神，在区域“十三五”教育事业发展规划中认真研究高中教育发展新形势，以南岸区正在大力开展的区域课程建设为抓手，用课程领导力推进区域普通高中多样化发展。

课程是学校最重要的教育载体，学生差异性、个性化的发展主要通过结构多样、内容多彩的学校课程来实现。恰逢其时，南岸区的基础教育课程改革和学校课程领导力所着力的恰恰是学校课程的结构优化和内涵发展，成为促进区域内教育综合改革尤其是普通高中多样化发展的核心力量。通过学校课程领导力提升学校的课程领导力水平，根据学校发展规划、办学理念和自身特色，对学校的课程体系进行顶层设计，并以此优化课程结构，合理确定必修、选修课程比例，增强课程的选择性，为学生提供更多自主发展的空间。在坚持国家三级课程管理制度的框架下，赋予高中学校更大的课程管理自主权，扩大学校的选修课程在课程门类和课时中的比例，鼓励和支持普通高中开发更多的特色课程。充分尊重学生认知特点和能力结构的差异，通过落实选课制度、学分制度、弹性学时制度和评价制度，积极推进选科组合后走班制、学分制和导师制，满足学生个性化的课程学习需求。

深化课程改革和创新育人模式是学校内涵发展的重要突破口，南岸区正是以此为支点，撬动整个区域高中教育的深层变革。区域课程领导力是具有协调、组织功能的专业领导力，不仅是一种行政推动力，还是一种专业推动力，不仅带领与课程有关的人员转变教育教学观念，还能依据政策转变评价机制，并得到区域教育改革政策的支持。区域课程领导力是普通高中多样化发展的内在需求和强大推动力，也是推进普通高中多样化发展的杠杆，以此实现区域普通高中办学体制多样、培养模式多样、课程结构多样和学校特色多样。

重庆市南岸区以课程领导力推进普通高中多样化发展，是丰富普通高中办学类型，形成总量充足、各具特色发展格局的实践探索，形成了区域内扩大优质教育资源，促进学校自主发展、特色发展与质量提升的有益经验。在实践过程中，也在着力开展基于区域课程领导建设和学校多样化发展的理论建构和体系建设，砥砺前行，希望得到专家和同行的批评指正。是以为序。

包茹华

2019 年 5 月

目　录

第一章　普通高中多样化发展的背景与现状

最近几十年，是重庆市南岸区(以下简称“我区”)发展最快的几十年。社会的快速进步对教育提出了全新的要求和挑战。高中教育在国民教育体系中起着承上启下的关键作用。但我区高中教育体系中存在的“千人一面”同质化问题，不仅难以满足人民对教育质量提升的需求，也难以满足社会对多样化人才的需求。只有基于多样化的发展，才能够促进教育系统与环境相适应，从而逐步扭转当前的应试格局，满足多样化的社会发展与人的发展的真实需求。① 20 世纪以来，世界主要发达国家在推进高中教育多样化发展过程中成就显著，经验丰富。在教育现代化要求的大背景下，从世界高中多样化发展进程着眼，结合中国高中教育发展趋势，探讨我区的高中教育，可以为我区的高中教育发展确立良好的定位。

第一节　国际普通高中发展的视野

世界主要发达国家的基础教育起初实行普及教育和精英教育的双轨制，即面向民众的基础教育只限于小学阶段，主要是为资本家培养合格的劳动者；中学主要招收有良好家庭背景的儿童入学，为大学培养人才，造就所谓的“社会精英”。但到了 19 世纪下半叶至 20 世纪初期，世界主要发达国家的基础教育从学制两端逐步向学制中段转移。普及教育使命从小学开始逐步上移，精英教育使命从高等教育向下延伸，两种使命在高中教育阶段交汇，使得高中教育具有了特别的意义。② 高中教育功能和使命的转换，其动力主要来自社会发展对人才多样化和人才素质提升的需要。面向高中教育承担的多重使命，世界各国的高中教育改革经验证明，只有实行高中教育的多样化发展，才能不辱使命。

---

① 闻待：《论高中教育的多样化发展》，博士学位论文，华东师范大学，2010 年。

② 袁桂林：《对普通高中多样化发展的理解》，《人民教育》2013 年第 8 期。

一、国际中等教育的发展趋势

(一)国际中等教育分轨制的兴起

第二次世界大战前后，发达国家基本实现中等教育的普及。家庭、学生对教育多样化的需求日益引起社会的重视。在这个背景下，绝大多数国家通过入学教育分轨，即分轨制来满足高中年龄段学生的多样化需求。其中英国的中等教育多轨制最有代表性。

第一次世界大战前英国只有少量初中生可升入中等学校读书。战后，英国工人提出中等教育改革的要求，要求让所有正常儿童都能享受至16岁的全日制中等教育。针对这种诉求，英国工党建议同时举办学术型的文法学校、技术型的技术中学和实用型的现代中学，通过初升高分轨来完成初等教育和中等教育的衔接与调整，保证所有适龄儿童接受适宜的中等教育。至“1944年教育法”通过后，英国在二战后逐步建立起了以分轨制为特征的普及性中等教育制度。

(二)国际教育的综合中学运动

20世纪60至70年代，世界各国民权运动此起彼伏，各个阶层的人群都要求相应的民主权利，分轨制的中等教育受到激烈抨击。在此背景下，欧美国家综合中学运动兴起。通过综合中学运动，欧美各国建立了一批在课程、招生对象、分组等方面更为综合、全面和平等的中等教育机构，并有效地改变了中等教育机构分类、选拔和分流等制度。①

美国是综合中学的创立者，也是综合中学标准的创建者。1959年发表的“科南特报告”，即《今日美国中学》报告概括了综合中学的三大任务：“一、为所有的未来公民提供普通教育；二、为那些想在学校毕业后立即使用所学技能的学生开设很好的选修课程；三、为毕业后上学院或大学深造的学生开设令人满意的文理课程。”②因此美国“综合中学”基本摒弃了分轨制，让学生依据能力而不是出身在学校中选修课程，学校除开发设计具有针对性的课程外，还要做好学生课程选修的辅导工作，以帮助学生在选择适宜的课程同时，帮助家庭克服不切实际的期望。在美国人看来，综合中学的创办不仅是提升教育质量，更重要的是从政治角度上来促成民主的实现。

相比于美国的综合中学，英国的综合中学运动历程相对困难。面对保守党

---

① 张斌贤主编：《外国教育史》，教育科学出版社2008年版，第375页。

② [美]科南特：《科南特教育论著选》，陈友松译，人民教育出版社1988年版，第41页。

的极力反对，英国工党在历次竞选中反复强化综合中学的政策思想，力推教育中的平等主义，并且进行了长达几十年的努力坚持。二战以后，无论是经济形式、学术进步还是社会发展都出现了有利于工党教育平等主义推进的新变化。至 20 世纪 80 年代，工党的坚持终于取得实质性成果——进入综合中学的学生上升到了 83％。①

法国的统一学校运动与英国类似，萌发虽早，但还是在 20 世纪二三十年代经历了争论和阻力，出现了反复，一直到 20 世纪下半期才得到根本的改变。

尽管综合中学逐渐成为世界中等教育的主流，但反对综合中学，要求恢复传统分轨制教学的批评声音从来没有停止过。不可否认的是，综合中学并没有完全解决教育公平的问题。

(三)国际中等教育追求质量均衡的发展

20 世纪 80 年代，西方世界因石油危机陷入社会经济“滞胀”怪圈，社会动荡不安。教育“增长”必然带来“进步”的乐观态度受到了挑战。② 世界各国开始审视教育普及以后的教育质量问题。西方国家面临着有效提升教育普及后教育质量的问题，日本等亚洲国家和地区面临着解决学校办学多样化不足的问题。“对什么人，进行什么样的教育”再次成为社会共识。“不让一个人掉队”理念成为国家中等教育追求质量均衡、多样化发展的注脚。

20 世纪 80 年代以来，各国依据国情，采取了各自不同的对策与措施。美国根据自身中等教育的弱项，特别是数理化基础人才短缺的弱势，确立了加强基础、追求学业优异的教育改革目标。以《国家处在危机之中：教育改革势在必行》的发表为标志，美国教育优异运动正式兴起，并且迅速席卷了全美。除了增加学校课程的多样性外，进一步将学术性基础优异的目标落实到实践操作的层面。在教育部各学科指导委员会制定全国统一的学术标准前提下，各州参照国家标准制定了自己的课程指导架框，做到了标准化与个性化相统一。2002 年《不让一个孩子掉队》法案的签署，不仅意味着在经济、族裔和家庭地位等方面处于不利地位的学生在追求学业优异上有了保障，那些学术潜力一流、家境优异的学生也因为标准明晰，评价健全，也必须为实现学业优异而努力奋斗。美国再次在教育改革中推进了教育的平等性。

日本等亚洲国家和地区的高中教育问题集中在高中多样化缺乏，导致无法满足学生个性化发展需求，学生解决实际问题能力较弱以及创新能力不足

---

① ［英］雷诺兹等：《综合学校教育——历史的说明与解释》，陈晓菲译，见瞿葆奎主编、金含芬选编：《教育学文集·英国教育改革》，人民教育出版社 1993 年版，第 626 页。

② 闻待：《论高中教育的多样化发展》，博士学位论文，华东师范大学，2010 年。

等方面。因此以日本为代表，这些国家、地区主要通过增加课程的选择性和学校建设的多样性来顺应时代和社会发展变化的需求。如日本 20 世纪 90 年代以来，尝试新建开设综合学科的高中，在基于本国已有传统的基础上，对英、美综合中学的经验和教训进行扬弃，实现在基础性上的多样性和选择性的统一。①

二、国际普通高中教育发展趋势

在国际中等教育走向普及化的背景下，高中教育受终身教育理念和人文主义教育理念的影响，不再仅仅关注升学和就业功能，也开始重视学生的个性发展和全面发展的育人功能。国际高中教育日益走向多样化。在高中多样化发展的倡导者和先行者中，美、英、德、日四国具有典型意义。

(一)培养目标的多样化

1. 美国高中三维整合的培养目标

所谓"三维导向"是指美国高中教育目标中的"升学""就业"与"全人"培养目标。美国高中教育的培养目标一直以来都是多元的。早在 1918 年，美国国际教育协会就提出掌握基础知识、培养就业技能、胜任公民责任等教育目标，体现出了升学、就业与全人的培养目标。1959 年教育家科南特具体指出中学应该兼具升学和就业的双重功能，并按学生对教育不同需求开设多种课程。1997 年联邦教育部颁布的《1998—2002 年教育战略》明确提出，高中阶段学生要做好升学与就业的学业准备，并且能继续终身学习。直到今天，美国高中教育的目标依旧确立为"升学""就业"与"全人"三维导向的统一，并进一步走向整合。

2. 英国高中兼顾升学就业的培养目标

随着综合高中运动的发展，英国社会逐步在高中教育的目标上达成共识。认为高中教育一是为进入大学作准备，二是为学生就业并顺利进入成人生活作准备。② 1981 年，英国教育部出台的《学校课程》文件中明确规定高中教育的六大目标。学生接受高中教育后应具有完成社会任务的技能与能力，具有就业与成人生活的知识和能力，形成道德观念、种族包容、宗教尊重等品质。2000 年，英国政府从课程改革入手，进一步着力提高高中的教育水平，以期促进终身学习的推广，保证每个公民都能享受高水平的现代教育。2003 年英国教育与技能部针对青少年群体特别颁发了《14—19 岁青少年教育》白皮书。强调中

---

① 闻待：《论高中教育的多样化发展》，博士学位论文，华东师范大学，2010 年。

② 刘霞：《普通高中多样化发展的路径研究》，硕士学位论文，南京师范大学，2015 年。

等教育应该对不同学生提供多样化选择，并增加学生的实际工作技能锻炼。英国高中教育注重学生升学与就业的融合，并兼顾学生的终身发展。

3. 德国高中育人与升学并重的培养目标①

德国著名教育思想家威廉·冯·洪堡主张教育应该尊重人的个性发展，培养完全的人；强调教育对象有普遍性，应根据学生教育需求制定不同的教育方法与原则；认为中学不仅让学生学习知识，还应学会学习。他的教育思想对德国基础教育的发展产生了重要影响，为德国高中教育理念打下了底色。进入21世纪后，德国以国家和社会价值需求为出发点的教育目标发生重大转变。强调除了传授基础知识，还要关注学生个性及能力发展，实现个性的全面发展，为终身学习奠基。德国的中学教育目标已经从长远的社会取向、个人就业取向向学生全面发展与个人终身学习取向转变。

4. 日本高中追求基础与尊重个性并存的培养目标

日本普通高中教育属于非义务教育，是连接义务教育与高等教育的中间阶段。在教育目标上，强调学生基础知识的掌握，同时注重学生个性的发展。日本在《高中学习指导要领》中明确指出："高中教育要使学生掌握基础的知识，培养学生独立思考学习及适应社会，要提供适合学生个性自主发展的多样教育。"②《学校教育法》中规定，高中教育要适应学生的全面发展。因此日本高中教育肩负了双重功能，既要为大学输送人才，又要为学生终身学习负责。

(二)办学模式的多样化

1. 美国高中综合为主的办学模式

美国高中学校分类较多，其中综合中学在美国高中类型中占了绝大部分，呈现出综合高中为主的多样办学形态。综合中学校内课程设置分为普通科、学术科和职业科，主要满足学生面向社会、面向大学和面向就业等需要。学生可自由选择，没有明确界限。

除综合中学外，还有普通中学、选择性学校和职业技术中学。其中普通中学又被称为学术性中学，主要是为大学培养优秀的人才。而选择性学校是一类学校的统称。它强调学校和学生的个性发展，在办学理念、管理模式等方面都更加灵活。职业技术中学主要培养学生就业能力及技能，通常由私人或企业办学。这类学校又可分为多个方向，如工、农、商、园艺服务等。

2. 英国高中校内分轨制为主的办学模式

英国高中曾用校际分轨来解决初高衔接的问题。但是这种办学模式因为损

---

① 刘霞：《普通高中多样化发展的路径研究》，硕士学位论文，南京师范大学，2015年。

② ［日］牧野笃等：《当代日本中等教育》，山西教育出版社1999年版，第216页。

害了民众，特别是基层民众的平等受教育权利，遭到了社会舆论的抨击。为实现社会阶层间升学和就业的平等，20 世纪 60 年代英国开始推广综合中学。为弥补综合中学设置后带来的职业技术教育萎缩，又专门在 20 世纪 80 年代设置了城市技术学院，培养社会所需的应用型技术人才。至此，英国高中从校际分轨，转化为校内分轨，高中教育体系较好地兼顾了升学与就业的双重功能。20 世纪 90 年代为提升教育质量，英国在高中教育普及基础上提出“特色学校”计划，一定程度上改善了高中教育的不均衡状况。英国高中多样化办学存在学术类、职业类、特色类与综合类多样并存的状况。

3. 德国高中完全中学高级阶段为主的办学模式

完全中学高级阶段是德国普通高中的主要代表。所谓完全中学高级阶段，是指第 11—13 学级，属于传统的学术性文科中学。完全中学具有多种分类，包括了数学、自然科学、社会、经济、艺术与技术等二十多种完全中学，多样类型的完全中学为学生不同需求提供了多样选择的可能。20 世纪 70 年代，完全中学高级阶段开始进行改革，完全中学高级阶段不再仅为学生升入大学做准备，还要为职业教育做准备，开始为学生提供多选择的课程，以满足学生多样化需求，其中有通识知识类的完全中学，也有技术类的完全中学。

4. 日本高中各具特色的多样办学模式

日本的高中多样化改革起于 20 世纪 60 年代，到 80 年代日本开始进行新型高中与特色学校的建设，力图突破普通教育与职业教育在学科设置上的局限。20 世纪 90 年代，日本高中推行初高中一贯制学校，开始进行追求个性化、多样化的改革。

目前，日本高中形成了多种类型：以普通教育为主的普通高中、职业高中、兼具“普高”和“职高”特征的综合高中、在综合高中基础上强调学科类型的综合学科高中，以及管理上实行学分制的学分制高中，课程实施一贯制的六年制高中。总之，日本高中教育多样化起步早、类型丰富，学生选择机会多，较好地兼顾了社会、学生、家庭的多样化需求。

(三)课程设置的多样化

1. “核心＋选修＋计划”的美国高中课程设置

美国教育是由州和地方政府分权负责。一般是由地方教育部门组织课程委员会进行课程编制。因此美国高中教育的一大特点就是多样化的课程设置。从课程管理角度讲，美国高中教育课程可分为必修课程和选修课程。从课程实施来讲，还专设了研究性课程类型的教育计划或项目。

必修课程又称为核心课程，主要为学生提供基础知识与能力。其实就是教育学传统框架下的分科课程，比如英语、数学、科学和社会研究、计算机科学等。

选修课程凸显学生选课的自主性。课程内容与学生社会生活兴趣息息相关。学生可以依据自己的兴趣选择实践倾向的课程，也可以选择与大学教育相衔接的学术类课程，比如大学选修课程等。

除此之外，为了培养和发展学生的实践能力，促进学生个性化发展，美国高中会利用部分教学时间让学生参与一些与基础知识相关且实践性较强的教育项目。通过教育计划的形式，引导学生进行研究性学习与实践，充分发挥学生独立探索与创新的精神，实现学生个性全面自主的发展。

2. “国家＋校本＋证书”的英国高中课程设置

英国实施统一的国家课程。其中分为核心课程及基础学科课程。学生高中毕业时必须要参加数学、英语和科学三门核心课程的全国统一考试，合格才能予以毕业。

此外，各个高中在国家课程之外还开发了各自校本课程及特色课程供学生自由选择，满足学生的兴趣。并引入关键技能课程，以提升学生生活、工作方面的能力。为将学生培养成为有责任感的公民，增加了公民课程。

自 1917 年起，英国开始实行证书制。经过多次调整和完善，至 2000 年，英国形成了统一融合的国家证书体系。普通教育证书划分为高级水平和一般水平，还形成了高级拓展证书，从而为学生的个性化发展提供了更多机会和选择。

3. “基础＋特长＋技能”的德国高中课程设置

德国高中课程分为基础课程与特长课程。

基础课程中又划分为必修和选修两大类。必修课程涵盖数学、自然、人文社会科学、宗教和体育五大领域。选修课程包括文学、心理学、哲学、天文学、计算机科学等课程，学生可以根据个人兴趣和爱好自主选择。

特长课程包含方法论课程、研究型课程和特色学科课程三大类。主要是为学生提供自由选择的机会，帮助学生发挥个人特长。

受传统文化的影响，德国家庭和学校都比较注重学生动手操作技能、创造能力和交流合作能力的培养。

4. “学科＋科目＋活动”的日本高中课程设置

日本高中课程主要由学科科目、特别活动和综合学习时间三种课程类型组成。

学科科目就是通常所讲的学科课程。在普通高中共开设十个学科，如国语、数学、理科、艺术、地理等。每个学科又有许多科目组成。同时在基础知识学科之外，还开设了职业类学科。课程设置和实施与学科科目一样。

特别活动类似于中国的学生社团活动，内容包含课外学习室、学生社团活动、俱乐部活动和学校事务活动等。主要是为了培养学生的个性、集体和社会意识、自主创造的能力及独立生活能力等。

综合学习时间是指学校根据社区及学校和学生实际，自主安排学习时间，进行特色教育活动，跨学科进行学习，培养学生自主学习、独立思考解决问题的能力。

总体来看，美、英、德、日四国普通高中已经形成多样化发展的状态。其中的课程育人是高中多样化的中心载体。高中多样化实际上是高中课程的多样化。只有以课程为核心，在高中培养目标、办学模式及课程设置等方面都形成多样化状态，才可能为学生个人的发展奠定坚实的根基，从而推动教育的健康发展，使国家成为真正的人力资源强国。

5. 课程领导对普通高中多样化发展影响的国际视野

随着普通高中多样化建设在国际上的推进，国际校本课程开发运动兴起，不少研究者认识到在多样化发展情况下，学校课程不只是习得的课程，还是在意图的课程、建议的课程和潜在的课程共同作用下形成的。因此课程管理层级的重心从上往下转移，需要学校的校长、主任、教师等不仅要重视课程发展，而且也赋予他们相应的课程领导权力和责任。由此“课程领导”的概念逐步形成，并且在 20 世纪 90 年代成为教育领域中一个新兴的研究热点。

在普通高中多样化的建设过程中，根据课程领导的概念，形成了以美国 CLI 模式为代表的多种课程领导模式，和以道理领导理念为代表的多种课程领导理念。它们在提高教师课程与教学的品质，提升学生的学习绩效，促进教师的专业发展和改进学校效能方面起到了良好的指导及实践作用，很好地呼应了世界校本课程开发运动，有力地推动了各国普通高中多样化建设的发展。

综上所述，在国际普通高中多样化发展的大趋势下，为改变我国普通高中的同质化问题，化解单一人才培养模式与社会人才需求多元化之间的矛盾，我国普通高中通过课程领导力来建设普通高中的多样化，既充分响应国家政策的号召，同时又充分借鉴国外普通高中多样化发展的经验，是国际视野与中国需求相结合的产物。

第二节　我国普通高中发展的战略

新中国成立 70 余年来，特别是改革开放 40 余年来，教育为国家的经济发展、社会进步、民生改善做出了重大贡献。这个过程中，国家、政府根据经济社会发展的变化和要求，对基础教育的发展战略进行了适时的调整：从发展主题上来看，基础教育经历了从普及、提高，到目前的高质、均衡；从发展战略上来看，基础教育从为经济发展服务，转变为具有独立先导、优先发展地位的社会事业；从价值取向上来看，基础教育由单纯的“培养合格的劳动者、接班人”的社会价值取向，转变到“办人民满意的教育”的人本价值取向。目前，为了发展具有中国特色、世界水平的现代教育，为了切实肩负起落实立德树人根本任务、培养担当民族复兴大任的时代新人这一历史使命，基础教育正以习近平新时代中国特色社会主义思想为指导，聚焦公平和质量两大主题，围绕加快教育现代化、办好人民满意教育、建设教育强国这条主线，努力推进高中教育的多样化建设。

一、我国教育的发展趋势

(一)我国教育地位的转变

改革开放以来，历任国家领导人都对教育事业高度关注。从邓小平同志的“三个面向”，江泽民同志的“国运兴衰，系于教育”，胡锦涛同志的“人才强国战略”，到当今习近平同志指出的“教育是提高人民综合素质、促进人的全面发展的重要途径，是民族振兴、社会进步的重要基石，是对中华民族伟大复兴具有决定性意义的事业”，党和政府把国家的教育提高到战略高度，把教育作为先导性、全局性、基础性的工作，强调科教兴国，教育强国。教育从经济发展建设的依附和服务角色，逐渐发展成为具有独立性和先导性的重大社会事业。

具体到党的教育工作思想上，把教育作为一项民主权利、民生事业来落实推进的实践路线日益清晰明朗。党的第十六次全国代表大会提出要使人民享有良好的教育机会，十七大提出把教育列入社会主义建设民生领域，“教育是民生之首”“要办好人民满意的教育”。十八大提出要深化教育综合改革，大力推进教育公平，着力提高教育质量，继续“努力办好人民满意的教育”。十九大继续践行“办好人民满意的教育”这一战略方针，在学前教育、特殊教育、继续教育、社区教育等方面不断取得新进展，努力开拓新的教育方式，让每个孩子都能享有公平而又高质量的教育；并且首次提出“使绝大多数城乡新增劳动力接受高中阶段教育、更多接受高等教育”，确保人民群众享受到更多更好更高的教育。

教育是提升国家核心竞争力的基石。2010 年全国教育工作会议明确提出“强国必先强教”，明确了我国教育发展面临的新挑战、新任务，标志着我国教育从教育大国向教育强国的方向性转变，希望从世界教育水平的跟随者到并跑者、领跑者。目前，我国是亚洲最大留学目的地国，虽然与世界先进水平尚有较大差距，但这个差距在逐步缩小。相比于国际高水准，我国在人才培养上的质量和速度还远远不够，尤其是对本科教育重视不够，需要从建设高等教育强国根基的高度加强一流本科教育，推动新工科建设，促进文理教育创新发展，提高质量标准，提升专业建设水平，推动课程教学改革。

（二）教育现代化与普通高中多样化

社会生活需要是推动教育活动发展的根本力量，社会发展水平也给教育活动提供物质和技术上的保障。人类文明发展到今天的智能时代，要求教育跟随着社会的发展而进入到个性化和智能化时期。这给中国教育提出了全新的命题。与传统社会相比较，现代社会是一个以人为本的、更多元更民主更自由的、科技比较发达的、面向未来的、本土化与国际化共存并重的社会。教育本质上是社会发展的一部分，要紧随社会发展的步伐。自 1983 年邓小平同志提出了教育的“三个面向”，事实上明确了教育现代化是教育改革发展的时代主题，要在发展中实行赶超战略，让教育为现代化建设服务、为人民服务、尽快赶上世界先进水平。尽管此后不同时期的教育发展思想有所调整，但是教育现代化的总体目标始终没有改变。如 1993 年颁布的《中国教育改革和发展纲要》指出：“再经过几十年的努力，建立起比较成熟和完善的社会主义教育体系，实现教育的现代化。”党的十七大报告明确指出要“提高教育现代化水平”，建设人力资源强国。《国家中长期教育改革和发展规划纲要（2010—2020 年）》提出到 2020 年“基本实现教育现代化”目标，以“更高水平的普及、惠及全民的公平、更加丰富的优质、体系完备的终身”为主要特征。

与现代社会的特征相呼应，教育现代化应当是教育的普及化、终身化、个性化、国际化、信息化，从而保证人民群众接受较高较多教育的需求，保证国家拥有既全面发展又有个性特长的各类型的创造型人才。在这个意义上，多样化就是教育现代化的应有之义。只有多样化的办学体制、多样化的培养方式、多样化的课程设置、多样化的教学手段，才能满足个性化的教育需求。教育现代化具体到普通高中，就首先要克服“千校一面”即普通高中同质化问题，在基础教育领域推进普通高中多样化的建设。

（三）课程领导力与普通高中多样化建设

学校育人的核心载体是课程，因此普通高中的多样化建设着力点，基本上都是从课程建设、课程改革入手来推进的。长期以来，我国的课程管理采用的是集中管理体制，国家权力机构掌握着整个教育系统内各种资源的组织与分配，课程由国家教育权力部门组织各学科专家进行决策和编制，全国统一采用国家课程作为学校教材。这种统一集中的课程管理模式在新中国成立的最初一段时间内为普及教育、扫除文盲做出了很大的贡献。然而我国幅员辽阔，东西部差异、沿海与内陆差异非常大，随着经济发展和文化进步，统一的国家课程和集中的课程管理模式日益显示出它在教育上的弊端，课程权力的下放是历史发展的必然。1999 年全国教育工作会议提出“试行国家课程、地方课程、学校课程”，2001 年《国务院关于基础教育改革与发展的决定》中明确指出“实行国家、地方、学校三级课程管理”，增强课程对地方、学校及学生的适应性。这意味着我国的基础教育课程管理模式，已经由统一集中的国家课程管理走向国家、地方、学校三级课程管理模式，地方和学校将拥有一定程度的课程自主权。权责相符，课程权力的下放意味着地方教育行政部门和学校领导拥有了一定的课程管理自主权，要担负起一定的课程管理职责。其中，学校领导及其团队在课程建设和变革过程中起到主导作用，因此基于普通高中多元化建设的课程改革又被命名为“课程领导力建设”。

学校是课程实施的最终落脚点。学校的课程领导力关乎新一轮基础教育课程改革能否落地生根。加强学校的课程领导力建设，是新一轮基础教育课程改革的内生点，是普通高中多样化发展的内驱力。课程领导作为一种新的管理理念，突破了传统课程管理的层级管理体制，弱化控制与监管，强调合作与交流、民主与开放，更多地考虑人文、价值和发展动力因素，贴合校本课程的理念，是课程管理的新方向。加强学校的课程领导力，提高课程管理能力，是推动普通高中多样化发展的新动力。

二、我国普通高中教育发展趋势

(一)普通高中教育的普及

中国的普通高中教育开始于 1922 年，长期以来是作为大学的预备机构，主要功能是选拔优秀的学生进入高等学府继续深造。从民国建立一直到中华人民共和国成立的最初几年，因物质匮乏，经济落后，能够接受中等教育的都是极小比例的富裕家庭的孩子，特别是广大农村，文盲的比例非常高，读高中的孩子更是寥寥无几。中华人民共和国成立后，党和政府积极推进扫盲运动以及义务教育，打下了基础教育的底子。但因为高等院校少，经济条件不够，在很长一段时间内，也只有少数人才能接受高中阶段教育。普通高中教育仍然划归为某种意义上的“精英”教育。随着改革开放后九年义务教育的普及和高等教育的发展，普通高中也蓬勃发展。特别是 1999 年高校大规模扩招后，普通高中教育在校人数从 1995 年的 713.76 万人，飞跃至 2008 年的 2476.28 万人，增加了

246.9%，而我国同期人口增长率是9.64%。[①] 从2008年到2018年十年间，普通高中在校生人数稳定在2400万人左右。这标志着我国的普通高中教育迈入大众化教育的新时期。

1999年，国务院批准教育部《面向21世纪教育振兴行动计划》，指出在2010年在城市和经济发达地区普及高中阶段教育。这里的高中阶段教育包括普通高中教育和职业高中教育。高中阶段教育的快速发展，为更多适龄青少年能够接受高中及以上教育提供了机会，促进了各级教育的协调发展。从下表中可以看到，2014—2017年四年的高中阶段入学率都达到90%以上，普通高中入学率在56%左右。

指标	2014年	2015年	2016年	2017年
初中毕业生数(万人)	1413.50	1417.60	1423.90	1397.50
普通高中招生数(万人)	796.60	796.60	802.90	800.10
中等职业学校(机构)招生数(万人)	495.36	479.82	466.14	451.52

(数据来源:国家数据网)

因为中国传统的“学而优则仕”等思想的影响，更多的人依然把上大学作为读书的奋斗目标和求学成功的标准，特别是在高校扩招的背景下，高校录取率逐年提高，进入普通高中就相当于一只脚踏进了大学的门槛，普通高中成为了更多人的选择。虽然国家政策对职业教育有大量倾斜并给予补助，但鉴于我国职业教育的“断头性”——中职升入对口的大学通道没有真正打通，人们对普通高中的教育需求依然强烈。在这种背景下，扩大普通高中教育，促进普通高中教育多样化发展，同时在普通高中教育中渗透职业教育，不失为一条更好的途径。

(二)普通高中多样化建设的兴起

普通高中多样化发展，是指在先进的教育理念指导下，通过办学体制多样化、办学模式多样化、培养模式多样化和评价方式多样化所形成的普通高中多元发展，同时学校在课程建设、教学方式和培养模式等方面体现不同的个性和特色，从而能够为学生提供更多的选择和个性发展机会。在办学体制多样化方面，除了单一的公办和民办两种体制，我国目前探索出了国有民办、教育集团、混合股份、公办民助等多种体制，特别是在《民办教育促进法》和《民办教育促进法实施条例》颁布实施后，我国的高中阶段教育逐步形成了以政府办学

① 以上数据来自国家数据网。

为主体，公办学校和民办学校共同发展的格局；培养模式多样化是指学校在培养目标、课程设置、评价制度和管理制度方面的多元设计，注重因材施教，根据学生个性差异及性格特点，实施分类分层教学，使得每个学生都能得到合适的教育，促进学生健康发展。

（三）普通高中课程多样化建设

普通高中教育的转变意味着普通高中的教育目标、教学模式也应该发生相应的改变。但由于惯性的力量，普通高中教育仍然很大程度上保持了“高等教育预科”的角色定位。比如从普通高中的课程设置和评价方式来看，普通高中仍然采用标准的学科课程体系，分为文科和理科两大类别。学生进入高中一年后，根据自己的爱好和擅长科目或者其他别的原因来选择理科或者文科，参加相应的高考选拔考试。对学生评价主要通过其升入大学的档次，而一旦落榜，学生高中的知识在生活中基本没有什么实际的用处。而且社会主要依据升学率来衡量高中的办学水平，对于学校教会了学生什么，倒是其次的。这种导向评估环境下，普通高中教育形成了“千校一面”的状况。

为了改变这种现状，《国家中长期教育改革和发展规划纲要（2010—2020年）》提出，一方面要全面提升普通高中学生综合素质，通过推进课程改革，开设选修课，消除大班额，开展研究性学习、社区服务和综合实践等方式，为学生提供更多选择，促进学生个性发展；另一方面要推动普通高中多样化发展。这个多样化发展，一是办学体制多样化，鼓励社会办学，扩大优质办学资源。二是推进培养模式多样化，满足不同潜质学生的发展需要，探索和发现培养创新人才的途径。普通高中可以适当开设职业教育的教学内容，采取多种方式，为在校生和未升学毕业生提供职业教育。由此可见，未来中等教育的发展趋势是职业教育和普通教育的界限将不再那么清晰。按照《国家中长期教育改革和发展规划纲要（2010—2020年）》设计，到2020年，所有适龄青少年都有机会接受高中阶段教育，其中约有一半的人数进入普通高中就读，另一半的人数进入中等职业学校就读。

普通高中和中等职业学校的教学目标不同。《普通高中课程方案（实验）》指出：“普通高中是在九年义务教育基础之上进一步提高国民素质、面向大众的基础教育。”《关于全面推进素质教育，深化中等职业教育教学改革的意见》则指出，中等职业学校的教育目标是培养与社会主义现代化建设要求相适应，德、智、体、美、劳等全面发展，具有综合职业能力，在生产、服务、技术和管理第一线工作的高素质劳动者和中、初级专门人才。从这里可以看出，普通高中教育属于基础教育，而中等职业教育则是面向职业性的教育。按照我国的教育体制分类，从层次上分为初等教育、中等教育和高等教育；从类别上分为普通教育、职业技术教育、成人教育等。其中的普通教育以培养具备一定的理论知识的学术型、研究型人才为目标。所以普通高中教育在层次上属于中等教育——中等教育的高级阶段，从类别上看是普通教育，不具有职业性。这样定位就很容易顺理成章地把普通高中教育定位为“高等教育预科”阶段的教育。

教育存在于一定的社会关系中，教育与社会的关系受社会条件的影响和制约，在政治经济都比较落后的社会阶段不可能满足受教育者过多的个性化要求，当然有要求也没有条件满足。随着社会经济的发展和文化的进步，越来越多的人对学习有了更高更个性化的要求。不仅仅满足于国家课程体系，也不仅仅满足于升学的要求，而是从个人终身发展的需求方面来看待学习。现代社会也在政治上、物质上、技术上都为教育的多样化发展提供了可能性，同时人本主义思想的蓬勃发展也使受教育者渴望得到更适合个人发展的教育。所以，普通高中多样化发展是必然的趋势。

第三节　区域普通高中发展聚焦

重庆市南岸区教育委员会所属基础教育学校具有西部城市经济、社会、文化典型特征。多年来，南岸区坚持教育优先发展战略，不断努力探索，从“读书到南岸，悠然伴南山”到“书香南岸，学子乐园”，再到“智汇江南，宜学宜教”，南岸教育成绩斐然，成为重庆市义务教育均衡发展首批合格达标区和国务院表彰的全国“两基”工作先进地区。为实现南岸教育在更高平台上的领先发展，解决教育公平与教育质量问题，区域提出了“书香南岸，幸福教育”的发展愿景。

基于教育部基础教育课程教材发展中心指导下开展的南岸教育现状综合调研，着力突破西部社会经济二元结构对区域内基础教育的制约，构建起了“11345”区域性中小学幸福教育发展体系：

1个宗旨，即南岸教育的宗旨“幸福每一个学生”，把学生放在教育的中心，真正体现学生为本，关注其身心健康、愉悦、全面和个性化发展。

1条关键路径，即“课程领导力建设”，全域推进，让每一所学校为“幸福每一个学生”构建多元化、可选择、有特色的课程体系，用课程成就学生。

3大要素，即学校、教师和学生，通过“办好每一所学校”和“成就每一位教师”而最终实现“幸福每一个学生”，化幸福愿景为真切的现实。

4个要求，即指学校、教师、学生围绕幸福教育需要达到的基本要求。幸福学校要达到优美的校园，多样的课程，多元的课堂，多彩的文化；幸福教师要达到有成长动力，有教育情怀，有仁爱之心，有诗意生活；而幸福学生则要达到美德成为品质，书香成为现实，动手成为习惯，艺术滋养生命。

5个机制，即五大保障措施，就是优化机制、整合资源、加大投入、强化督导、营造氛围，是区域与学校均需不断完善的共同的幸福教育运行保障。

通过实践探索“办好每一所学校，成就每一个教师，幸福每一个学生”，区域性整体实施策略与推进机制得到了优化，区域教育发展更加优质、均衡，师生幸福素养得到了提升。

一、区域高中教育的发展定位

（一）南岸区高中教育发展基础分析

十九大以来，南岸区高中教育得到长足发展，学校条件逐步改善，教育质量稳步提升，教育普及水平不断提高。但是，区域普通高中发展中还存在一定问题。

1. 高中学校办学主体单一

研究表明，转变传统单一办学主体、实行多元化办学主体、多样化办学方式有助于高中学校落实办学自主权，提升办学品质。区域内政府在学校办学中占据重要地位。从调查的结果来看，六所高中学校在办学过程中，政府管理职能较以往相比已经发生了很大的转变。如一位校长所言：“学校的日常管理基本上都是学校自主管理，教委一般不参与具体事务管理，只通过督导考核来考察我们的完成情况。通过区域的一期二期课改，我们学校自主地根据实际情况来制定办学理念、完成课程规划。‘辅材成人，辅仁成才’是我们学校的办学理念，我们以足球、分层走班等作为办学特色，在重庆市和全国其他高中学校有自己独特之处。”（来自2018年9月26日对A学校甲校长的访谈）

但同时学校不知道如何充分使用权力，难以从根本上形成学校的办学特色。如B高中的一位校长所说：“像我们这种公办高中，尽管政府已经将办学管理权下放，但是在学校的人事权、经费使用上还是无法做到学校自主。尤其是学校教师的招聘问题。而对于这些下放给我们的权力，怎么用，我们也觉得很迷茫。”（来自2019年3月10日对D学校乙校长的访谈）

相比之下，民办学校的办学自主体现得更为充分一些。一定程度上弥补了公办学校个性化不足、自主权不足的问题。

2. 办学经费保障不足

教育作为事关国家前途、民族命运的基础性事业，也是一项需要消耗大量人力、物力和财力资源的事业。教育要发展，经费投入是关键。为了贯彻落实教育优先发展战略，必须要确保经济社会发展规划优先教育发展，保障教育财政投入。

据所调查的南岸区一位教育行政部门管理人员所言："国家加大了对高中教育经费的投入力度，国家财政性拨款也越来越多，我们也是越来越重视高中教育了，不仅是财政投入，也加大了教师培训力度，特别是新课标、新课改的高中教师专项培训，我们都是持续做了好几轮了。老师们的意识普遍都跟上了。"(来自 2018 年 11 月 23 日对南岸区教委某副主任的访谈)

尽管如此，对于公办高中学校而言，国家财政性拨款仍然是教育办学的主要来源，预算内教育经费占整个教育财政支出的比例过高，其他教育投入方式所起的作用还有限。对于民办高中教育经费而言，一位教育行政部门管理人员谈道："民办高中教育近些年在我们区域发展情况并不是太好，这个一方面跟民办教育的教学质量在本区域内优势不足有关，另一方面也与老百姓对民办教育还有一个认识和了解的过程有关。民办教育发展不太好，也与举办者对教育投入的热情不一定持久有一定的关系。《民办教育促进法》的修改倒是对民办教育发展有一定的促进作用，但是老百姓目前还是比较倾向于公办学校，这个认识确实局限了民办高中在区域的发展。"(来自 2019 年 3 月 15 日对南岸区教委某办公室主任的访谈)

随着重庆市教育现代化的要求，区域高中发展更需要从拓展学生学习空间、整合学生学习资源、配备足量优质教师等方面下足力气。而学习空间重构、学习资源整合、教师配备都需要大量的经费投入。从对高中学校校长的访谈中可以发现，区域普通高中教育在经费投入上存在整体性不足，学校难以真正解决未来学习空间建设等问题。南岸区 E 学校校长谈道："我们学校财政压力非常大，有一些课改的专项资金，也是捉襟见肘啊。但是，适应新时代新要求，我们学校如果要开展走班制教学探索，现有校舍完全无法满足。作为领导，我的压力也是很大呀。"(来自 2019 年 3 月 26 日对 E 学校甲校长的访谈)

而在教育经费管理上，随着依法治教深入人心，教育法制日益健全，区域学校治理项目开展，区域高中学校在教育经费管理上非常规范。从所调查的六所学校情况来看，经费管理上都严格按照国家的政策进行，对原有各种费用进行统一管理。如重庆市 B、F 两校的校长都谈道："现在高中教育收费已经有较大的改善，都非常规范，我们学校也是专款专用，每用一笔钱都是要有文件依据或者学校开支依据的，决不允许假账、烂账。"

这些也反映出政府在治理教育办学过程中的成效。此外，结合调查，发现公办普通高中办学经费还存在教育经费利用效率不均衡的问题。我们区域是国家级教育均衡示范区，在设备资源、图书资源、教学实验仪器、各种体育器材等配备上都是根据学校情况均衡配备。但是有的学校由于生源激增或者走班后有的学科生源不均衡，导致部分教学资源存在匮乏或者闲置。

有一位来自 B 学校的乙校长这样说：“我们学校开始选课走班后，有的学科学生选的人很多，我们就需要紧急购置教学实验仪器，等到第二年，这个学科突然没什么学生选了，仪器不就闲置了吗？这些都是无法避免的。”（来自 2019 年 4 月 7 日对 B 学校乙校长的访谈）

在调研中我们还发现高中学校的教学辅助用房存在着一定程度上的欠缺，而且校际差距也较大。

表 1-1　区域普通高中教学辅助用房情况一览表　　单位：个/套

教室数量	现有教室数				预计教室需求数			
	289				426			
功能室数量	物理实验室		化学实验室		生物实验室		技术功能室	
	原有数量	需求数量	原有数量	需求数量	原有数量	需求数量	原有数量	需求数量
	22	33	19	29	15	26	10	23

3. 区域普通高中学校走班教学调研情况

本次调查对象为南岸区内六所普通高中学校。

(1)区域普通高中办学规模情况

南岸区已有高中学校办学规模及 2018 年新的高考方案实施以后的办学规模如下表。

表 1-2　已有办学规模及 2018 年后的规模

学校类型	市级重点高中数量		5		一般高中数量		1	
班级数及平均班额	高一年级		高二年级		高三年级		预计 2018 年以后规模(每年)	
	班级数	平均班额	班级数	平均班额	班级数	平均班额	班级数	预计班额
	79	55	79	55	71	54	78	55
专任教师数	教师总数	班师平均	教师总数	班师平均	教师总数	班师平均	教师总数	班师平均
	282	3.42	290	3.52	293	3.96	354	4.4

(2)区域普通高中走班教学情况

南岸区共六所普通高中，F学校的英语学科进行了分层教学，A学校进行全面走班教学。具体情况如表1-3，其余学校没有进行走班教学的尝试。

表1-3　A学校进行走班教学情况

<table>
<tr><td rowspan="3">走班类型数量</td><td>学科选修</td><td>分层教学</td><td rowspan="3">走班年级数量</td><td>高一</td><td>10</td></tr>
<tr><td rowspan="2"></td><td rowspan="2">20</td><td>高二</td><td>10</td></tr>
<tr><td>高三</td><td></td></tr>
<tr><td rowspan="3">行政班级数量</td><td rowspan="3">32</td><td rowspan="3">走班教学分班原则</td><td colspan="2">随机平行分班数量</td><td></td></tr>
<tr><td colspan="2">自主选班数量</td><td>20</td></tr>
<tr><td colspan="2">分层分班数量</td><td>20</td></tr>
</table>

学科	语文	数学	英语	物理	化学	生物	政治	地理	历史
走班教学班级数量	无	22	22	10	10	10	12	12	12

(3)走班教学所需教师配备情况

实行走班教学以后区域学科教师配备情况如表1-4所示。

表1-4　区域学科教师配备情况

<table>
<tr><td rowspan="5">师资数量</td><td>学科</td><td>语文</td><td>数学</td><td>英语</td><td>物理</td><td>化学</td><td>生物</td><td>政治</td><td>历史</td><td>地理</td><td>音乐</td><td>美术</td><td>体育</td><td>信息</td><td>通用技术</td><td>综合实践活动</td></tr>
<tr><td>现有数量</td><td>127</td><td>138</td><td>137</td><td>76</td><td>68</td><td>56</td><td>57</td><td>52</td><td>55</td><td>9</td><td>11</td><td>37</td><td>23</td><td>11</td><td>8</td></tr>
<tr><td>需求数量</td><td>151</td><td>162</td><td>169</td><td>84</td><td>79</td><td>69</td><td>71</td><td>65</td><td>69</td><td>14</td><td>18</td><td>46</td><td>30</td><td>16</td><td>19</td></tr>
<tr><td colspan="2">现有数量</td><td colspan="5">预计需求数量</td><td colspan="9">教师需求缺额较大的学科及解决设想</td></tr>
<tr><td colspan="2">865</td><td colspan="5">1062</td><td colspan="9">语文、数学、英语。1. 增加编制；2. 引进；3. 外聘教师。</td></tr>
</table>

4. 区域普通高中学校课程建设情况

对高中教育的多元化、个性化需求促使办学体制改革朝多元化、多样化方向发展。《国家中长期教育改革和发展规划纲要(2010—2020年)》明确提出，要推动普通高中多样化发展，推进培养模式多样化，满足不同学生的发展需求，采取各种方式为在校学生提供职业教育，全面提高普通高中学生的综合素质，全面贯彻落实课程改革方案，开创丰富多彩的选修课，为学生提供多种选择。

(1)课程选择性增加

调研发现，从六所普通高中学校学生的调查情况来看，许多学校都已经在课程设置中添加了生涯指导课程，也开设了大量的选修课程，增加学生的课程选择，让学生基于自身兴趣进行学习。

对于A高中学校而言，作为一所公办示范性普通高中学校，它在办学过程中以足球、武术、艺术教育作为办学特色，拓宽教育资源，引入高端足球培训基地培养有需求的学生。在调查中发现，无论是学校开设选修课的数量还是学生满意度都比较高，学生对学校社会实践类课程的认可度也比较高，学生的满意度达到95%。

表1-5　普通高中学校实践课、选修课统计一览表

调查内容	指标	A高中	B高中	C高中	D高中	E高中	F高中	比例
学校开展实践类课程数量	非常多	23	15	12	3	2	3	65%
	比较多	3	4	8	1	1	1	19%
	一般	0	1	1	1	3	2	11%
	很少	0	0	0	1	1	2	5%
开展实践类课程满意度	非常满意	20	16	10	2	1	2	57%
	比较满意	5	8	3	2	1	1	23%
	一般	0	0	0	5	3	5	15%
	不满意	1	0	1	0	1	1	5%
是否开设生涯指导课程	开设	27	15	16	3	1	4	81%
	没有开设	1	2	1	6	4	3	19%

注：在本统计表中，参与调查的学生有60名，教师有30名。

(2)课程实践得到保障

表 1-6 南岸区高中课程周课时安排表

<table>
<tr><th rowspan="4">学习领域</th><th rowspan="4">科目</th><th colspan="12">学段及周课时</th></tr>
<tr><th colspan="4">第一学年</th><th colspan="4">第二学年</th><th colspan="4">第三学年</th></tr>
<tr><th colspan="2">上学期</th><th colspan="2">下学期</th><th colspan="2">上学期</th><th colspan="2">下学期</th><th colspan="2">上学期</th><th colspan="2">下学期</th></tr>
<tr><th>学段1</th><th>学段2</th><th>学段1</th><th>学段2</th><th>学段1</th><th>学段2</th><th>学段1</th><th>学段2</th><th>学段1</th><th>学段2</th><th>学段1</th><th>学段2</th></tr>
<tr><td rowspan="2">语言与文学</td><td>语文</td><td>4</td><td>4</td><td>4</td><td>4</td><td>4</td><td>复习/4</td><td>5</td><td>5</td><td>5</td><td>5</td><td>4(自主选修)</td><td rowspan="9">总复习</td></tr>
<tr><td>英语</td><td>4</td><td>4</td><td>4</td><td>4</td><td>4</td><td>复习/4</td><td>5</td><td>5</td><td>5</td><td>5</td><td>4(自主选修)</td></tr>
<tr><td>数学</td><td>数学</td><td>4</td><td>4</td><td>4</td><td>4</td><td>4</td><td>复习/4</td><td>5</td><td>5</td><td>5</td><td>5</td><td>4(自主选修)</td></tr>
<tr><td rowspan="3">人文与社会</td><td>思想政治</td><td>2</td><td>2</td><td>2</td><td>2</td><td>2</td><td>2</td><td>2/4</td><td>复习/2/4</td><td colspan="2">4(人文方向限定选修)
2(理工方向限定选修)</td><td>2(自主选修)</td></tr>
<tr><td>历史</td><td>2</td><td>2</td><td>2</td><td>2</td><td>2</td><td>复习/2</td><td>2/4</td><td>2/4</td><td colspan="2">4(人文方向限定选修)
2(理工方向限定选修)</td><td>2(自主选修)</td></tr>
<tr><td>地理</td><td>2</td><td>2</td><td>2</td><td>2</td><td>2</td><td>复习/2</td><td>2/4</td><td>2/4</td><td colspan="2">4(人文方向限定选修)
2(理工方向限定选修)</td><td>2(自主选修)</td></tr>
<tr><td rowspan="3">科学</td><td>物理</td><td>2</td><td>2</td><td>2</td><td>2</td><td>2</td><td>复习/2</td><td>2/4</td><td>2/4</td><td colspan="2">2(人文方向限定选修)
4(理工方向限定选修)</td><td>2(自主选修)</td></tr>
<tr><td>化学</td><td>2</td><td>2</td><td>2</td><td>2</td><td>2</td><td>复习/2</td><td>2/4</td><td>2/4</td><td colspan="2">2(人文方向限定选修)
4(理工方向限定选修)</td><td>2(自主选修)</td></tr>
<tr><td>生物</td><td>2</td><td>2</td><td>2</td><td>2</td><td>2</td><td>2</td><td>2/4</td><td>复习/2/4</td><td colspan="2">2(人文方向限定选修)
4(理工方向限定选修)</td><td>2(自主选修)</td></tr>
</table>

续表

学习领域	科目	学段及周课时											
		第一学年				第二学年				第三学年			
		上学期		下学期		上学期		下学期		上学期		下学期	
		学段1	学段2	学段1	学段2	学段1	学段2	学段1	学段2	学段1	学段2	学段1	学段2
技术	信息技术	2	2	2	2					1(自主选修)			总复习
	通用技术					2	2	2	2				
艺术	音乐	1	1	1	1					1(自主选修)			
	美术	1	1	1	1								
体育与健康	体育与健康	2+1	2+1	2+1	2+1	2+1	2+1	2+1	2+1	2+1			
综合实践活动	研究性学习	每学年完成1个以上的课题(专题项目)研究/周3学时(也可以学段为单元，集中使用课时)										总复习	
	社会实践	每学年参加1周社会实践活动											
	社区服务	3年不少于10个工作日											
选修Ⅱ		每学年至少获得2个学分(学校自主安排)											
班团会时间		1学时/周											
合计		35	35	35	35	35	35	35	35	35	35	35	35

说明：1. 每周5天，每天7节，每节40分钟，每周共35学时；2. 在保证全区统一的大时段的前提下，学校可根据自身实际对有关学科选修模块开设、周课时安排等进行适当调整，排出具有学校特色的课程表。

(3)课程资源开发满足不同需求

B学校现已开发出的校本课程有38门，为保证校本课程编写质量和提高全校教师新课程素养，学校安排在每次全校教职工大会进行“精品校本课程”展示。已基本探索出一套校本课程选课体系(网上选课)。现正在开设的校本课有23门，比较有特色的校本选修课程，有识别生活中的心理陷阱、校园雕塑、Flash动画制作、兴趣化学实验、英文报刊赏析、中国书法等。D学校研发并出版《中学生生涯规划教程》，已进入课堂。C 中学以南山文化为背景，开发《抗战文化》《南山植物文化》《南山宗教文化》《南山动物文化》等课程。F 中学提炼出 72 个研究性学习活动课题：语文 9 个主题活动组，57 人，数学 8 个主题活动组，56 人，英语 14 个主题活动组，99 人，物理 4 个主题活动组，22 人，化学 2 个主题活动组，13 人，地理 6 个主题活动组，42 人，政治 6 个主题活动组，40 人，历史 9 个主题活动组，65 人。其中艺术类课题 33 个，参加学生 251 人，占年级总人数的一半，充分显示了学校艺术教育特色。

区域高中学校充分挖掘和有效利用校内外的课程资源，对校内外的课程资源进行整合。充分利用重庆市红色革命的历史资源，神奇、独特的南山植物园自然风光构成的原生态旅游资源，南滨路的渡口文化、南山独有的根雕艺术等人文资源，开发具有南岸特色的地方课程。各校充分利用好学校图书馆、阅览室、实验室、多媒体教室、运动设施等场地、设备；引进、开发和利用好报纸、杂志、电子音像教材、多媒体课件、远程网络课程等课程资源；利用和争取学校所在社区、工厂、农村、文化设施等社会资源和人力资源，形成丰富的课程支持资源，构建新的课程文化。

5. 区域基础教育发展需求与挑战

(1)城市化进程加快

①学校建设提速。推动城市化进程，尤其是江南新城建设，使南岸区未来 5 到 10 年间学校总数大幅增加，必然带来诸如编制、教师招聘、继续教育、教育资源配置等一系列连锁反应和困难。②教师需求增加。随着学校建设的提速，教师需求也会随之增加，使原本教师编制不足的情况变得更加严重。③生源背景复杂。根据《重庆市南岸区国民经济和社会发展统计公告》数据显示，2012 年与上年相比，在校生增加 614 人，而到 2015 年，在校生增加 4353 人，学生人数增加，生源背景更加复杂，给学情分析和教育带来了新挑战和难度。

(2)教育需求提高

优质教育需求增加。“读上好学校”呼声，对教育行政部门是很大的压力，对中等水平及其以下的学校尤其如此。对教育行政部门来讲，治理薄弱学校不仅要出政策，也要出措施；对于学校而言，不但要依靠外援，更要主动变革，迎头追赶。学生差异更难满足。学生人数的不断增长，其需要的丰富性、多样性、多层次性也随之增加，都给学校教育带来新的挑战和难度。留守学生关爱教育。对这部分学生，教育行政部门不仅要有制度安排和资金等保障措施，学校一样有责任要善于面对和应对，无疑倍增了教师和学校教育的难度系数。

(3)优质资源紧张

优质学校培育慢，学校之间实际上依然存在一定程度的差距，这种差距在硬件上比较小，但是在学校文化、师资水平、课程建设、办学特色、资源整合、管理水平等方面却存在较大差异。优质教师缺口大，一个更难于突破的难题就是教师配置不足，优质教师不仅优质学校缺少，薄弱学校更是稀缺。资源整合实现难，由于办学条件、办学思路、资金投入等不同，并非所有学校都能实现理想资源的有效整合与利用。

(二)南岸区基础教育发展的总体定位

1. 指导思想

全面贯彻党的十八大和十八届三中、四中、五中全会精神，坚持“四个全面”战略布局，牢固树立创新、协调、绿色、开放、共享五大发展理念，全面贯彻党的教育方针和立德树人根本任务，紧紧围绕区委区政府建设“宜居创新区、江南增长极”的重要部署，坚持“幸福每一个孩子”的核心理念，全面提升教育服务经济社会发展和人的全面发展的能力，为南岸区在全市率先建成小康社会提供坚实的人才保障和智力支持。

2. 发展思路

(1)完善公共教育服务发展体系。围绕“幸福每一个孩子”的核心理念，坚持“书香南岸，幸福教育”发展愿景，加快教育改革和发展，探索建立结构完善、质量优良、就近拥有、终身相伴的公共教育服务体系，实现“办好每一所学校、建好学习型城区、幸福每一个孩子”的发展目标。

(2)突出“公平”“提质”两大战略重点。把促进公平和提高质量作为今后南岸教育工作的主题，狠抓优质均衡，促进内涵发展，着力推进区域教育更高质量、更有效率、更加公平、更可持续的发展。把促进人的全面发展、适应经济社会发展需要作为根本标准，提升学校办学综合实力、学生成长成才能力、社会贡献力、国际竞争力。

(3)坚持四大发展路径。坚持以推动治理体系现代化、教师发展专业化、教育信息化和进一步扩大教育开放为路径，全面提升区域教育现代化水平。

(4)推进六大领域改革。重点推进德育工作、素质教育、课程建设、管理体制、民办教育、学习型城区等六大领域重点改革，聚焦关键领域，实施重点项目，打造一批品牌课程、品牌教师和品牌学校，凸显区域教育特色，形成南岸教育发展的新亮点。

3. 总体目标

在今后若干年内，南岸教育发展的总体目标是：基本建成“书香南岸，幸福教育”发展体系，在教育机制体制创新、核心区和拓展区协调发展、满足多元教育需求、扩大教育开放、完善终身教育服务体系等领域取得重点突破。到2020年，全面优化教育资源配置，基本形成现代教育治理体系，努力实现教育优质化、均衡化和信息化，初步形成全民学习、终身学习的学习型城区，基本建成现代化教育强区，迈入全国先进教育地区行列。

(三)区域课程领导力建设与高中多样化

教育综合改革是一项复杂系统工程。在教育部基础教育课程教材发展中心的指导下，南岸区立足区情，选择课程领导力建设为推进区域高中教育多样化建设的突破口。

南岸区从宏观→中观→微观层次递进推进课程领导力改革，力求用课程办好每一所学校，以课程建设驱动幸福教育的南岸样本打造，让幸福教育成为主推南岸教育现代化、南岸教育区域多样化的强大引擎。

宏观，即从总体上提出“立足学生素质的发展为核心的课程观”。要求各个学校在课程建设中，要依据人的需要，构建起包括基本素质课程、学科课程、综合素质课程、特殊素质课程四个等级完整的多元课程体系。在满足学生多元发展需求的同时，各学校通过课程创建实现一校一品牌，一校一特色的多元化发展。

中观，即在“用课程办好每一所学校”的理念引领下，各个学校立足校情，在校本课程建设开发上，“四力并举”，逐步形成“一校一品”甚至“一校多品”。实现学校建设的“行政手段推动”到“发挥校长及其团队的创造性劳动”转变。

微观，即在课程具体建设上，综合考量影响课程改革的各种要素，明晰培养核心素养的课程建设方向，最大限度地整合各方力量和资源，为实现课程立德树人，培养学生全面发展和个性素养提供保障。具体开设了如下一些课程：校本化实施的国家综合实践课程，校本社团活动课程，国际化体验课程，立足学生幸福能力培养的“幸福课程”等。

在课程领导力的推动下，区域教育发生了可喜的变化。

(1)学校思想启蒙。通过全体教师广泛参与的多轮培训、校情学情分析和学校课程规划编制，学校育人目标、办学目标更加明确，教育哲学更加清晰，发展规划更加科学。

(2)激发学校的创造力。通过课程领导力建设，校长与教师们的教育创造性被充分调动，激发了教育发展的内驱力；学校每天都自下而上发生着变化，微创新不断涌现，呈现一派欣欣向荣之态。

(3)促进教育组织变革。通过课程领导力的深入推进，许多学校意识到学校组织机构变革的必要性，积极主动地向现代学校建设方向迈进。一切组织变革指向“幸福每一个孩子”，指向现代学校制度建设。

(4)倒逼教育管理变革。为了适应自下而上的变革，为学校创造性发展提供条件，区教委也经历了一系列教育管理变革，逐步迈向管办评分离，建立现代教育治理体系。

现在，因为课程领导建设，每个学校都已经形成或正在构建富有个性的校本课程体系。南岸各学校形成了各美其美、各具特色、百花齐放的教育办学格局。

二、区域普通高中发展的趋势

《国家中长期教育改革和发展规划纲要(2010—2020年)》提出："推动普通高中多样化发展。促进办学体制多样化，扩大优质资源。推进培养模式多样化，满足不同潜质学生的发展需要。探索发现和培养创新人才的途径。"高中阶段教育是学生个性形成、自主发展的关键时期，对提高国民素质和培养创新人才具有特殊意义。高中教育改革体现了增强综合国力的需要、适应人的发展的需要、提升教育品质的需要。因此南岸教育需要认真研究高中教育发展新形势，丰富普通高中办学类型，引导普通高中多元、特色化发展，初步形成总量充足、各具特色的发展格局。区域普通高中发展未来会从以下几个方面入手：

(一)普通高中多样化发展

不断丰富普通高中学校类型，着力建设特色高中，发展综合高中，形成多元办学格局，扩大优质教育资源。推动普通高中学校依据自身优势走多样化、差异化办学之路。进一步落实学校办学自主权，促进学校自主发展、特色发展与质量提升。注重分层、分类教育的有机协调，构建可供学生多样化选择的课程体系，促进学校内部课程创生与教学创造，提高课程的选择性，更好地满足学生多元学习需求。探索新高考制度下学校资源配置方法，重点探索走班制的管理实施办法，建立学生综合素质评价体系。高度重视学生创新能力培养，充分发挥普通高中在创新型人才培养中的基础性作用。加快江南新城地区普通高中建设。到2020年，新建1所优质高中，创建1所以上市级特色示范学校，普通高中毛入学率达99.9%。

1. 加强创新德育工作

以落实立德树人根本任务统领课程改革的各个环节，继续深化未成年人思想道德建设工作先进城区建设，着力培育和践行社会主义核心价值观。紧紧围绕"让美德成为品质"这一区域德育工作主线，不断创新机制，完善体系，建设队伍，拓展阵地，培育品牌，彰显南岸德育工作特色。

(1)构建完善德育体系。通过实施课程育德、建设工作网络和整合专业指导力量，构建完善的德育体系。统筹国家、地方、校本三级课程，发挥各学科课程综合育人功能。探索区域德育《幸福成长课》特色课程。建设学校、家庭、社会"三位一体"德育工作网络，整合资源，强化辐射，形成学校主导、家校配合、社区联动的区域未成年人思想道德建设新格局。充分发挥德育专业委员会、学校家长委员会、各街镇社区教育中心的指导、监督和促进功能，努力营造健康、和谐的育人环境。

(2)打造优质德育品牌。完善“以文化人、以行树人、以心育人、以梦启人、以家养人”五大德育品牌建设。继续加强班主任工作站、周俐莎法制工作室建设，培育德育精品课程。继续开展社区点亮生活、梦想与团队等社团活动，深化中华优秀传统文化教育、法治教育、国防教育、环保教育、绿色教育、生命教育等教育活动。

(3)建设立体德育阵地。加强互联网时代德育工作研究，积极探索符合时代特征的德育工作方法。推进德育研修室建设，深化未成年人积极心理健康教育辅导中心建设，充分利用和发挥好微信、热线等多种平台作用和功能。打造立德树人课程创新基地，大力建设职业体验、国防教育、爱国主义教育和生态农业等社会实践基地，不断丰富德育教育资源。

(4)大力传承中华优秀传统文化。以社会主义核心价值观为引领，传承中华民族优秀传统文化，以政治认同、国家意识、文化自信和公民人格培育为目标，挖掘区域、学校历史文化传统，开展各具特色的学校文化活动，丰富学校内涵品质，实现文化育人。引导学生从兴趣、乐趣、情趣，向志趣发展，增强学生对传统文化的亲切感、感受力、理解力和理性认识，逐步形成具有家国情怀、国际视野的现代公民品质。在未来几年内，各校逐步形成校本化开发、实施的德育特色课程，形成个性化的德育活动设计与实施的指南或操作办法。

(5)优化全员德育队伍。加强师德师风建设，提升教师育德能力，实施全员育德。统筹家长委员会、家长义工、社区志愿者等教育资源，参与学校德育工作，形成育人合力。加强名师工作室、班主任工作站建设，推进首席班主任制。继续举办班主任基本功培训和竞赛活动，促进德育教师专业发展。

2. 深入推进素质教育

紧紧围绕“让动手成为习惯”“让艺术滋养生命”的幸福教育特质，倡导和树立科学的教育观。加强科技、体育、艺术、卫生保健、综合实践等学科教师队伍建设，深化课程教学改革，整合培养学生社会责任感、创新精神和实践能力，提高综合素质。

(1)强化科技教育。加快完善区青少年科技活动中心建设。进一步加强校内外合作，共建学校科技教育团队。发挥科普教育基地场馆的作用，开展创客教育。继续开展青少年科技创新区长奖的评选活动，进一步打造机器人、小实验家、创新大赛等科技教育特色品牌项目。

(2)加强体育工作。狠抓体育教学改革和课堂质量，健全学科质量评价体系。强化体育课和课外锻炼，确保学生每天锻炼一小时。以体育特色学校建设带动各校特色体育发展，促进学生掌握2项运动技能。培育和巩固区域优势体育项目，完善中小衔接、梯次发展的拔尖人才培养机制。广泛开展全员参与的各级各类体育赛事和体育活动，打造品牌体育活动。加快推进校园足球工作，努力培养优秀后备人才。

(3)改进美育工作。制定学校美育发展和改革的区域指导意见。开齐开足美育课程，认真实施《学生艺术素质评价标准》。积极开展教学改革，建设一批区本、校本精品课程。规划建设区级美育教育阵地，实施区级学生音乐厅、电视台、美术馆等建设项目。开展艺术特色学校和特色项目创建工作，促进学生掌握1—2门艺术技能。广泛开展各级各类展演、竞赛、交流等学生艺术活动，拓宽艺术素养培养平台。探索建立校内外资源结合的共建、共享、共育的艺术人才培养模式，建设区级重点学生艺术团。开展高雅艺术进校园活动，推进学校艺术团建设。努力打造区域美育精品项目和优势品牌，积极争创重庆市美术教育示范区。

(4)以行动促进学生全面发展。引进国际国内先进的青少年科技教育项目和资源，到2020年，建成全市一流的青少年科技教育活动和科技教育培训中心，打造3—5所创客学校，新增3—5个市级科技创新学校和科技教育名师工作室。培养30名以上市级优秀科技辅导员。整体推进高中体育走班制、大课制、专项制体育教学改革。力争建成15—20所体育特色学校。加强区级重点竞技体育项目建设，建成市级领先项目8—10个，国家级领先项目2—3个。推进高水平足球学校或基地建设工作。开展区级、校级优秀学生艺术团建设工作。创建各类艺术特色学校20—30所。实施南岸品牌艺术项目计划。加强艺术专业工作室建设。建立艺术技能个体评价体系。

3. 深化课程改革

深化与教育部基础教育课程教材发展中心的战略合作，深入推进课程改革和教学改革。以提升学校课程领导力为引领，聚焦学生发展核心素养，在课程开发、管理、实施、教学、评价等方面深化改革。建设与育人目标相对应的课程体系和课堂生态，稳步提升教育教学质量，进一步增强区域教育核心竞争力。

(1)深化课程领导力建设。充分利用全国教育综合改革示范实验区平台和前期建设的成功经验，进一步提升区域及中小学、幼儿园课程领导力。以项目制滚动推进，推荐项目与自选项目相结合，全面融入，分类实施。优化学校课程规划，完善学校课程体系与结构，推进学校课程有效实施。

(2)加强课程规划和开发。聚焦学生发展核心素养，加强国家、地方、校本课程的统筹整合，建设心理成长课程等特色化、精品化的区域课程群、课程链。实施高中发展促进计划，以课程的多样化满足学生多样化的发展需求。重视校本课程开发和实施，形成一校一品，一校多品的多元课程特色，试点引进STEAM课程、大学先修课程、国际理解教育课程等，丰富学校课程门类。

(3)聚焦课堂教学改革。重点研究国家课程校本化实施，聚焦学生发展核心素养，精准解读课程标准。围绕学生的必要学习经历，积极探索和开展深度学习、学科整合、走班制教学，尝试翻转课堂、慕课、混合式学习等信息化学习方式，扩大学习的选择性，增强学习的探究性，激发学生学习主动性，形成幸福课堂生态，提高课堂效率。

(4)推进学生综合素质评价。牢固树立课程标准在教学评价中的地位，探索义务教育阶段学生学业质量绿色评价、适应新高考的学生综合素质评价。实施南岸区中小学教育质量监控，加强中小学体育美育质量监控。运用评价结果，改进教育教学。

(5)以行动提升学校课程领导力。深化教育部基础教育课程教材中心的全国教育综合改革示范试验区建设，聚焦学生发展核心素养，以提高校长和教师的课程知识水平、课程意识、课程规划能力、课程开发能力、课程实施能力、课程评价能力为工作重点，更新和完善学校课程规划，有效提升学校课程实施水平，推动课堂转型。到2020年，力争每所高中都创建一个特色实验室，区域建设3—5个在全国具有影响和示范性的课程创新基地，打造20—30门涵盖各学段、各类型学校的高质量精品课程和共享课程。

(二)优化教育管理机制

紧紧围绕“办好每一所学校，幸福每一个孩子”的工作主线，加大教育资源的建设和统筹力度。通过优化资源配置扩大优质教育资源供给覆盖面，进一步消除城乡之间、学校之间差距，满足人民群众对优质教育资源的需求。进一步健全困难学生资助体系，保障不同群体的教育权益，最大限度实现教育公平。

1. 健全学生资助体系。健全学生资助政策体系，通过国家助学金、寄宿生生活补助、营养改善计划、重症儿童教育基金等方式保障特殊群体儿童健康成长。进一步规范学生资助的申请、审核、发放程序，实现精准资助。创新关爱服务模式，加强流动人口子女和留守儿童接受义务教育工作。

2. 优质资源覆盖。出台集团化办学管理办法，以公平和质量为核心，遵循“逐步推广、逐步发展、逐步突破”的原则，推进集团化办学和学区化办学。以校际联盟、一校多区、校际结对等形式，做强优质教育，进一步增加优质教育资源总量，扩大优质教育资源供给覆盖面。

3. 统筹资源均衡配置。提升学校布点的科学性与合理性，进一步完善学校标准化建设指标。加快新建学校标准化建设进程，逐步缓解江南新城、南坪西区等局部地区入学难现象。坚持“公平、公正、公开”的原则，完善义务教育阶段招生办法。均衡配置义务教育教师资源，完善校长教师轮岗交流机制，探索实施教师“区管校用”的管理机制。进一步强化对中小校教育教学的专业指导。

（三）区域教育多元化发展

通过积极鼓励，大力支持，正确引导，依法管理，形成主体多元、形式多样、坚持公益、特色鲜明的民办教育格局，实现公办教育和民办教育共同协调发展，提供多样化的教育服务供给。

1. 大力发展非营利性民办教育

发挥市场配置资源作用，拓宽社会力量参与办学的渠道，鼓励行业企业、社会组织、专业人士捐资投资兴办学前教育、特殊教育、社区教育等领域公益性民办学校和培训机构，政府在资金投入、项目安排、人才引进、师资建设、教育教学等方面给予大力扶持。优质的民办学校承担义务教育任务，按照国家、市、区相关政策，给予一定经费补助。

2. 鼓励发展高品质民办教育

积极引进优质民办教育机构参与办学，不断丰富南岸教育品质。鼓励民办学校发挥自身优势，提供特色、多元、高品质的教育服务，满足辖区市民对多元、高端、优质、特色教育的选择性需求。探索通过政府购买服务等多项扶持和优惠政策，促进民办教育健康可持续发展。

3. 创新民办教育管理体制机制

出台民办教育发展促进办法，鼓励和吸引社会力量以混合所有制、联合办学、独立办学和委托管理等多种形式参与办学。提高政府服务水平。保障民办学校的办学自主权，引导民办教育建立行业自治组织。规范民办中小学、幼儿园办学行为，加强对民办教育的督导、专业指导、年检和办学绩效评估。

第二章　区域普通高中多样化发展的内涵与特征

社会经济的发展转型带动了教育领域的发展转型。同质化的普通高中教育已经难以满足社会对多样化人才的需求，创新型人才的相对短缺影响我国在国际上的教育竞争力，使我国难以从人力资源大国向人力资源强国迈进。多样化、多选择已经成为全世界高中教育的常态。人们逐渐认识到高中教育只有升学和就业这两种功能是不够的，高中教育的最大价值应体现在促进学生全面而有个性发展。推行普通高中多样化发展是社会进步的体现，它不仅可以改变我国高中教育单一的发展模式，而且能促进学生全面而有个性的发展，是全面推进素质教育、培养创新型人才的重要途径。在普通高中多样化发展已成为世界教育趋势的大背景下，对我国普通高中进行合理的定位，探寻普通高中多样化发展已成为必然的选择。要科学合理地进行普通高中多样化发展，就必须客观、准确地认识其内涵和特征。

第一节　区域普通高中多样化发展的内涵

要认识普通高中多样化发展的内涵，就必须全面深刻地理解《国家中长期教育改革和发展规划纲要(2010—2020年)》，准确把握中国高中教育发展的方向。在理解的过程中，要避免断章取义、以偏概全和狭隘偏见，做到客观全面和科学合理。通过对普通高中多样化发展背景的了解，普通高中多样化内涵的认识，结合重庆市南岸区六所普通高中多样化发展的实践经验，进一步探索我国普通高中多样化发展实践路径。

一、普通高中多样化发展的政策背景

回顾我国政府在推动高中教育发展过程中的政策演进，分析普通高中多样化发展政策实施面临的现实问题，不仅有利于我们准确把握国家层面普通高中多样化发展的宏观背景，也便于我们客观分析理解普通高中多样化发展的内涵。

(一)普通高中多样化发展的政策导向

纵观我国高中教育的发展历程，20 世纪 90 年代以前高中教育发展非常缓慢，之后步入快速发展时期。1993 年，中共中央、国务院颁布的《中国教育改革和发展纲要》就提出“普通高中的办学体制和办学模式要多样化”。1995 年国家教委在《关于大力办好普通高级中学的若干意见》中提出“对普通高中办学模式比较单一的格局进行变革”。2001 年，《国务院关于基础教育改革与发展的决定》里明确提出“大力发展高中阶段教育，促进高中阶段教育协调发展。鼓励社会力量采取多种形式发展高中阶段教育，保持普通高中与中等职业学校的合理比例”。2002 年，党的十六大报告要求我国在 2020 年前“基本普及高中阶段教育”。2004 年，《2003—2007 年教育振兴行动计划》中具体指出“多种形式积极发展普通高中教育，加大对农村高中的支持力度”。2007 年党的十七大报告里做出“优先发展教育，建设人力资源强国”的战略部署，其中对加快普及高中阶段教育做出了强调。从国家出台的一系列政策来看，普及高中教育使其开始由精英教育逐步转向大众化教育，促进普通高中教育优质发展。如此，继续采用精英教育的发展模式已经不适合我国普通高中的长远发展，普通高中多样化发展提上日程。

(二)普通高中多样化发展面临的困境

虽然国家推行普通高中多样化发展，但在实践中依然面临诸多现实的束缚，教育管理体制、“应试教育”传统观念及人才选拔方式单一化等诸多因素都制约着普通高中多样化发展，这就导致了我国高中教育多样化发展进展缓慢。

1. 自上而下的教育管理体制

受我国计划经济体制的影响，教育管理体现出一种由上往下的绝对控制，普通高中的办学体制、培养模式和课程设置等全部受教育行政部门的领导，这就使各个学校缺乏办学自主权，没有办学的积极性，同质化现象越来越严重。除此之外，教育管理部门对学校的评价主要是高考升学率这一项指标，这就使学校易受内在和外在的利益诱导，在具体的教育教学实践中，将高考目标放大甚至替代学校的教育目标，出现学校教育目标的偏离。学校在教育教学中不断追求学生的高分数，追求名校高升学率，这就使学校对多样化发展缺乏兴趣，培养学生的全面发展成为空谈。教育管理体制对普通高中发展的教育目标、评价标准等不进行改变，普通高中多样化发展难以取得突破性进展。

2. 根深蒂固的“应试教育”观念

长期以来，家长以成绩好坏来衡量孩子是不是“好孩子”，高等学校以学生的高考成绩来确定其是否能就读名牌大学，教育行政部门以升学率来评价学校的教育教学质量，这种“以分数论英雄”的功利性教育理念在我国普遍存在。不仅如此，在我国就业市场上，通常是学历越高、毕业的学校越好，在就业中就越占据优势。于是，学生只有努力提高高考分数，进更好的大学，拿更高的学位，才能找到更好的工作。不仅社会招聘人才的规则使我国高中教育“应试”现象严重，人们对职业教育的歧视，家长和学生不愿意就读职业院校也对“应试教育”起了助推作用。学生不选择职业学校，导致大家都挤在高考升学这一条独木桥上，迫使高中学习竞争激烈，“应试教育”现象愈发严重。“应试教育”中单调、死板的知识记忆与训练，扼杀了学生学习的乐趣和创新的能力，使学生只知道理论而缺乏实践操作，只知道死记硬背而缺少创新精神，这种与培养学生全面发展的教育目标背道而驰的“应试教育”观念，严重影响着我国普通高中的多样化发展。

3. 单一化的高校人才选拔方式

一直以来，我国高校选拔人才的方式都是高考，高考决定了学生未来可能进入的大学，进而直接影响其未来的生活状况和社会经济地位。高校统一用高考分数来衡量学生的能力，这对具有不同潜能的学生来说是非常不公平的。高考这种单一的人才选拔方式势必使高中形成单一的培养模式。在同一种培养模式下，学生的个性被抹杀，潜能得不到激发，难以满足社会对多样化人才的需求，不利于国家对多样化人才的培养。

二、普通高中多样化发展的内涵

《国家中长期教育改革和发展规划纲要(2010—2020 年)》中明确指出：“推动多样化发展是未来十年普通高中改革和发展的战略走向。具体表现在促进办学体制的多样化，扩大优质资源；推进人才培养模式的多样化，满足不同潜质学生的发展需要；探索出培养创新人才的途径。鼓励普通高中办出特色化的教育；鼓励有条件的普通高中根据需要适当增加职业教育的教学内容；探索综合高中发展模式；采取多种形式，为在校生和未升学毕业生提供职业教育。”这是国家为满足不同潜质学生发展需求和改变同质化高中教育而对全国普通高中的发展目标、发展方式做出的重大政策导向。

《国家中长期教育改革和发展规划纲要(2010—2020 年)》虽然明确提出要推动普通高中多样化发展，但并没有直接指出其内涵是什么，这就促使各专家学者对其内涵的理解各不相同，全国各地在推进普通高中多样化发展的实践策略上也各有所长。为了进一步理解普通高中多样化发展的内涵，本书将从普通高中多样化发展相关的政策背景、各专家学者对多样化发展的理解等方面出发，结合普通高中多样化发展的实际，对普通高中多样化的内涵进行分析。

(一)专家学者对普通高中多样化发展的理论探索

我国专家学者对普通高中多样化发展内涵的研究分析如下：闻待认为高中多样化发展的内涵可以概括为四个方面即“学校类型的多样化、学校办学特色的多样化、教育服务多样化及教学内容的多样化”。[①] 莫丽娟和袁桂林提出“普通高中多样化体现在办学体制和培养模式两个方面，办学体制主要指办学主体多样化，培养模式则包含培养目标、学校类型、课程内容、管理体制等多样化”。[②] 康万栋强调“普通高中多样化发展是一个全局性的概念，多样化首先是一个国家的多样化，一个地区的多样化，然后再具体到学校的多样化。同时多样化又是一个基础性的概念，它认为只有每一所学校都办出了属于本校的个性和特色，那么整个国家，整个地区的多样化才有了坚实的基础”。[③] 刘世清、苏苗苗和胡美娜在研究中提出“多样化已经成为新时期普通高中发展的价值新取向，并从价值、政策、学校、学生四个层面对普通高中多样化发展进行解读，最终将多样化发展实质落实到尊重学生差异和个性发展、提供适合的教育上”。[④] 徐士强在研究中认为普通高中多样化发展主要是“对区域性办学总体格局的描述，多样化发展必须以区域内各个学校的特色发展为基础，区域内各个学校可以用特色化来满足学生在某一领域的教育需求，也可以通过区域内共享平台与制度的建设来使学生享受多样化的高中教育”。[⑤] 林岚根据各地校长对高中现状及未来发展的见解总结出“普通高中未来发展之路应该是明确定位、多元办学、特色发展三大方面”。[⑥] 王志超指出“要推行普通高中多样化发展，根本途径是培养模式多样化，根本目标是培养对象的发展多样化，重要核心是教学内容多样化，重要动力是办学体制多样化”。[⑦] 陈志利认为“普通高中多样

---

① 闻待：《多样化以致丰富——高中教育多样化发展政策研究》，《基础教育》2011 年第 8 期。

② 莫丽娟、袁桂林：《普通高中多样化发展动因研究》，《当代教育科学》2011 年第 8 期。

③ 康万栋：《关于普通高中多样化特色化发展的思考》，《天津师范大学学报》2013 年第 7 期。

④ 刘世清、苏苗苗、胡美娜：《从重点/示范到多样化：普通高中发展的价值转型与政策选择》，《华东师范大学学报(教育科学版)》2013 年第 1 期。

⑤ 徐士强：《普通高中特色、多样、优质发展问析》，《教育理论与实践》2012 年第 7 期。

⑥ 林岚：《明确定位多元办学彰显特色：普通高中未来发展之路——部分高中校长座谈会综述》，《教育发展研究》2009 年第 6 期。

⑦ 王志超：《普通高中多样化发展的现实困境与理论探索》，《东北师大学报(哲学社会科学版)》2013 年第 2 期。

化发展应从两个维度三个层面进行认识，两个维度包含社会方面和个人方面，三个层面则是宏观层面、中观层面和微观层面”。① 关俊奇强调“推动普通高中多样化要把握五点即办学体制、教师发展、人才培养、课程设置以及教学模式研究的多样化”。② 从以上专家学者的观点看，虽然他们对普通高中多样化发展的理解、侧重各有不同，但也为我们理解普通高中多样化发展的内涵指明了方向。

(二)我们对普通高中多样化发展内涵的思考

所谓“普通高中多样化发展”是针对我国高中教育出现“单一化”和“同质化”问题提出来的。《国家中长期教育改革和发展规划纲要(2010－2020 年)》是国家层面对普通高中未来发展的宏观政策指向，以“以人为本”和“科学发展观”作为指导思想。要深入研究普通高中多样化发展，就必须科学客观的认识和理解《国家中长期教育改革和发展规划纲要(2010－2020 年)》的精髓。根据《国家中长期教育改革和发展规划纲要(2010－2020 年)》中对推动普通高中多样化发展的总体要求，首先，“促进办学体制多样化，扩大优质资源”主要包含“城乡区域”和“隶属举办关系”这两个视角。③ 其次，“推进培养模式多样化，满足不同潜质学生的发展需要”可以进一步切分为两大主要途径和多种提供方式。两大主要途径中，第一个途径指在普通高中“探索发现和培养创新人才的途径”，应与人才培养体制改革中的“探索高中阶段、高等学校拔尖学生培养模式”政策举措紧密联系。第二个途径指在普通高中渗透职业教育元素，包括探索 ISCED3B 在我国的有效实现方式。提供方式主要包括以下三种：一是“鼓励有条件的普通高中根据需要适当增加职业教育的教学内容”；二是“探索综合高中发展模式”；三是“采取多种方式，为在校生和未升学毕业生提供职业教育”。④ 从对《国家中长期教育改革和发展规划纲要(2010－2020 年)》初步分析来看，这一政策充分表明了普通高中多样化发展是国家层面的宏观规划，是国家对发展每一所学校的真正重视，同时也促进学校发挥自身积极性和主动性，根据自身实际情况准确定位，促使学校培养模式多样化，培养更多创新型人才。除此之外，城市和乡村、学校和社会应更加配合和协调，为普通高中全面推进多样

---

① 陈志利：《普通高中多样化发展：应为、实为与何为》，《教育理论与实践》2014 年第 5 期。

② 关俊奇：《普通高中要走出一条多样化发展之路》，《现代教育管理》2011 年第 12 期。

③ 张力：《推动普通高中多样化发展的政策要点》，《人民教育》2011 年第 1 期。

④ 张力：《推动普通高中多样化发展的政策要点》，《人民教育》2011 年第 1 期。

化奠定良好的基础。

在“以人为本”和“科学发展观”的指导下，“创新人才培养模式，满足不同潜质学生发展需要”是普通高中多样化发展的根本目的。现阶段，我国大部分学校都存在着培养模式单一、忽视学生个体差异、忽略学生兴趣爱好等问题。学校为了提高高考升学率，安排的课程高考学科占了绝大多数，选修课程、实践课程等几乎没有。教师在教学过程中教学方法传统，教学手段单一。学生往往不感兴趣，呆板地接受老师知识的灌输，个性得不到发展。从《国家中长期教育改革和发展规划纲要（2010－2020 年）》中可以发现，“满足每个不同潜质学生发展需要”才是当下我国高中办学的基本立足点。为每一位学生提供合适的教育，是探索多样化培养模式的真正目的。今后，普通高中多样化发展应以全面实施素质教育为主题，坚持文化知识学习与品德修养相统一、理论学习与社会实践相统一、全面发展与个性发展相统一。① 从普通高中人才培养模式多样化来看，其涵盖了办学类型、培养目标、学校管理、课程教学、课程评价、社团组织、学生指导、主题活动、校外合作、人际关系、校园环境等多个方面。各学校可以依据自身的办学特点、教育资源、师资结构与生源结构等现实情况，结合上述人才培养模式多样化的各个方面，形成本校独特的培养模式。除此之外，学校和学校之间应该在教学、科研方面相互借鉴学习，学校和社会之间应该在管理方面密切配合，学校和企业之间应该在办学方面互相合作，形成一套选择多样、系统完善的人才培养机制。

要实现普通高中的多样化，“课程与教学的多样化”是核心。课程与教学是学校教育活动的核心，普通高中多样化发展必然要求课程内容与教学方式的多样。这就要求我们赋予普通高中更大的课程管理自主权，丰富学科系列课程内容。首先，要不断深化课程改革，明确高中学校及各学科课程的育人目标和任务。在此基础上，优化课程结构，合理分配必修和选修课比例。同时，鼓励学校开发更多的校本特色课程，使课程的选择更加多样，为学生个性化发展搭建平台。其次，稳步推进走班制和学分管理制度，加强对学生选课和生涯规划的指导，充分发挥学生的个性特长。最后，推进课程教学变革，转变课堂教学方式。课程的多样化势必需要教学方式的多样化，教学方式的不断创新更能够满足不同学生的发展需求。

办学体制多样化是普通高中多样化发展的重要驱动力。在普通高中多样化发展的背景下，单一的办学体制已经无法满足需求。不同的办学体制决定了办学主体的权利范围，不同的办学体制可以催生出不同的办学主体，并促进办学

---

① 张力：《推动普通高中多样化发展的政策要点》，《人民教育》2011 年第 1 期。

主体之间的良性竞争，成为普通高中努力发展自身特色的重要外部推动力。①在坚持教育公益性质的前提下，应进一步明确政府在普通高中办学中主体地位。同时，深化教育管理机制改革，鼓励和支持科技界、高等院校、企事业单位、社区资源、家长等各种社会力量参与高中办学。我们可以通过民办与公办学校的联合办学、普职融通、中外合作办学及国际课程引进等方式促进办学体制多样化，满足学生的多样化需求。

在普通高中多样化发展过程中，学校特色建设是标志。普通高中多样化发展和学校特色建设，两者既相互联系又有本质的区别。高中多样化发展包括很多方面，比如公办学校、民办学校在办学体制方面不同，或者像普通高中、综合高中、艺术高中等办学形式不同。学校特色是指一所学校整体的办学思路或者在各项工作中表现出的与众不同之处。学校特色不是静止的状态，而是一种动态的发展过程。特色是学校积极的、进取的、个性的表现，一个学校的特色使之区别于别的学校。每所学校应立足自身悠久的办学文化，在培养目标、课程结构、课堂效果、学生特点以及教师团体等方面形成自己的优势，办出学校的特色。学校特色的形成过程，实际上就是高中多样化的发展过程。由此可见，特色化的本质是多样化，但多样化并不等于特色化，多样化的内涵更丰富。不管是多样化还是特色化，最终都是在满足学生个性化发展的过程中形成了各个学校的办学特色。

总体来说，普通高中多样化其实就是以国内外先进教育理念为指导，以办学体制多样化、课程结构多样化、培养模式多样化和学校特色多样化四个方面为载体，形成各个高中各具特色、各有所长的发展局面。学校为学生在高中阶段学习提供了多种选择，学生根据自身特长和潜能选择最适合自己、最感兴趣的学校，从而促使学生的个性在高中得到发展。普通高中多样化发展对于我国全面推进素质教育，加强创新型人才的培养具有深远的意义。在普通高中多样化发展过程中，我们应更加注重学校的办学效益和办学特色，应更加关心学生的全面发展及个性培养，以期满足现代社会对人才的多样化需求，达到培养创新人才的教育目标。

三、区域普通高中多样化发展的本质

(一)区域普通高中教育

区域是一个广义复杂的概念，站在不同的角度对区域的理解各不相同。从

---

① 王智超：《普通高中多样化发展的现实困境与理论探索》，《东北师大学报(哲学社会科学版)》2013 年第 2 期。

地理学的角度来说，区域是指地球表面的某一空间单位，具有一定的面积、形状和边界，具有相对一致的内部特征。美国地理学者普雷斯顿·詹姆斯认为“区域是用某个或者某几个特定指标划分出来的一个连续而不分离的空间，这个空间是指地球表层的一定范围，它的界限由这些指标来确定”。[①] 从经济学的层面来说，区域是“作为一定经济活动和一定地理位置复合而成的国民经济组织单位与社会经济综合体”。[②] 从管理学的角度来看，区域指一个国家内部具有某种特定边界的管理单元，包含行政区、规划区和经济区等。从社会学的范畴来看，区域往往是指具有人类某种相同社会特征的人群聚居区。从我国的基本国情来看，我国基础教育管理体制实行的是国家宏观指导下地方负责、分级管理的模式，县(市、区)级政府主要负责统筹管理基础教育经费、调整和管理中小学教育教学工作。根据我国教育管理的实际，本书中的区域为区(县)级行政单位，特指重庆市南岸区。

2003年，教育部印发的《普通高中课程方案(实验)》中提出：“普通高中教育是在九年义务教育的基础上进一步提高国民素质、面向大众的基础教育。”即我国的普通高中教育是指九年义务教育后，合格的初中毕业生接受的更高层次的基础教育，学制一般为三年。廖世承认为“一个国家军备的优劣，财富的盈亏，政治的消长，实业的盛衰，文化的升降，直接间接都和中学教育有关”。[③]《国家中长期教育改革和发展规划纲要(2010—2020年)》中也明确指出“高中阶段教育是学生个性形成、自主发展的关键时期，对提高国民素质和培养创新人才具有特殊意义。”所以，高中阶段的学生能否得到优质的培养对一个国家来说非常重要，这不仅关系到国家的未来发展，还影响着国家在国际上的竞争力。我国高中教育一般包括普通高中教育和中等职业教育(包含职业高中、中等专业学校和技工学校)。普通高中上承高等教育，下接义务教育，既要带动义务教育发展，也影响着高等教育发展的后劲。高中是个人人生发展中从未成年向成年转折的重要阶段，这个阶段的学习将为个人未来的生活、学业及就业起奠基作用。高中阶段的教育，既是学生未来升学、就业和生活的保障，也是其追求个性而全面发展的核心途径。因此，普通高中阶段教育不但要注重育人，还要注重社会性功能的发挥，做到“升学”“就业”与“育人”三者相统一。本书的区域普通高中教育，是指在重庆市南岸区行政范围内的重庆市第十一中学校(简

---

① 陈传康：《区域概念及其研究途径》，《中原地理研究》1986年第1期。

② 李兴江等：《中国区域经济差距与协调发展：理论·实证与政策》，中国社会科学出版社2010年版，第8页。

③ 汤才伯：《廖世承教育论著选》，人民教育出版社1992年版，第52页。

称“重庆十一中”)、四川外语学院重庆第二外国语学校(简称“重庆二外”)、重庆市广益中学校(简称“广益中学”)、重庆市南坪中学校(简称“南坪中学”)、重庆市辅仁中学校(简称“辅仁中学”)和重庆市长生桥中学校(简称“长生桥中学”)这六所完全中学实施的高中阶段的教育，不包含区域内的中等职业教育。

(二)区域普通高中多样化发展

区域普通高中多样化发展，应依据国家对普通高中的宏观政策，立足区域高中教育的实际，全面推进本区域普通高中多样的课程结构建设，探索多元的培养模式，根据已有的优势发展学校的特色，激发学生的个性与潜能，最终实现学生的全面而有个性的发展。

本书的区域普通高中多样化发展是指重庆市南岸区六所普通高中学校，在“书香南岸、幸福教育”的理念引领下，根据学生自身发展的需要和社会对多样化人才的需求，以创新人才培养模式满足不同潜质学生发展需要为目的，以办学特色多样化为核心，以课程结构多样化为载体，丰富普通高中办学类型，引导本区域普通高中多元、特色化发展。

第二节　区域普通高中多样化发展的特征

以人为本、多元发展、自主开放办学是未来我国教育体制改革的关键词，其重点在于转变资源配置方式，突破人才培养体制、办学体制、管理体制和保障机制等方面存在的障碍。办学体制改革最终是要建立政府主导、社会参与、办学主体多元、办学形式多样、充满生机和活力的多样化办学体制。人才培养体制改革最重要的一环是建立多样化的人才培养模式和人才培养标准。课程多样化是培养多样化人才的核心，学校在课程设置上拥有更多自主空间和创造力，有助于推动学校内涵发展。学校特色多样化，即鼓励学校特色发展，多元发展，助推以依法办学、自主管理、民主监督、社会参与为基本特征的现代学校制度建立。

一、办学体制多样化

早在2010年,《国家中长期教育改革和发展规划纲要(2010—2020年)》中就旗帜鲜明地提出了要“推动普通高中多样化发展”，注重“创新人才培养模式”，“推进培养模式多样化，满足不同潜质学生的发展需要”，并持续推进“办学体制改革”，“鼓励普通高中办出特色”，切实转变“千校一面”的状况，改变单一的以升学率为指标的评价导向，引导学校自主发展和办出特色。无论是办学体制改革、人才培养模式创新，还是学校特色发展，其根本目的是推动教育体制改革，最大限度地撬动社会各界力量参与办学，扩大社会教育资源，全面提高国民素质，推动教育的可持续发展，以实现“优先发展教育，建设人力资源强国”的战略目标。

(一)办学体制多样化的历史探索

1. 体制的内涵

在《辞海》中，“体制是指对国家机关、企业、事业单位在机构设置、领导隶属关系和管理权限等方面体系、制度、形式等的总称”，可以这样理解，体制是管理机构和管理权限的结合体或统一体，是关系着权力划分等诸多方面的具体体系和组织制度的总称，不同的管理机构和管理规范相结合就形成了不同的体制。不少学者对这个词进行了解读，虽侧重不同，但大致可以达成一致的是：体制关乎体系、制度和机制之间的关系，它是一种组织方式和运行机制。

2. 办学体制的内涵

办学体制是表现教育管理者、学校举办者和学校三者之间关系的一种组织方式和运行机制，它是国家对教育机构设置的主要制度安排，规定教育机构可以由哪些办学主体来举办，哪种主体有资格举办或参与举办哪一级哪一类教育机构，即清楚回答学校由“谁投资、谁管理、谁举办”的问题。《国家中长期教育改革和发展规划纲要(2010—2020年)》也从原则、办学主体等方面阐释了“办学体制”，即“坚持教育公益性原则，健全政府主导、社会参与、办学主体多元、办学形式多样、充满生机活力的办学体制，形成以政府办学为主体、全社会积极参与、公办教育和民办教育共同发展的格局。调动全社会参与的积极性，进一步激发教育活力，满足人民群众多层次、多样化的教育需求”。这一阐释清晰提出了在教育办学过程中，政府、社会之间的权力义务关系。对于规范办学行为，促进教育创新，满足社会公众个性化的教育需求，提供多样化的教育服务具有重要意义。

3. 办学体制多样化的历史探索

1985年发表的《中共中央关于教育体制改革的决定》，拉开我国教育体制改革序幕，提出了关于办学体制多样化的探索。1986年颁布的《中华人民共和国义务教育法》再次强调了：“国家鼓励企业、事业单位和其他社会力量，在当地人民政府统一管理下，按照国家规定的基本要求举办法律规定的各类学校。”1987年国家教委颁布了《关于社会力量办学的若干暂行规定》，对“社会力量办学”进行了进一步界定，鼓励和支持社会力量办学，加强宏观管理，促进其健康发展。

在教育体制改革的深化期，1993年颁布的《中国教育改革和发展纲要》中明确提出，“改革办学体制，改变政府包揽办学的格局，逐步建立以政府办学为主体、社会各界共同办学的体制”，建立适应社会主义市场经济体制和政治、科技体制改革需要的教育体制，更好地为社会主义现代化建设服务。

2002年，教育体制改革进入转型期。2013年党的十八届三中全会颁布了《中共中央关于全面深化改革若干重大问题的决定》，要求“深化教育领域综合改革”“深入推进管办评分离”“扩大学校办学自主权，完善学校内部治理结构”“鼓励社会力量兴办教育”。

从上述相关政策规定中可以清晰地发现，我国教育体制改革更多地表现为对政治经济领域改革的适应。三十多年的教育体制改革过程，实际上就是对市场经济条件下教育到底应该如何办的一种探索过程。办学体制改革也是对经济体制改革的一种适应性调整，党的十八大提出“实现政府治理体系和治理能力的现代化”的目标，要“更大程度地发挥市场机制在资源配置中的核心作用”，明确提出“深化教育领域综合改革”“扩大学校办学自主权，完善学校内部治理结构”，也就是说，经济体制改革和产业结构升级的现实需要在促使着办学体制改革，教育资源配置方式的转变也在迫使办学体制改革。

（二）办学体制多样化的现实意义

全面统筹教育资源，鼓励社会力量办学，建立多样化的办学体制。根据普通高中的属性，它应该一部分由政府提供，一部分由市场提供，最终会呈现出公办学校、民办学校、公私混合型学校等几种形态。公办学校主要提供一般性的教育服务，满足大众的基本教育需求；民办学校和公私混合型学校的职能除了减少教育的拥堵成本外，主要是满足部分民众特殊的教育需求。

在民众教育需求日益多元化的今天，吸引社会资本投资普通高中教育，形成多元化的办学体制不仅能够有效弥补我国教育经费投入不足的问题，满足人们的不同需求；还可以形成一个公办和民办教育共存的竞争局面，有利于教育质量的提高。

同时，“高考改革使传统学校面临着从教育理念到课程结构，从教学内容、实施方法到管理机制等各方面的变革要求。在原有框架内的修修补补已经无法应对变革的要求，学校必须实现全面的转型”。① 办学体制的改革极大地拓宽了课程改革的空间，推动学校依法依规自主办学，推进课程和教学改革进步，能释放学校办学活力，培养多样化人才，满足群众对教育的多样性需求，最终为培养合格公民、高素质劳动者和创新人才奠定基础，办好让人民满意的教育。

---

① 李希贵、郭学军：《新高考背景下普通中学转型的路径选择》，《北京教育（普教版）》2018年第2期。

(三)办学体制多样化的区域实践

办学体制多样化有三个基本方向，“一是改革公办中小学办学体制；二是进一步发展民办教育；三是进一步开放教育，扩大社会参与”。简而言之，办学体制改革的核心就是要通过简政放权，改变高度集权、政府包揽过多的体制弊端。具体而言就是要改变“政府办学”造成的官本位、行政化弊端，扩大教育资源，满足社会对多样化教育的需求。“通过这个改革，将教育权重新还给社会、还权于民，使教育重新成为社会共同参与的伟大事业，就有可能出现更多教育家，出现崭新的教育局面”。①

《重庆市南岸区“十三五”教育事业发展规划(2016—2020年)》中明确提出南岸教育发展的总体目标是“基本建成‘书香南岸，幸福教育’发展体系，在教育机制体制创新、核心区和拓展区协调发展、满足多元教育需求、扩大教育开放、完善终身教育服务体系等领域取得重点突破”。为此，南岸区认真研究高中教育发展新形势，扩大优质教育资源，丰富普通高中办学类型，推动普通高中学校依据自身优势走“多样化、差异化”的办学之路，并进一步落实学校办学自主权，促进学校自主发展、特色发展与质量提升，初步形成了总量充足、各具特色的发展格局。

建立特色鲜明的教育集团。区域推进办学模式创新，建成8个特色鲜明的教育集团和9个新型学区，进一步扩大优质教育资源覆盖面，基本构建起从学前教育到高等教育的优质教育体系，基本形成一校一特色的优质教育格局。这种教育集团的运作方式灵活多变，“通过校际的优势互补或以强带弱，推进优质教育资源的均衡共享，促进师资的合理流动、资金的统筹使用、教学质量的同步提高，提振各校自身发展动力”②学校校长只管把教育教学抓好，对集团负责，资金投入、基本建设和学校发展等问题都由教育集团去解决。一个教育集团可跨几个学校和多个地区进行投资办学。

发展主体多元的民办教育。区域通过积极鼓励、大力支持、正确引导、依法管理，形成主体多元、形式多样、坚持公益、特色鲜明的民办教育格局，实现公办教育和民办教育协调发展，提供多样化的教育服务供给。区域不仅出台民办教育发展促进办法，还拓宽社会力量参与办学的渠道，鼓励和吸引社会力量以混合所有制、联合办学、独立办学和委托管理等多种形式参与办学。在资金投入、项目安排、人才引进、师资建设、教育教学等方面予以大力扶持。同

---

① 赵小莉、张旭：《办学体制改革：教育现代化的关键选择》，《天津师范大学学报(基础教育版)》2016年17期。

② 王铭波：《集团化办学管理的思考与实践》，《江苏教育研究》2019年第2期。

时保障民办学校的办学自主权，引导民办教育建立行业自治组织。规范民办学校的办学行为，加强对民办教育的督导、专业指导、年检和办学绩效评估。推进学前教育，吸纳民间资本参与学前教育，鼓励、支持集体企事业单位举办学前教育，为市民提供多样选择的学前教育。

【案例描述】

国有控股的四川外语学院重庆第二外国语学校

四川外语学院重庆第二外国语学校坐落在重庆近郊南山风景区，毗邻重庆邮电大学和广益中学，英文缩写 VHSC，其前身是创办于 1940 年的重庆市女子中学校。1997 年，学校与重庆直辖同步，经重庆市教委和重庆市人民政府批准，改制为四川外语学院重庆第二外国语学校，成为一所股份制、全日制、全封闭完全中学，学校性质为私立民办学校。2002 年，学校跻身重庆市重点中学，成为重庆市迄今为止唯一一所股份制市级重点中学。由重庆市南岸区政府和重庆市涪陵区国资委旗下的重庆宏声集团共同控股，为国有控股的"市级重点中学"。2018 年 5 月，在南岸区政府主导下对学校进行资产重组，由重庆市南岸区政府和力宏教育投资有限公司共同控股。学校目前有近 50 名同学考取北京大学或清华大学，近 100 名同学考取哈佛、斯坦福、普林斯顿、耶鲁等位于世界前列的大学(按泰晤士报排名)。

【案例评析】

"股份制学校实行的管理体制是校董会领导下的校长负责制，校董会、校长和监事会三权分立，相互制衡，确保管理各司其职，各负其责，民主管理"。① 由于其所有权与经营权分离，由独立的法人代表和完善的组织机构构成的法人治理结构，自负盈亏，自主经营，所以体现出高效的内部管理体制优势，其灵活有效的内在激励机制有利于学校放开手脚，优质竞争。在保持高效运转的同时，它又比股份制企业更注重公益性和主体性。

重庆二外是南岸区创新民办教育办学模式、改革教育管理模式的一次有益尝试。通过引入股份制的运行方式筹措教育经费，调动社会力量办学，可以有效推动以依法办学、自主管理、民主监督、社会参与为基本特征的现代学校制度建设，推动学校走内涵发展之路。

---

① 李凤春、高春明等：《股份制改革——中国高等教育自救的必然选择》，《吉林省经济管理干部学院学报》2014 年第 28 期。

二、培养模式多样化

教育的目的和本质，是促进人的自然天性，即自由、理性和善良的全面发展。无论是古希腊哲学家亚里士多德的“和谐教育”，捷克教育家夸美纽斯的“泛智教育”，法国启蒙思想家卢梭的自然主义教育思想，还是瑞士教育家裴斯泰洛齐倡导教育以善良意志、理性、自由及人的一切潜在能力的和谐发展为宗旨的教育思想，都指向一个原则，即尊重“人的全面发展”。中国由于受传统的价值观以及社会竞争等方面影响，应试教育现象严重，教学方法陈旧、评价单一，这些都阻碍了创新人才的成长，要想实施素质教育，培养学生创新精神，促进“人的全面发展”，就必须从体制机制、理念观念上进行深刻变革，按教育的发展规律理性审视，正确认识和处理好学校发展中的各种矛盾和问题，激发人才的创新能力和创造热情，最终实现科学研究、社会服务和文化传承创新。

2019 年 2 月，中共中央、国务院印发的《中国教育现代化 2035》明确提出“到 2035 年，总体实现教育现代化，迈入教育强国行列，推动我国成为学习大国、人力资源强国和人才强国”的指导思想，其中“创新人才培养方式，推行启发式、探究式、参与式、合作式等教学方式以及走班制、选课制等教学组织模式，培养学生创新精神与实践能力”更是作为面向教育现代化的十大战略任务之一，向我们提出了改变人才培养模式的要求。

(一)培养模式多样化的历史探索

1. 模式的内涵

模式本来指事物的形成或是标准样式，它是一种结构主义用语，指用来说明事物结构的主观理性形式。它是主体行为的一般方式，是理论和实践之间的中介环节，具有一般性、简单性、重复性、结构性、稳定性、可操作性的特征。模式在实际运用中必须结合具体情况，实现一般性和特殊性的衔接并根据实际情况的变化随时调整要素与结构才有可操作性。

2. 培养模式的内涵

“培养模式”这一概念最早见于文育林 1983 年的文章《改革人才培养模式，按学科设置专业》中，谈的是关于如何改革高等工程教育的人才培养模式。教育行政部门在 1998 年教育部下发的文件《关于深化教学改革，培养适应 21 世纪需要的高质量人才的意见》中，首次对它的内涵做出直接表述，指出培养模式是“学校为学生构建的知识、能力、素质结构，以及实现这种结构的方式，它从根本上规定了人才特征并集中地体现了教育思想和教育观念”。当然，这种表述更多地体现其结构主义特征。1998 年在教育部召开的第一次全国普通高校教学工作会议上，教育部副部长周远清同志再一次对这一概念作出阐述，即培养模式“实际上就是人才的培养目标和培养规格以及实现这些培养目标的方法或手段”，并将其外延拓展到课程体系设计和综合性的评价方式等内容上。我们现在所说的“培养模式”就是将两者观点进行融合并重新界定，将其定义为：在一定的现代教育理念、教育思想指导下，按照特定的培养目标和人才规格，以相对稳定的教学内容和课程体系、管理制度和评估方式，实施人才教育的过程的总和。

构成人才培养模式的要素很多，有学科、课程、教学方法和教学管理等。运用这些要素实现目标的环境是制度构架，支撑和指导目标的是教育观念。这些要素之间不是简单的线性关系，更不能简单堆砌，它们交互作用有机联系，具有互为依赖的一体性特征。某一要素或整体的功能会因为其他任何要素特性的变化，而发生力量上或方向上的变化。

它要依据一定的教育目的、教育理念、培养目标，遵循一定的工作程序、采用一定的方法，有一种相对固定的组织框架和运行方式，是学校为学生构建的知识、能力和素质结构及实现组合这种结构的方式。因此，人才培养模式必然具备以下四个特点：有比较稳定的结构框架；有一定的运行方式或运行途径；有培养规格或培养目标；有变化多样的培养模式。社会经济和科学技术发展对人才的需求是多层次、多样化的，这必然导致人才培养模式也要相应多层次、多样化。

3. 培养模式多样化的历史探索

为规范教育行为，促进教育质量提高，从 20 世纪 70 年代末至今，在大学中出现了通才教育、专才教育、文化素质教育、人文教育、通识教育、素质教育等各种不同的人才培养模式。20 世纪 90 年代以来，随着教育体制改革的深入以及社会教育需求的多样化发展，社会各界对人才培养模式关注度持续增强，人才培养模式问题逐渐成为中国高等教育的重要议题，相关的研究也迅速增多。这些研究虽然就教育理论指导下的人才培养方式取得了共识，但也存在着一些分歧，比如培养模式的属性是静态还是动态，培养模式的指向是强调培养目标还是强调素质结构，培养模式的外延是包括整个教育管理活动还是限定在“教学活动”上等。2014 年颁布的《教育部关于加强和改进普通高中学生综合素质评价的意见》指出“全面实施综合素质评价，有利于促进学生认识自我、规划人生，积极主动地发展；有利于促进学校把握学生成长规律，切实转变人才培养模式”，这一意见为学生积极主动地发展，为学校掌握学生成长规律，为切实转变人才培养模式提供了途径和依据。

（二）培养模式多样化的现实意义

从实践探索中，我们可以看出，人才培养模式要反映一定的现代教育理念和教育思想，作为理论的具体化，它又要具有可操作性。它是人才培养的标准样式，但又不是具体的技术技巧或实践经验的简单总结。它是一个诸多要素组成的复合体，又是一个诸多环节相互交织的动态结构。这其中涉及培养目标、课程设置、课程体系、评价体系等多个要素及目标制定、过程实施及教育评价等多个环节。

培养模式是相对稳定又与时俱进的。从一个学校内部看，培养模式至少应包括学校文化、课程设置、教学过程、学生评价、学校规章制度、学校管理、人际关系、学生指导、校园环境、社团组织、功能性场馆建设、主题活动、校外合作等方方面面。其中，课程设置、教学过程，学生评价应该是核心内容，是必须要触及的重点部分。一个学校的培养模式，可以被传播、被学习、被复制和被借鉴，但其他学校不可以盲目照抄照搬。在改革实践中，很多学校在课程设置、教学活动、学校管理、校园文化、社团活动、学生评价等方面探索了很多新模式、新经验，也有些教师的教育经验被宣传和推广。但这些均属于单项改革，只有将以课程设置、教学过程和学生评价等核心要素融合起来，形成对学生全方位的培养，培养模式才能形成。任何培养模式都要体现一定的教育理念，对弱势群体学生的歧视和贬低，对某些特殊家庭背景学生的关照等行为，都不能有违背教育规律的行为。培养模式多样化对于评价方式多样化也有促进作用。以前的评价方式过分强调学业评价体系，甚至只关注学生学业成绩。有些则简单涉及学生综合素质评价，但是界定不清，维度混乱，主体单一，过程简单。有些只关注定量评价，忽视定性的评价手段。这种过于强调统一标准和高要求，注重外显的评价方式，忽视学生发展的个体差异，使评价无法达到必要的深广程度，缺少真正意义上的过程性评价。此外，对于学生评价结果的使用定位不明确，综合素质评价、学业成绩及高考在学生升学和发展中的定位与关系不清晰，高考所占比重过大，也使评价带上过于浓厚的功利色彩。

所以，“即使同类学校之间，甚至在同一学校之内也可以出现各具特色的培养模式，这就是学校类型和培养模式多样化的基本含义。培养模式要不断推陈出新。培养模式的价值在于能有效促进学校培养目标的实现”。①

(三)培养模式多样化的区域实践

适应国家和社会发展需要。首先要在遵循教育规律和人才成长规律基础上，深化区域教育教学改革，创新教育教学方法，探索多种培养方式，形成各

---

① 袁桂林：《论高中教育机构和培养模式多样化》，《湖南师范大学教育科学学报》2015年第14期。

类人才辈出、拔尖创新人才不断涌现的局面。一方面要建立培养体系。搭建校内外联合培养平台，拓展学生的学习实践机会，丰富他们的学习和成长经历，构建教学、科研、实践紧密结合，学校、社会、家庭良好互动的人才培养体系。另一方面也要改革评价机制。建立多样的分类评估标准，关注不同类型高中学校的丰富性与多样化，根据学校类型、课程设置的不同，规定配套的管理制度和措施，设置相应的评价标准与评价流程，帮助学生判断自己已达到什么样水平和适宜向什么方向发展。总之，"普通高中多样化发展要强调培养目标以及学校类型的多样化，在体制、政策环境方面改革，避免简单包装，改头换面，用华丽的文章和少数学生，替代使全体学生受益的真正高中教育多样化发展大趋势"。①

2010 年出台的《国家中长期教育改革和发展规划纲要(2010—2020 年)》强调要"推动普通高中多样化发展""鼓励普通高中办出特色""树立多样化人才观念，尊重个人选择，鼓励个性发展，不拘一格培养人才"。《南岸区普通高中发展促进计划(2015—2020 年)》以"不断深化基础教育领域综合改革，切实转变普通高中育人模式，推进普通高中特色化、多样化发展，不断提高我区普通高中办学水平和育人质量"作为指导思想，也对培养模式的多样化提出了明确要求，并在持续的推进中，最终形成了多样化的区域培养格局。

推动区域优质均衡的发展。区域优化资源配置，进一步优化名校集团化、新型学区战略，探索多维学校联盟建设，推动校际深度合作，扩大优质教育资源覆盖面，注重分层、分类教育的有机协调，加强课程创新基地、精品课程建设，建立学生综合素质评价体系，更好地满足学生多元学习需求。高度重视学生创新能力培养，充分发挥普通高中在创新型人才培养中的基础性作用。实施雏鹰培养计划、海军航空实验班等系列特色项目，促进学校、学生特色发展。强化科技教育，开展创客教育，共建学校科技教育团队，继续开展青少年科技创新区长奖评选活动，进一步打造机器人、小实验家、创新大赛等科技教育特色品牌项目；加强体育工作，以体育特色学校建设带动各校特色体育发展，培育和巩固区域优势体育项目，完善中小衔接、梯次发展的拔尖人才培养机制；改进美育工作，规划建设区级美育阵地，实施区级学生音乐厅、电视台、美术馆等建设项目，探索建立校内校外资源相结合的共建、共享、共育的艺术人才培养模式，建设区级重点学生艺术团，开展高雅艺术进校园活动。

---

① 袁桂林：《论高中教育机构和培养模式多样化》，《湖南师范大学教育科学学报》2015 年第 14 期。

【案例描述】

重庆市第十一中学校海军航空班

海军航空班生源从重庆市第十一中学校每年入校的高一学生中选拔，每班招收 50 人左右，通过宣传发动、体格检查、政治考核、文化把关四个环节确定人员，并签订培养协议。该中学对海军航空班学生实行单独编班，制订专门管理规定，选派优秀教师担任班主任和学科教师。海军招飞办定期组织人员到学校开展国防教育、航空知识及军事体育培训，每年组织一次身体全面检测，对生源进行调整补充。

海军航空班课程由基础课程、拓展课程和精英课程三部分组成。基础课程按照国家课程标准完成语文、数学等 14 个学科学习内容，达到普通高中学生基本要求。注重教学的基础性、针对性、层次性，培养学生综合素质，提高学生综合能力。拓展课程包括内务管理、身体素质(搏击、健美操、游泳、武术、太极、长拳)、心理健康、国防教育。精英课程重点培养艺术修养、思辨等综合能力，包括海航合唱、海航讲坛、传统文化、书法、模型制作等。

海军航空班学员从高三开始参加海军招飞检测并优先报考海军航空兵学院，成绩优异者有机会被推荐到清华、北大等名校进行“双学籍”培养。未被录取为海军飞行学员的，正常参加全国高校统一招生录取，并优先向海军其他军事院校和民航学校推荐。海军招飞办每年向承办学校拨付实验班办学维持性支出，向实验班学员每月发放营养补助费，并为学校提供部分身体检测设备、心理训练器材、体育训练器械和招飞宣传资料。未来，海军将不断扩大航空实验班的数量和规模，为更多青年学子加入海军飞行员提供更广阔的空间。

【案例评析】

海军为进一步丰富飞行学员的选拔模式和招收途径，满足适应转型建设需要，定点培养高素质海航飞行员，自 2015 年起就开始依托优质普通高中建设海军航空实验班。重庆十一中作为全国西南地区唯一的海军招飞生源培养基地，早在 2015 年就与中国人民解放军海军联办海军航空班，在遵循青少年成长和飞行人才培养规律基础上，致力于发现和培养更多热爱海空、适合飞行、素质全面的飞行学员苗子。同时也通过军地合作、超前培育的方式精准高效的培养新型人才，为海军航空兵战斗力建设发展提供有力的人才支撑。

这种军民融合、共育人才的新型人才培养模式，不仅扩展了学校人才培养类型，更是进一步推进了区域普通高中特色化、多样化发展。

三、课程结构多样化

“十三五”时期是《国家中长期教育改革和发展规划纲要（2010—2020 年）》《全面深化课程改革落实立德树人根本任务》《国务院关于深化考试招生制度改革的实施意见》实施的关键时期，加之高考综合改革势在必行，怎样实现“十三五”时期教育发展根本任务，如何应对高考综合改革要求，怎样让学校在课程开发和设置上拥有更多自主空间和创造力，推动学校多元化发展，对高中课程设置及结构设计提出了更高的要求。

（一）课程结构多样化的历史探索

1. 课程的内涵

课程是指学校学生所应学习的学科总和及其进程与安排。课程是对育人目标、教学内容、教学活动方式的规划和设计，是教学计划、教学大纲和教材全部内容及其实施过程的总和。广义的课程是指学校为实现培养目标而选择的教育内容及其进程的总和，它包括学校教师所教授的各门学科和有目的、有计划的教育活动。狭义的课程是指某一门学科。

课程在学校教育中处于核心地位，是实现教育目的的重要途径，是组织教育教学活动的最主要依据，是集中体现和反映教育思想和教育观念的载体，教育的目标、价值主要通过课程来体现和实施，因此，课程改革是教育改革的核心内容。[①] 同时，课程设置是课程结构多样化的基础，课程只有按照区域发展特点设置，课程结构多样化才能真正实现。

2. 课程结构的内涵

课程结构问题“与教育本身一样，具有悠久的历史”。自 20 世纪 60 年代以来，尽管东西方学者对课程结构问题作了持续不断的研究，但到底什么是课程结构，对课程结构的层次应如何划分比较恰当，仍是当前亟待回答的问题。目前，国内最精致、最有创造性的界定，出自 1991 年廖哲勋在《课程学》一书中设专章对课程结构进行了深入的分析。他认为，“课程结构是课程内部各要素、各成分、各部分之间合乎规律的组织形式”。提出了课程整体结构的“表层——深层说”。课程整体结构由表层结构和深层结构组成。表层结构是“一定学段课程总体规则的结构”，深层结构是“教材内部各要素、各成分的组合以及各类教材之间的整体组合”。

课程结构是课程目标转化为教育成果的重要纽带。课程结构的研究是课程研究中十分重要的部分，也是内容丰富、情况比较复杂的部分。课程结构是课

---

① 朱慕菊：《走进新课程》，北京师范大学出版社 2002 年版，第 23 页。

程各部分的组织和分配，它是课程体系的基础和骨骼，主要涉及了组成课程体系的各学科领域，以及各学科内容的设置、学科层次与比例关系、各种课型的搭配等问题，体现出一定的培养目标、课程理念和课程设置的价值取向。课程结构是针对整个课程体系而言的，课程的构成是课程结构的核心，课程的形态结构是课程结构的骨架。

3. 课程结构的历史探索

新中国成立以来，基础教育课程结构经历了新中国成立初期学习苏联的学科课程结构模式、自主探索的劳动化课程结构、“文化大革命”时期的“三机一泵”式课程结构、改革开放打破单一化走向多样丰富的课程结构和21世纪以来的综合化、选择化、均衡化的课程结构五个阶段。

新中国成立初期，我国课程结构主要是学习苏联学科课程结构模式，当时所形成的课程结构较为单一，全国各地所有课程均以必修学科课程和分科学科课程为主，主要是系统地传授科学文化知识。

后期，自主探究的劳动化结构，开始注重教育与劳动生产相结合，各学科知识基本都与社会生产劳动紧密结合，基本形成了劳动化课程，但该结构过分强调生产技能的把握，忽略了学科基础知识学习。

“文化大革命”时期受具体历史条件的影响，我国采用了“三机一泵”课程结构，“三机”即拖拉机、柴油机、电动机，“一泵”，就是水泵。但是，教育发展所需课程设置只讲“三机一泵”，过分强调生产知识的务实性，而忽略了学科知识。

改革开放后，课程结构才真正意义上打破单一化。课程设置除了基础学科课程，还设置了活动课程，且各学科比例也适当调整，整体性、操作性、合理性更强。后又调整为必修课、选修课和课外活动课。

21世纪以来的综合化、选择化、均衡化课程结构，各个学校拥有更大的自主权，学校积极开发校本课程和地方课程。尤其是20世纪初开始，在世界范围内兴起了课程选修制(elective system)。课程选修制已成为现代基础教育的重要支柱，正确处理必修课程与选修课程之间的关系成为中国乃至世界课程改革的重要实践。

总体来看，课程结构变革的价值取向从关注知识和分数向关注人的发展、人的生命和生活意义转变；课程结构模式从关注整齐划一向关注多元个体和群体共同发展的选择性转变；课程结构的权力从国家集中转向三级管理体制共享；课程结构类别从单一走向多样①。

---

① 赵文平:《新中国基础教育课程结构变革历程审视》,《课程教学研究》2012年第11期。

4. 课程结构多样化的实现要求

突出主体性，即课程结构要适应不同学校的特点，每个学校都是课程结构调整的主体。学校的主体性集中体现在通过选择并设置能够体现本校特色的课程上。不论国家课程还是地方课程，课程门类及其关系都应适应每一所学校的学校文化特性，学校有必要根据本学校的教育哲学、培养目标、培养模式对国家课程和地方课程进行创造性地实施。

每个教师也是课程结构调整的主体。课程改革取得成功不仅在于学校顶层设计和实践推行，教师教育观念的转变以及教学行为转变也是推动课程结构多样化发展的必要因素。因此要调动每一位教师的积极性，使他们真正成为课程结构调整的主体，让教师主动去开设、承担相关课程，丰富学校的课程结构，促进课程结构多样化发展。

课程结构要适应不同学生的选择。衡量课程改革成败的基本标志是能否促进学生的个性与全面发展。教育面对的是独立个体，是一个个具有独特个性的学生，而教育的根本目的和内在价值就是促进每一个人的个性与全面发展。为此，学校课程结构必须彰显选择性，能够让学生选择出适合他自己的，能够促进自己发展的课程，以适应学生的个性差异。也只有这样，学校的课程结构才能真正多样且丰富。

(二)课程结构多样化的现实意义

从我国近70年课程改革不难看出，课程结构是时代的产物，而多样化的课程结构必然是适应新时代新高考发展需求，普通高中发展乃至未来高中教育发展的努力方向。从认知角度来说，多样化的课程结构，不仅要求学生完成国家课程或者必修课程的学习，而且根据不同学生的认知情况和水平弥补了国家课程或必修课程整齐划一的弊端，让具有不同认知情况和水平的学生依据自己的喜好、兴趣特长、职业规划多元化选择有助于自身发展的课程。从发展角度来说，进入高中时代的中学生，自我意识大大增强，正处于开始考虑自己人生道路的关键时期，一切以满足自我发展为核心，解决自我发展为目的，这种强烈的发展需求迫使课程结构不断丰富和完善。而多元化的课程结构拥有足够的丰富性，能够增加学生的培养基点，刺激学生的兴趣、培养学生的能力、帮助高中学生为未来定向，培养多样化复合型人才。

(三)课程结构多样化的区域实践

课程结构多样化是建立在课程结构预设基础上形成的总体样态，我区各普通高中学校对课程结构的设置做了系统化研究与实践，依据办学理念、办学目标，基于学校的文化传承，优化和整合国家课程、地方课程，全力开发能够促进学生全面发展需求的个性化特色课程，有效建构了多样化的学校课程体系。

1. 区域课程结构建构讲求宽领域

随着时代的进步、科技的发展以及社会发展对人才需求的变化，原有的课程结构设置很难满足多样化复合型人才培养的需求。因此，在全面学习党的十八大会议精神，深入理解《国家中长期教育改革和发展规划纲要（2010—2020年）》《全面深化课程改革落实立德树人根本任务》《国务院关于深化考试招生制度改革的实施意见》《全国教育工作会议》等文件精神，在纵向上结合国家、重庆市关于深化高中教育改革与发展的文件精神，区域普通高中学校不断实践和完善适合本区域教育发展特色的新型课程结构。总体来说，基于国家课程改革新要求以及各学校培养目标，学校在将德育、语言与文字、人文与社会、科学与创新、信息通用技术、数学、艺术、体育与健康、综合实践等领域纳入新时代课程结构中达成了共识。

2. 区域课程结构建构遵循新原则

进入新时代，本区域课程结构改革在原有综合化、选择化、均衡化课程结构基础之上，更加讲求基础性、选择性、时代性的原则。

基础性——强调通过课程学习掌握必需的经典知识及灵活运用的能力；注重培养学生旺盛的求知欲、积极的探索精神、坚持真理的态度；注重培养学生搜集和处理信息的能力、获取新知识的能力、分析和解决问题的能力、交流与合作的能力。高中课程内容既进一步提升所有学生的共同基础，同时更为每一位学生的发展奠定不同基础。

选择性——为适应社会对多样化人才的需求，满足不同学生的发展需要，在保证每个学生达到共同基础的前提下，各学科分类别、分层次设计了多样的、可供不同发展潜能学生选择的课程内容，以满足学生对课程的不同需求。

时代性——教育发展是一项与时俱进的课题。因此，课程内容的选择体现当代社会进步和科技发展，反映各学科的发展趋势，关注学生的体验，增强课程内容与社会生活的联系。同时，根据时代发展需要及时调整、更新。

3. 区域课程结构注重层次分明

我区各个学校课程结构在纵向上，主要分为了三个层次：基础类课程、拓展类课程、提升类课程。课程结构构建上更加科学，各类课程的比例更加合理。

基础类课程主要是国家课程，代表国家意志，是面向全体同学的必修课，更是新高考学考课程。旨在培养学生基本的身心素养、道德素养、文化素养、艺术素养等，为学生的终生发展和适应未来社会奠定基础。

拓展培养类课程主要以地方课程和校本课程为载体，重在开阔学生视野，激发学生学习兴趣，开发和培育学生的潜能和特长，培养学生的自我认知和自我选择能力，满足学生的个性化学习需求。

提升类课程主要以校本课程为载体，旨在培养学生在某一专业或某一领域的浓厚兴趣和探究精神，使之成为其一生奋斗的目标，满足学生在该领域内终身发展所需的课程。

学校课程结构多样化是全面实现课程价值的一种重要方式，多种课程类型的有机结合将有助于学生的全面发展，这将为改变我国学生过分追求学业高分、综合素养低、主动学习能力弱的状况提供有利支持。

四、办学特色多样化

"整个教育事业的活力来自千万所学校的活力。每所学校的办学活力都得到较为充分的释放，才是我国教育事业兴旺发达的基本保证"。[①] 多样化特色化发展是一种新的学校发展战略，是国家或地区对所管辖的普通高中如何发展所做出的战略安排。[②] 在每一所学校中，因学校的历史流传、学校师生共同创造的个性文化，学校特色呈现出多样化的风格，强调学校特色的多样化，不仅于受教育者的选择有益，对学校多样化发展和教育发展都有促进。

(一)学校特色多样化的历史探索

特色是一个事物或一种事物显著区别于其他事物的风格和形式，是由事物赖以产生和发展的特定环境因素所决定的，是其所属事物独有的。

所谓学校特色，就是在办学主体刻意追求之下，学校基于自身的发展情况和目标，在长期的办学实践中所形成的独特且相对稳定的办学风格。它是一个学校积极、进取的个性表现。也有人称之为每所学校通过培养目标、课程、课堂、学生特点以及教师团体等形成自己的核心技术。

学校特色并不是一成不变的，它是学校由没有特色到有特色的动态发展过程，是一种学校发展战略。基于目前我国的教育发展现状，学校应在满足学生个性化发展的过程中逐步形成独特的办学特色。学校应当建立差别化教育项目来满足学生发展的多样化需要。因为不同学校的学生自身发展存在一定的差异，所以在满足学生个性化发展过程中，突出学校的办学特色就显得尤为重要。而学校特色的形成过程，也就是普通高中多样化发展的过程。

从办学主体看，它是以学校为办学主体的发展；从发展的行为方式看，它

---

① 孙孔靓：《学校特色(2 版)》，北京人民教育出版社 2007 年版，第 11 页。

② 康万栋：《关于普通高中多样化特色化发展的思考》，《天津师范大学学报》2013 年第 14 期。

是基于学校自身发展需要主动做出的选择；从发展路径看，它坚持“适合的就是最好的”价值取向，强调因校制宜；从发展结果看，它追求办出特色和水平，而不仅仅是提高学业成绩和常规的办学绩效。①

需要强调的是，学校特色不等于特色学校。学校特色多样化，并不是要在区域内建立专门的特色学校，而是学校以某一个或几个项目为抓手，形成独具特色的办学风格。

(二)学校特色多样化的现实意义

学校特色多样化是改变我国高中单一发展模式的重要举措。学校特色发展符合时代的要求，契合人的发展需要，是提高教育教学质量的必要途径。

1. 学校特色多样化是时代发展的必然要求

随着科学技术的发展，新兴行业不断推陈出新，社会对人才的需求越来越多样，要求也越来越高。高中教育作为国民教育的重要组成部分，是新时代人才培养的战略性目标与突破口，担负着为社会培育和输送优秀劳动者的艰巨任务。为此普通高中发展唯有走特色发展道路，才能满足不同学生的个性需要，为学生的多元个性发展创造一个好的平台。

2. 学校特色多样化有利于促进学生发展

学生的主动选择是一种最大的学习动力。处于高中阶段的学生，内心有较为明确的人生追求和奋斗目标，而且每个人的追求和奋斗目标都有很大的差异。他们渴望通过独有的教育方式，实现自己独有的人生价值。而学校特色项目恰好为学生实现其人生价值搭建了一个平台，它用一种无形的力量吸引着学生，引导着学生的进步。学校的多元特色发展，有助于挖掘学生兴趣和需求，激发学生的学习动机，为学生的终身发展起到重要的作用。

3. 学校特色多样化推动优质学校发展

教育改革的关键是要发展有质量的教育。未来普通高中教育改革的重点，不仅仅是追求规模的扩大，而是注重规模、结构、效益并重的综合发展。从注重单纯传授知识的教育教学，转向关注学生的全面和个性发展的高中教育。通过特色项目建设，发展学校特色，树立自己的办学品牌，打破应试教育下分数选择的魔障，提高学校在生源市场中的辩识度，也为学校的发展聚焦了资源和发展方向。

(三)学校特色多样化的区域实践

我区各普通高中以多样化课程结构的构建为突破口，推动学校特色发展。

---

① 康万栋：《关于普通高中多样化特色化发展的思考》，《天津师范大学学报》2013 年第 14 期。

经过近十年的探索实践，区域各普通高中呈现出“独特的学校文化、鲜明的办学特色、丰硕的育人成果、较高的办学品质”等特点。

1.“SWOT”分析法诊断特色

基于新时代我国的教育发展现状以及高中综合改革总基调，学校应在满足学生个性化发展的过程中逐步形成独特的学校特色，来满足学生发展的需要。在满足学生个性化发展过程中，突出学校的特色就显得尤为重要。那么，学校特色从何而来呢？

管理学“SWOT 分析法”告诉我们要对学校自身发展现状进行特色诊断，弄清学校发展的优势、弱势、机会和风险。经过“SWOT 特色诊断”，学校可以进一步对自身的优势、劣势进行深试分析，明确学校发展所需内外部环境以及可使用的资源情况，找到学校发展的优势和瓶颈，从而直击要害，解决主要矛盾，促进学校发展。

2. 特色项目引领学校多元发展

基于“SWOT 特色诊断”结果，重庆市南岸区普通高中学校立足本校特色，突出特色发展项目，用特色项目发展引领学校特色发展，推进区域普通高中特色多元发展。《重庆市南岸区“十三五”教育事业发展规划(2016—2020 年)》中明确提出南岸教育发展的总体目标是基本建成“书香南岸，幸福教育”发展体系，形成各具特色的发展格局。我区各个高中结合各自学校在科技、外语、体育、艺术、人文等方面的特色优势，以项目带动特色，正在形成“科技高中”“人文高中”“艺术高中”“体育高中”等多个响亮品牌，各个高中落实办学理念和培养目标，走上了特色各异的发展道路，并取得了长足的进步和优异的成绩。

辅仁中学校通过“SWOT 特色诊断”结果以及进一步的优势、劣势分析，准确找到学校发展的瓶颈，根据学校实际确立了“双培扬长”的办学理念，通过艺术、体育等课程建设与实践，不断突破学校发展瓶颈，探索出学校特色发展之路，取得了可喜的成绩。一是美术特色凸显。该校招收专业美术学生和有美术爱好的学生组成美术班，从高一入校开始，由本校在职美术教师和校外机构共同培养。美术特长生重点本科、一般本科上线人数逐年上升，2018 年专业本科已达 100 人，虽然绝对数量还不够，质也有待提高，但在重庆市内“特色”已经比较明显。二是足球项目骄人。足球更是该校的强势特色培养项目，该校采用中国“体教结合”的新模式。现有市足管中心两支全运会队伍和与全国足球甲级俱乐部联合培养的梯队三支，基地教练共有 10 人，队员 80 人，其中具有该校学籍的队员 25 人。另外还有本校足球队员 70 人，教练 3 人。2015 年以来，共荣获中国中学生暑期协会杯初中组冠军、全国青少年足球超级联赛总决赛第四名、重庆市校园足球联赛初中甲组、乙组冠军、重庆市城市足球冠军联赛男子甲组冠军等荣誉十多项。2017 年学校有 7 名队员正式入选国少队，2018 年有 14 人次入选国少集训队。该校 2019 级毕业生，通过了北京大学高水平运动员测试，考取北京大学。除此之外，该校于 2014 年被国家体育总局、全国啦啦操委员会授予全国啦啦操实验学校。2018 年被国家体育总局、全国啦啦操委员会授予啦啦操一星级俱乐部。2016 年 8 月大洋洲啦啦操锦标赛(公开)高中花球第一名、双人花球第一名。2018 年全国啦啦操冠军赛，四个第一名，两个第二名。

辅仁中学校是市重点高中，但是生源质量一般，甚至有走下坡路的趋势。正是因为这个学校挖掘了适合学校特色发展、学生特质和发展需要的特色项目，努力在特色项目实践方面不断探索，美术特长教育才能初具规模、体育特长教育影响范围不断扩大，并为今后扩大规模、提高质量奠定了基础。可见，特色发展不仅能够满足学生的多样化发展需要，更是学校的多样化发展重要路径。目前区域各高中积极落实办学理念，努力达成培养目标，遵循了各个学校发展的特点和学生发展的需求，纷纷选择最适合学校文化的特色项目，在政策指导下，努力探索特色各异的发展道路。

3. 分层分类走班制教学推进学校特色多样化发展

国家教育事业发展“十三五”规划指出，我国的教育需求已发生结构性变化，对高质量、多样化的教育需求日益增长，要鼓励普通高中实行“选课制”“走班制”，开设多样优质的选修课程，促进普通高中多样化发展，探索综合高中、特色高中等多种模式，促进学校特色发展，为学生提供更多选择机会。

所谓“分层”，就是按照“国家课程校本化，校本课程适宜化”的要求，将高中学科课程的学习分为“一、二、三”三个层级进行。每一层级确立不同的教学目标、教学内容、教学方法、教学评价，然后由学生根据自身发展需要自主选择适合自己的某一层级课程进行学习。

所谓“分类”，就是把国家选修课程的部分内容和体育、音乐、美术、信息技术、通用技术、综合实践、社团课程等课程进行整合分类，设置分类课程，由学生根据自己的兴趣爱好和发展需求选择(艺术、体育类课程中至少各选择一项)进行学习。

“分层分类”教学是满足学生多样化、个性化发展的需要，是“适合的教育”理念的具体实践。南岸区以教师专业引领、课堂教学创新、个性化课表、个性化学历案设计等为抓手，积极促进普通高中教学方式的转变。

辅仁中学以课程核心理念和培养目标为指引，以学情校情为依据，按照“尊重差异、合理选择、因材施教、有效组织”的原则，研制出了双培扬长课程的实施方式——分层分类走班选课制教学模式。

【案例分析】

文化学习分层走班。学生文化学科的学习采用分层选课走班制的方式进行。在文化学科教学中，根据学科学习特点和学生学习差异(基础、能力、态度、动力、需求等)，学校选取高一、高二年级的数学、英语、物理、化学、生物、政治、历史、地理开展分层选课走班制教学改革。各学科分成三个层级设置课程，学生根据自身实际分层选课走班学习，第一层级的课程满足中下层次的学生学习，注重基础知识和主干知识的认知了解和基本运用；第二层级的课程满足中等层次的学生学习，注重基本的推理和应用能力的培养；第三层级的课程满足中上层次的学生学习，注重知识的融会贯通和拓展运用，注重实践探究能力的培养和学科素养的提升。语文学科由于学生基础差距和学习差异小，不实行分层选课走班学习，主要根据学科特点开设主题阅读课程进行拓展学习。学科分层选课走班制教学组织形态的特点是：一门学科三个层次，一名学生一张课表，一间教室多块牌子(行政班、学科班)。

兴趣培养分类走班。学生艺术体育科技等方面的兴趣培养采用分类选课走班制的方式进行。学校充分尊重学生个人兴趣爱好的发展需求，面向全体学生提供体育、艺术、科技、人文、实用技术、社会实践等类别的 50 多门分类课程，供学生自主选择走班学习，以培养兴趣特长和专业技能，让每一位学生的优势和潜能得到充分的发展，也为学生今后选择高考专业和职业方向奠定一定的基础。学校在高中非毕业年级每周安排 6 个学时进行兴趣分类课选课走班学习，每期开学时公布开设课程、指导教师和选课人数，学生实行网上自主选课，按课表走班学习。

这种分层分类特色走班教学，不仅在文化学习方面有针对性地对学生进行教学，较快提高学生的学习成绩，而且能够提高学生对文化课的学习兴趣，满足不同层次学生学习的广度和深度。兴趣培养方面，从多类多门课程中，学生能够找到适合自己的分类课程，有选择地拓展学习，实现个性且全面发展。目前，该模式已在区域因校制宜推广实施。将基础课程分为多个层次进行走班教学，将拓展和提升类课程分类走班教学，满足不同层次和类型学生教学实际，加快学校特色发展步伐。

综上所述，随着社会发展、技术更新、社会对人才需求的变化，普通高中教育将随之发生变化。随着普通高中综合改革的推进，普通高中课程改革的步伐将加快，区域普通高中课程改革将在国家、重庆市的方针政策指导下，立足区域普通高中教育实情，研究高考综合改革的变化，稳步推进区域普通高中多样化发展，推动区域教育事业不断进步。

第三章　区域课程领导力建设推进普通高中多样化发展的原理与价值

区域课程领导力建设是课程领域中的一个重要课题，能推动国家教育理念的落地实施，能推进办学多样化，一定程度上指引着教育发展的方向。区域课程领导力建设着力学校规划力、教师执行力和学生学习力的建设，而聚焦到学校内部，重在课程的规划力、开发力、实施力和评价力的建设，为学校的课程设置、课程开发、课程实施和课程评价提供政策支持和智力支援。区域课程领导力建设是推进普通高中多样化发展的杠杆，引领着区域教育管理者、学校、教师的具体行动和实践，是学校发展和学生发展的关键，是学校教育践行国家教育意志的具体行动，在教育发展中具有重要的现实意义。

第一节　区域课程领导力建设推进普通高中多样化发展的内涵及原理

《国家中长期教育改革和发展规划纲要(2010—2020年)》提出推动普通高中多样化发展；促进办学体制多样化，扩大优质资源；推进培养模式的多样化、培养目标多样化和办学特色多样化，满足不同潜质学生的发展需要；进一步探索发现和培养创新人才的途径，鼓励普通高中办出特色，改变“千校一面”的办学局面。区域课程领导力建设正是着力于课程规划力、教师执行力和学生学习力的建设，有力地促进了课程规划、课程开发和管理、课程实施和评价，培育和提高了学生的学习力，进而实现了学校课程多样化和学校特色化。

一、区域课程领导力建设推进区域普通高中多样化发展的内涵

课程领导力建设形成了普通高中基于不同教育哲学的课程规划、多角度多渠道的课程开发、多层次多形式的课程实施及多元多维的课程评价等局面，推进了区域普通高中办学体制多样、培养模式多样、课程结构多样和学校特色多样。

(一)区域课程领导力建设的概念

1. 领导力与课程领导力

据有关学者研究分析，“领导力”是领导学中的一个核心概念，内涵丰富而又充满争议；是领导者在特定的情景中吸引和影响被领导者及利益相关者并持续实现群体或组织目标的能力，是一种综合品质、品行和品味。其本质是一种影响力，能够对他人产生影响并赢得他人追随的能力。领导力包含影响力、执行力、指导力、理解力和推进力等，是在组织中发生，与目标追求密切相关，包含着相互影响的领导行为的一个过程。一言以蔽之，领导力是一种“正向的、双向的”影响，是一种“管理和统筹”的能力；是一门“研究与实践相互促进”的科学；是一门“怎样做人”的艺术。[①]

课程及课程改革的深入研究开辟了一个课程理论研究的新领域——课程领导。课程领导不同于课程管理，课程管理重在行为上和一般操作上的管理；课程领导却是在课程推进过程中，课程领导者通过自身领导资源和能力影响并引领追随者，对课程决策、课程执行、课程评价及其他相关事项提供支持和决策。[②] 课程领导表现为一种能力即课程领导力。

课程领导力属于教育范畴的一种领导力，意在摆脱传统的依靠自上而下的科层体制进行命令、监督、控制和评判的管理思想，提倡管理创新。[③] 袁晓英认为：“课程领导力是在特定范围内，一定的人员在对课程系统中的要素进行领导时所表现出来的实现课程目标的能力，其表现在课程领导主体引导团队成员去实现目标的过程之中。”[④]课程领导力直接指向课程，是课程与领导的融合。虽然不同研究者赋予其不同的含义，但南岸区在课程领导力建设的研究中提出：“课程领导力是指组织或个人为着某种目标与愿景，在推进课程规划，引领课程实施、课程评价与课程资源建设中表现出来的决策能力与行为能力。它包括课程思想的领导力、规划的领导力、开发的领导力、实施的领导力、管理的领导力、评价的领导力。”[⑤]课程领导力应基于课程领导，是特定范围的领导者在对特定系统中的课程进行领导和决策时所表现出的一种能力——领导者

---

① 袁晓英：《区域课程领导力建设的理论与实践》，上海三联书店 2012 年版，第 88 页。

② 孙宗权：《立足“四个”根本转变　重塑课程领导理念》，《新课程 · 小学》2016 年第 4 期。

③ 李劲渝、朱静萍：《通过区域课程领导力建设回归教育本质》，《中国教育学刊》2015 年第 6 期。

④ 袁晓英：《区域课程领导力建设的理论与实践》，上海三联书店 2012 年版，第 22 页。

⑤ 朱静萍、谭伟：《区域课程领导力的构建与实施》，人民教育出版社 2015 年版，第 30 页

运用理论、方法与策略推进课程设计、课程实施和课程评价等一系列实践过程而显现的能力，直接关注和决定课程目标的达成与否。

课程领导力的主体可以是个体也可以是组织。校长、教师、学习共同体都是学校课程的实践者，也就是课程领导力的主体。教育者参与学校发展目标的制定、明确学校课程的意义、开发与实施学校课程等就是课程领导力的具体体现。从学校内部来说，课程领导力有校长课程领导力、教师课程领导力，还有教研组、备课组等学习共同体的课程领导力；从学校外部来说，有区域课程领导力。课程领导力的价值取向不是在于领导和决策课程，而是在于促进学生的发展，一切课程目标的制定与实施都必须确保学生获得最佳的学习成果。因此，课程领导应淡化行政职能而强调课程领导职能，致力于探索课程与学生发展的关系，为学生学习提供适合的学习机会与条件，促进学生的全面发展。

2. 区域课程领导力建设

教育部《基础教育课程改革纲要(试行)》指出，“各级教育行政部门要对课程的开发和实施进行指导和监督”，这不仅适应了我国行政区域的实情，也为区域实施课程领导提供了政策依据。基于此，袁晓英在2010年专题报告《区域课程领导力：从观念到行动》中首次提出“区域课程领导力”的概念。

(1)区域课程领导力建设的内涵

区域课程领导力是什么？袁晓英认为：“区域课程领导力是指一个区域课程领导团队基于区位结构以及区域教育发展定位对区域课程的规划、建设、实施、评价和管理的能力，是一个多层级的动态性支持系统。区域课程领导力具体表现为：对国家课程的正确理解和对学校课程的准确定位；对校内外教育教学资源的挖掘、组织和整合；对学校课程文化的培育、课程设置的执行、课程评价的组织与实施，以及校本教研的指导等。[①]”它聚焦于一个特定的区域，协调和组织区域教育组织共同体指导区域课程，能够使课程建设从粗放型向集约型转变，为基层学校提供课程资源、帮助开发课程资源、协调课程资源的功能，也能合理的利用、分配、共享课程资源。

南岸区课程研究认为，区域课程领导力是指在一个特定的区域内由教育行政、业务部门与学校统整建构课程领导团队，并基于区域教育发展愿景、教育优质均衡发展理念以及学生发展的课程品质，对区域课程进行顶层设计、理念引领、组织实施、科学评价与有效管理的能力。区域课程领导力介于国家与学校课程领导力之间，承载着对国家课程改革思想的贯彻与创新，又承担着对学

① 袁晓英：《变革，让区域课程领导更有张力》，《上海教育科研》2015年第5期。

校课程建设的引领、评价、提升的任务。[①] 区域课程领导力以一定结构联系起来的自主发展的教育组织共同体，是专业推动力，其主要功能在于协调和组织；它不仅是行政推动力，更是专业推动力；它承担着集聚和协调区域内资源，提高课程资源的利用率，使课程资源发挥最大功效的职能。

(2)区域课程领导力建设的特征

区域课程领导力有区域性、系统性、交互性和开放性的特征。区域课程领导力因地域而形成，特定地域的人口素质、经济水平和文化形态都影响着课改区域学校的办学，而学校的课程建设也反映出该区域的教育发展、经济和社会发展，因此区域课程领导力有明显的区域性特征。区域课程领导力具有系统性，涉及区域内与课程相关的全体人员，如区域教育行政部门领导、区域教师进修学院领导和教研员、区域学校校长、教师和学生等，而这些成员中必然有着“领导”一词的关联，也就是说这个系统实际上是一个由不同层次的课程领导力组成的，是一种整体和部分、系统和要素的关系，甚至是一种自上而下的关系，而这些关系构成了区域课程领导力的组织结构。尽管区域课程领导力在“领导”上有上下的关系，但在区域课程结构中，这个系统中的不同要素是相互联系和相互影响、相互作用和相互制约的，有自上而下的领导也有自下而上的创造，正是这样的交互性，使得区域课程领导力在动态中不断发展和不断完善；同时，教育的社会性必然带给区域、学校课程的社会性，开放教育即是课程的开放；向社会开放是区域课程领导力系统得以稳定存在的条件，也是系统得以不断向上发展的前提，更是一个学校办学和课程开设的有力支撑。

(3)区域课程领导力建设的运行机制

区域课程领导力的运行机制着眼于课程共同体的建构，立足于区域课程领导、课程运作、课程推进、课程评估以及培训保障机制的探索与实践。区域教育行政部门领导担任区域课程领导力建设的规划者，确立正确导向，建立管理制度，提供保障措施，承担领导和后勤的责任；区域教研机构作为课程改革的引领者、课程发展的研究者、课程资源的支持者、教师发展的指导者、基层学校的服务者，要充分发挥思想引领、组织策划和教学指导作用；基层学校是课程领导力建设的落地实施者，依据区域顶层设计结合学校实际做好课程规划、课程开发、课程实施和课程评价工作。区域要成立课程领导力建设领导小组和建设工作小组，建立整体视导和联动片区教研结合的运作机制，坚持课程项目推进和科研引领相结合的推进机制，加强区域层面和区域内学校课程建设的评

---

① 朱静萍、谭伟：《区域课程领导力的构建与实施》，人民教育出版社 2015 年版，第 33 页

估，完善分层培训体系和创新培训督导机制。通过各种机制联合推动，有效统整区域课程领导、运作、推进、评估、保障、培训工作，从而提升区域课程领导力。

3. 区域课程领导力建设推进普通高中多样化发展的意义及内涵

2010年教育部颁发《国家中长期教育改革和发展规划纲要(2010—2020年)》(以下简称《规划纲要》)指出："推动普通高中多样化发展。促进办学体制多样化，扩大优质资源。推进培养模式多样化，满足不同潜质学生的发展需要。探索发现和培养创新人才的途径。鼓励普通高中办出特色。鼓励有条件的普通高中根据需要适当增加职业教育的教学内容。探索综合高中发展模式。采取多种形式，为在校生和未升学毕业生提供职业教育。"

《规划纲要》出台引发普通高中多样化发展的广泛研究，而整体理解较为全面的是以袁桂林教授为主要代表的研究，他认为普通高中多样化发展主要包括四个方面：一是普通高中多样化发展包括办学体制多样化、培养模式多样化、选拔机制多样化三大领域；二是普通高中多样化发展的主要目的在于适应不同学生的发展需求，为社会培养多样化的人才；三是评价高中多样化至少两个维度，即政府作为和学校自我建构；四是关于促进高中多样化发展的动因及实践。

区域课程领导力介于国家与学校课程领导力之间，承载着对国家课程改革思想的贯彻与创新，又承担着对学校课程建设的引领、评价和提升的任务。那么区域课程领导力建设，也就是对国家课程的研究和解读，进而引导和转化到学校，指引学校的课程规划、课程开发、课程实施及课程评价。课程建设是学校发展的核心，而学校课程建设不是孤立的，基层学校的课程建设必定受地域影响。我们知道，区域课程领导力是一种功能独特的课程领导力，是具有协调、组织功能的专业领导力；它是一种具有集聚功能的课程领导力，承担着集聚与协调区域内资源，"集中投资、资源共享"，能提高课程资源利用率，使课程资源发挥最大功效；它不仅是一种行政推动力，还是一种专业推动力，在专业上具有比基层学校更多、更强的优势。它可以自上而下的带领与课程有关的人员转变教育教学观念，也能依据政策转变评价机制，赢得政策支持。从某种意义上说，区域课程领导力是普通高中多样化发展的内在需求和强大推动力。

基于此，南岸区课程领导力建设领导小组认为，区域课程领导力建设是推进普通高中多样化发展的杠杆，通过区域课程领导力建设可以实现区域普通高中办学体制多样、培养模式多样、课程结构多样和学校特色多样。

(二)区域课程领导力建设推进区域普通高中多样化发展的要素

区域课程领导力建设是推进普通高中多样化发展的杠杆，那么是哪些关键要素在起作用呢？北京师范大学教育学部裴娣娜教授团队在国家社会科学基金“十一五”教育学重点课题“我国基础教育未来发展新特征研究”的研究中，构建了以区域性决策力、校长领导力和学生学习力组成的基础教育未来发展的基本模型——“三力模型”。南岸区课程领导力建设依托“三力模型”理论，自上而下开展区域学校课程规划力、教师执行力和学生学习力的培育，为区域普通高中发展提供了理论依据，也为普通高中多样化发展创造了许多的实践样态。

1. 学校课程规划力

(1)规划力的含义

日本作家斋藤孝在《规划力：如何清晰预见成功轨迹》一书中提出：“规划力是利用把事情分出先后主次再适当地使用能量的方法。它是一种把握事物整体走向的预测力；是一种能预防错误的能力，是面对突发状况及时应对困难的能力。”懂得规划，才能把握命运；而规划不是按部就班，而是把控全局，抓住关键。规划力有两个显著特征：程序性和预见性。

区域课程领导力建设，必须整体布局，局部实施，这就要求区域教育行政机构、教研机构和基层学校都要有规划力。在区域整体推进课程领导力建设之前，各级领导要立足本区或本校，甚至跳出本区或本校，通观全局，整体把控，分析排序，进行顶层设计。既要设计区域教育、学校发展、课程建设等各重大事件的重大流程，也要提前明确、分析和预设过程中可能遇到的困难和问题。

(2)学校规划力

学校规划即学校发展规划，也可称学校蓝图、学校远景计划、学校战略规划、学校设计等，简称SDP。理论界对其基本定义为：学校发展规划是指学校根据国家或地区教育发展战略计划的要求，通过学校共同体成员的共同努力，系统地分析学校的原有基础及学校所处的环境，发现学校的优先发展项目，确定发展方向和教育目标，促使学校挖掘自身的潜在资源，按照自己的办学哲学，提高管理效能，最终提高学校教育质量的规划。学校规划从时限上看，有远景规划和中长期规划。远景规划主要体现在学校办学宗旨、办学理念、一训三风等办学思想的规划；中长期规划一般指学校三到五年的规划，通过校长教育哲学理念对学校未来三至五年内要达到的主要目标和发展途径，如学校发展目标、发展规模与速度、组织结构、人力资源、办学条件和实施策略等方面所做的安排，并提出实现这些目标优先需要解决的问题、办法、行动计划和措施。

南岸区区域课程领导力建设下的学校规划，主要指向学校办学思想的系统化表达和学校课程体系的系统化构建。学校办学思想是在区域教育主管部门、学校管理者、教师、社区等共同参与下，立足学校过去，面对学校当下，指向学校未来而确立的包括学校教育哲学、三风一训、办学理念、办学特色、发展目标(学校、教师、学生)在内的教育思想。学校课程体系是在学校与办学共同体的合力下，对学校课程的总体设计，包括课程规划、课程开发、课程实施与课程评价等内容。

(3)课程规划

课程规划就是课程规划工作者依据不同类学校的教育目的，制定课程目标，确定课程范围，筛选课程内容，选择课程设计模式，规定课程实施步骤和课程评价手段的过程。一般而言，课程规划的理论主要是针对学校教育。课程规划既包括国家课程的执行和校本化实施，也包括地方和校本课程的开发、实施和评价。

在区域课程领导力建设下，课程规划涉及区域课程总体规划和学校课程规划。区域课程规划是指“为了实现区域教育发展的战略思想和战略目标，以规划区域教育发展的战略重点、战略对策和战略措施为基本指向，进行战略层面的决策谋划”。[①] 区域课程发展规划要系统分析区域教育的内外部环境、教育现状和教育发展大趋势结合本区域实际情况进行统筹规划，既要关注区域学校的共性也要关注学校发展特色。规划制定者必须广泛调研，运用系统分析法，掌握区域教育的历史与现状，找到区域教育发展的规律，预测可能出现的种种变化，最后把系统研究的结果与政策分析结果结合起来，确定目标体系，制定出科学、合理、利用于实践的课程发展规划方案。区域课程规划集中体现在区域对国家课程的执行与区域化实施，如课程基地的建设、精品课程的开设。

学校课程规划是指对学校近期目标、课程设置、课程内容、课程实施、课程管理、课程评价等可操作措施的系统规划，也是对学生在校的学习时间、空间与学习课程的整体规划。[②] 学校课程规划所规划的是基于学校的，是学校内部的课程，涉及学校课程设计、实施和评价的全过程；是根据当地和本校的实际情况，以学校为主体来开发、实施和管理；需要对学校中实施的全部课程，包括国家课程、地方课程和校本课程，从提高课程适应性和资源整合出发，进行通盘的设计和安排。学校课程规划的核心内容是课程方案，也就是课程设置和课时安排。通过对课程的整体设计和规划，学校建立起课程与教学工作的运

① 袁晓英：《区域课程领导力建设的理论与实践》，上海三联书店 2012 年版，第 98 页。

② 袁晓英：《区域课程领导力建设的理论与实践》，上海三联书店 2012 年版，第 101 页。

行机制，增强课程对学校和学生的适应性，让学生享受课程，让课程成就学生，促进学生全面发展，也促进学校课程的可持续发展。

课程规划对学校发展有非常重大的意义。

一是有利于学校落实国家课程目的，我国设立的三级课程管理体制中，国家宏观指导课程实施，地方根据国家对课程的总体设置，规划符合不同地区需要的课程实施方案，均不能体现出具体学校、社区环境和师生之间的独特性与差异性。此局限性就需要学校来弥补，通过学校在课程规划中的有效组织和管理，将国家的课程政策有效落实到具体课堂教学中特定的师生。也就是说，学校课程规划使得学校在统观国家课程和地方课程要求的前提下，能够更好地处理三者间的关系，更好地发展学校特色。①

二是有利于促进学校整体发展，学校课程规划是学校整体发展规划的重要组成部分，不能孤立存在，因此合理的学校课程规划，应从学校整体发展的角度来思考，促进学校依托特色的课程与教学工作，统筹规划其他工作，凝练并形成各具特色的学校办学特色，进而促进学校整体发展。

三是有利于推进学校开发校本课程，校本课程是以学校为本位，充分利用本校及所在区域的教育资源而开发的，能突出学校特色的多样化课程，是对国家课程和地方课程的有效补充。学校开发校本课程需要具备一定的条件，如明确而独特的学校教育哲学、民主开放的学校组织结构、体现学校教育哲学的教学系统、学校内部评价与改进机制等。② 以上条件需要学校结合本校的实际情况进行整体的规划。系统而全面的学校课程规划，使得校本课程开发能够得以有序推进并实现。

2. 教师课程执行力

执行，《现代汉语词典》解释为“实施，实行(政策、法律、计划、命令、判决中规定的事项等)”，即贯彻施行、实际履行等。

执行力，是指行政行为(政策、法律、计划、命令、判决中规定的事项等)生效后，行政相对人必须实际履行行政行为上确定的义务。通俗地讲，就是在既定的战略和愿景的前提下，组织对可利用的资源进行综合协调，制定出可行性的战略，并通过有效的执行措施从而最终实现组织目标、达成组织愿景的一种力量，即有效利用资源、保质保量达成目标的能力。

2004 年华东师范大学崔允漷教授提出了“课程执行力”的概念，其后该词

---

① 和学新、乌焕焕：《学校课程规划的内涵与价值追求》，《教育学术月刊》2010 年第 5 期。

② 吴刚平：《校本课程开发的定性思考》，《课程·教材·教法》2000 年第 7 期。

被广泛运用于教育领域，并成为当前课程改革的一个热门话题。课程执行力，顾名思义，就是课程实施者对课程的执行能力。在区域课程领导力建设中，区域教育行政部门、教研机构、学校及教师都是课程执行的主体。在学校课程规划下，课程执行主体是校长和教师，课程执行力集中表现在教师课程执行力。

教师课程执行力是教师以课程目标和课程标准为指引，以自身努力和学校内外部相关资源为基础，以课程实施为媒介，而进行的实现课程改革目标过程以及在这个过程中表现出来的能力。① 在新课程理念下，教师课程执行力不仅体现在课程实施力，还体现在课程开发力和课程评价力。

(1)课程实施力与课程实施

①课程实施力的含义

实施力其实就是执行力。执行力是指行政行为生效后，行政相对人必须实际履行行政行为确定的义务。通俗地讲，就是在既定战略和愿景的前提下，组织对内外部可利用的资源进行综合协调，制定出可行性的战略，并通过有效的实施措施实现组织目标、达成组织愿景的一种力量。实施力包含“意愿”“环境”和“能力”三大要素。实施力反映的是各级组织的整体素质，有个人实施力、团队实施力。

如此看来，课程实施力就是课程执行者对课程的执行力和行动力。许多研究者表明，课程实施力是课程执行者通过教学活动将编制好的课程和课程规划付诸实践的能力。课程实施是将规划的课程付诸实际教学行动的实践历程，是实现预期课程理想，达到预期课程目的，实现预期教育结果的手段。其焦点是实践中发生改革的程度和影响课程实施的因素，如文化背景、实施对象、实施管理等。

②课程实施的研究概述

课程实施是教育界研究最多的领域，涉及课程实施取向、实施形式、实施策略等。

课程实施取向是指对课程实施过程本质的不同认识以及支配这些认识的课程价值观，集中表现在对课程计划与课程实施之间关系的不同认识上。专著《课程与教学论》中讲述三种取向：一是忠实取向，认为课程实施是忠实地执行课程变革计划的过程；二是相互适应取向，认为课程实施过程是课程计划与班级、学校实践情境在课程目标、内容、方法、组织模式等方面相互调整、改变与适应的过程；三是课程创生取向，认为真正的课程是教师与学生联合创造的

---

① 陈雪莲、王晓旭：《教师课程执行力：内涵释义及要素解析》，《通化师范学院学报》2015 年第 4 期。

教育经验，课程实施本质上是在具体教育情境中创生新的教育经验的过程，是教师与学生个性成长和完善的过程，强调师生在课程变革中的主体性和创造性。

课程实施形式是一线课程实施者最关注的话题。派纳认为，课程是一个高度符号性的概念，它是一代人努力界定自我与世界的方式。“学校课程的宗旨在于促使我们关切自己与他人，帮助我们在公共领域成为致力于建设民主社会的公民，在私人领域成为对他人负责的个体，运用智力、敏感和勇气思考和行动”。可见课程尤其是课程实施的社会性。学校课程实施实际上是师生与世界打交道的方式。目前，许多研究者都认为，学校课程实施有 18 种方式，即场馆学习、赛事学习、行走学习、实践学习、留白学习、搜索学习、社团学习、问题学习、项目学习、整合学习、影视学习、玩耍学习、仪式学习、围坐学习、服务学习、创客学习、沉浸学习和节庆学习。课程实施方式的多样性与课程的多样性相互促进。

(2)课程开发力与课程开发

①课程开发力的含义

课程开发通常也可称为课程编制，是指通过需求分析确定课程目标，再根据这一目标选择某一个学科(或多个学科)的教学内容和相关教学活动进行计划、组织、实施、评价、修订，以最终达到课程目标的整个过程。开发力是指在实现某个事物的过程中的开发、创新能力。那么课程开发力即课程编制的能力，是基于教育者的责任感和创造性，结合自身在实际教育教学过程中的教学认识、工作经验和社会感知，重新对课程体系、课程结构与内容、课程评价与教学方法进行新设计的一种能力，是教师课程实施能力和课程创生能力的综合体现。

课程开发力具有创新性、实践性和渐进性特征。课程开发是对现有课程进行知识与技能整合后的二次开发，体现了教师的思维创新、能力创新和方法创新，是“以工作过程为导向的思维创新；以工作过程所涵盖的知识与技能转化为课程内容的能力创新；以项目(情境)为主线选取内容并开展教学的方法创新。”①课程开发是将教师理论研究成果、实际工作经验与教学经验集中体现的一项实践性工作，强调开发者要把理论知识与实践知识、理论研究与教学实践、学习与反思等相结合。课程开发的技术性与复杂性，促使开发者不断学习专业知识和实践技能，而知识转化为学习更需要一个过程，因此课程开发能力是长期的渐进过程。

---

① 花明：《基于课改背景下教师课程开发能力的提升》，《职教论坛》2011 年第 20 期。

②课程开发力在课程开发上的集中表现

课程开发力集中表现为对国家和地方课程的“校本化表达”和校本课程、生本课程的开发，开发角度多、开发方式灵活。

国家课程、地方课程的校本化表达，即学校在对国家课程、地方课程的实施中，根据学校实际情况将其内容进行整合或拓展，从而形成新的课程实践方式。在教育现实境况中，有勇气和智慧高质量地实施国家、地方课程是各校教师课程领导力的重要体现，也是以校长为核心的学校课程团队的使命和职责。虽然有限的课程权力常常让广大普通教师产生强烈的无可奈何之感，但这并不意味教师丝毫没有寻求突破的可能空间。

校本课程是以学校为本位、由学校自己确定的课程，它与国家课程、地方课程相对应。华东师范大学教育学博士郑金洲在《走向校本》中这样解释：所谓校本，一是为了学校，二是在学校中，三是基于学校。为了学校，是指要以改进学校实践、解决学校所面临的问题为指向；在学校中，是指学校自身的问题，要由学校中的人来解决，要经过学校校长、教师的共同探讨、分析来解决，所形成的解决问题的诸种方案要在学校中加以有效实施。新课改提出，中小学校在实施国家和地方课程的同时，应该根据当地社会、经济发展的具体情况，结合本校传统和优势、学生兴趣和需要等开发校本课程，并在校本课程基础上，基于学生个性而设计、实施“生本课程”，促进学生在学校课程实践中得到最大程度的发展。

(3)课程管理评价力

①课程管理评价的含义

管理和评价是推动课程实施的重要手段，对课程计划、课程目标、教材在改进学生学习方面的价值加以判断的活动或过程，包括对课程目标体系、课程计划、课程标准以及教材等核心内容的评价，[①] 其目标是学校督促教师在一定的时期内与条件下所开展的教学活动要达到的预期效果，同时通过评价的反馈调整和修正学校的课程目标，再来指导实践。[②] 值得说明的是评价主体应包括教师、学生和学校三方面。

②课程管理评价的意义

一是有利于学校合理设置课程体系。评价在整个学校课程的设置中发挥着重大的作用，学校对课程进行评价的方式主要是通过考核与实践了解学生在课程学习后所获得的学业成绩，以及通过学生的出勤率了解学生对课程学习的兴

① 袁平平：《课程评价的意义与依据》，《旅游纵览(下半月)》2018 年第 12 期。

② 李大成：《以生为本的学校课程管理与评价》，《基础教育参考》2018 年第 1 期。

趣度，最重要的是了解课程目标是否实现。如果课程目标没有得到很好的实现，学校就需要分析其中原因，并对课程的设置与实施进行调整，促进学校合理设置课程体系。

二是有利于提高教师的专业水平与教育教学质量。教师是课程的实施者，更是课程评价的主体。在课程实施前，教师对课程进行评价，有利于全面了解课程内容，备课时做到有的放矢。在课程实施阶段，教师通过仔细观察学生的学习过程与掌握程度，以及学生对课程的反映，进行课程的灵活调整。在课程结束后，教师通过不同的考核方式，对学生课程掌握情况进行评价。经过不同阶段的评价，有利于教师对课程进行整体而全面的评价，明确课程实施过程中的不足与优点，促进教师提高专业水平与教育教学质量。

三是有益于培养学生自主学习的能力。学生既是课程评价的对象，也是课程评价的主体。学生通过对课程的学习，可以了解自己的兴趣、学习需要、遇到的问题以及存在的不足，从而养成“自主学习自我反思”的行为习惯，使得课程评价的诊断、反思、调节功能得以实现。① 同时学生对课程内容以及授课教师的评价，能促使教师了解学生对课程的看法，促进师生之间的交流与沟通，从而为教师更加有效地进行课程实施提供帮助。

随着我国新课程改革实践走向纵深发展阶段，课程评价所蕴含的时代元素和实践意义也愈加凸显。建立多维度的课程评价体系和科学规范的课程评价标准至关重要，它对推进区域普通高中的办学特色多样化起着不可估量的作用。

3. 学生学习力

“学习力”一词最早由美国教授佛睿斯特于 1965 年提出，当前国外研究对学习力的定义多指向一个人的学习动力、学习毅力、学习能力和学习创新力的总和，是人们获取知识、分享知识、运用知识和创造知识的能力。② “学习力”亦称“学力”。我国学者钟启泉认为：“学力”是旨在培育学习动机与主动应付社会变化的能力。我们以为，学习力是一个人或一个企业、一个组织学习的动力、毅力和能力的综合体现，是把知识资源转化为知识资本的能力。针对学校学生，“学习力”就是指学生学习力，即学生在学习某学科时的学习动力、学习能力、学习毅力的综合体现。通俗地讲，就是为什么学、会不会学和能不能坚持学。就国内研究而言，学生的学习力意味着将知识呈现、蕴涵的符号表征、

① 李劲渝、朱静萍：《通过区域课程领导力建设回归教育本质》，《中国教育学刊》2015 年第 6 期。

② 裴娣娜：《学习力：诠释学生学习与发展的新视野》，《课程·教材·教法》2016 年第 36 期。

思维方法与价值意义转化为学生的记忆力、理解力与驱动力，且学生学习的记忆力、理解力与驱动力相互依存、互为表里，从而让学生学会、会学和乐学。[①]

(1)基于中国学生核心素养的学生学习力新理解

2016年，教育部提出各学段学生发展核心素养体系，明确中国学生应具备的适应终身发展和社会发展需要的必备品格和关键能力，突出强调个人修养、社会关爱、家国情怀，更加注重自主发展、合作参与、创新实践。基于此，我们把学生学习力与核心素养下的“能力”结合，强调知识及信息的高效提取、整合、转化、运用和再创造的能力，主要包括学习动力、学习能力、学习毅力和学习创新力等能力。其中，动力是基础，能力是方法，创新是核心，毅力是保障。具体而言，学习动力表现在有明确的目标、信心和理念，是学生获取知识与提高能力的前提；学习能力是指对知识的大范围获取、整合加工以及将知识付诸实践的自主学习和合作探究的能力，是学习创新力的坚实基础；学习毅力指有专心、耐心和恒心的学习意志力，是养成良好学习习惯和实现学习目标的心理保障；学习创新力是以想象力丰富、思维发散或集中、批判性反思等多路径解决复杂问题的综合学习力表现，为培养核心素养提供持久的智力支持。[②]

(2)学生学习力的要素

研究者普遍认为，学生学习力有三大要素，即学习动力、学习毅力和学习能力。学习动力是指自觉的内在驱动力，主要包括学习需要、学习情感和学习兴趣，着重解决为何学习的问题。学习毅力，即学习意志，是指自觉地确定学习目标并支配其行为克服困难实现预定学习目标的状态，是学习行为的保持因素，着重解决持续学习的问题。学习能力，是指由学习动力、学习毅力直接驱动而产生的接受新知识、新信息并用所接受的知识和信息分析问题、认识问题、解决问题的智力，主要包括感知力、记忆力、思维力、想象力等，是学习的方式方法、策略手段；相对于学习而言，它是基础性智力，是产生学习力的基础因素，它解决能够学习的问题。

裴娣娜教授以马克思主义人学理论为依据，结合教学论的理论体系，也对学生学习力的要素提出了新的概括，她认为学生学习力包括“知识与经验”“策略与反思”“意志与进取”“实践与活动”“协作与交往”“批判与创新”。而且这六

---

① 李润洲：《学生学习力提升的知识论透视》，《教育科学研究》2015年第11期。

② 李海燕、仲彦鹏等：《核心素养视角下学生学习力的培养》，《教学与管理》2019年版第3期。

要素可以分成三个层次："知识与经验""策略与反思""意志与进取"属于第一层次，是人的基本素质，是人学习和发展的基本要素；"实践与活动""协作与交往"是第二层次，是实现人发展的两个基本途径，影响人发展的两个重要机制，学生正是在这两个机制的作用下，建立实践经验和内在的自我调整与重构，实现自我的学习与发展；"批判与创新"是第三层次，也是最高层次，是人发展的最高境界和最高要求，在批判与创新中学会生活、学会学习、学会工作、学会创造，成为一个有益于社会的人。三个层次系统要素之间既相互独立又相互制约，从而构成人的既全面又个性多样的发展模式，成为具有自主性、主动性和创造性的主体性强的人。①

综合研究者对学生学习力的研究，我们不难发现，学生学习力与核心素养的紧密联系。核心素养的指向不是单纯的知识技能，也不是单纯的兴趣、动机、态度，而是指向运用知识技能、解决现实问题所必需的思考力、判断力与表达力及其人格品性。② 核心素养是学生发展其他素养的基础，强调能力导向，是"动态发展的学习力"。因此核心素养的关键是学生学习力的培养，而学生学习力培养也是核心素养从宏观到微观切实可行的要求。

(3)学生学习力培养策略

作为学生，学习力培养的主要场所是学校、是课堂，为此，学校不仅要担负起培养学生学习力的责任，更要创造培养学习力的平台。学生学习力培养是一个复杂的系统，当前基于核心素养的新课程改革，正是这个系统的关键举措。学校应顺应课程改革，基于办学思想和办学实际，做好学生学习力培养的战略性谋划。

首先，要引导教师真正转变教育观念。据调查，当前还有许多教师笃信成绩是检验人才的唯一标准，始终行进在"为教而教、为考而学"的道路上，遨游在"知识""题目"的海洋中；"唯分数论""题海战术""填鸭式教学"等根深蒂固，即便有教师提倡"重能力"也落在刷题能力上。长此以往，教师和学生必定沦为教学的机器，学生的思想品德得不到陶冶，人格个性得不到张扬，解决社会问题的能力得不到培养。而学生学习力的提出，要求我们重新审视着学校教育价值功能，立足学生发展，站在学生的立场思考问题，尊重受教育者的人格个性。所以，新课程改革必须引导教师深刻认识教育的本质，更新和拓展教育观

---

① 裴娣娜：《学习力：诠释学生学习与发展的新视野》，《课程·教材·教法》2016 年第 36 期。

② 钟启泉：《基于核心素养的课程发展：挑战与课题》，《全球教育展望》2016 年第 5 期。

念，正确把握教育观和人才观，突破考试文化的束缚，从知识立意转向能力立意甚至素养立意，实现从分数唯一到以学生发展为本的转变；必须着力教师内涵发展，提升教师素养，做“基于标准的教学”，激发教师认知和学习的动力，引导教师积极、主动、广泛地学习，让新理论、新观念、新知识、新方法融入脑海；应用教育现象学的研究方法，促进教师心灵对话，引导教师大胆地说出和写出自己的教学思想；摒弃固化呆板的一致性的课堂模式(形式)，引导教师在相同主题相同内容相同设计的基础上教出新意，教出个性。

只有观念转变，才能促使教学行为的改变，才能激活教师的创造潜能，才能激发教师课程开发和实施激情，创造学生个性差异发展的基本路径，才能使学校办学体现教育的基础性、选择性、时代性特征，立足现实，面向未来，形成学校发展的新思路、新举措，关键是能引导学生科学学习、乐于学习，提升学生的学习力。

其次，要根据学校办学思想，建构适合校情学情的课程体系。课程是达成学校培养目标的基本途径，更是学生提升学习力的最基本平台。区域课程领导力建设的关键内容在于区域学校基于校情学情的课程体系构建。以学生学习力为新视角的学校课程体系，是实现学校个性化办学的必然。

学校课程体系多姿多彩、层出不穷，但研究者发现，现代学校课程体系基本上呈现的是“纵横交错有梯度的学校立体课程体系”。纵横方向主要呈现两大方面的课程，第一方面是从学校办学及学生发展之水平的实际出发，依据学生人文、社会、科学、艺体等基本素养发展的要求，以国家课程为基础将各类课程加以整合，形成几大门类课程领域以及各领域所涉及的主要课程；第二方面是按学生学习水平分类的课程，即面向全体学生的基础类课程、面向部分学生的拓展类课程(拓展类课程是基础类的拓展，既有重心下移的查缺补漏，也有学段衔接和加深延伸)、面向个体的研究类课程、兴趣特长类课程和学校特色课程(生涯规划、各种考核考试衔接等)。课程的多样性适应学生的差异性和个性化需要，有利于学生根据自己的学业基础和兴趣特长进行选择性学习；课程的多样性也促使课堂形态的多样化，进而实现多样化办学。

再次，要基于学习力扎实进行课堂教学改革，提高课堂教学水平。课堂教学改革是实现核心素养培育的关键途径。课堂教学是培育核心素养的有效手段，而课堂模式的呆板化、传统化，教学内容的单一化，教学过程的简单“粗暴”，学习主客体颠倒等现实课堂，无法满足学生终身发展的素养需求。教师是课程的执行者，是课堂教学的设计者和引导者，在课程、课堂与学生之间起着桥梁作用，教师的知识功底、教学方法和教学态度等，直接影响甚至决定着课程的实施情况和学生素养的培育效果。因此，以生为本、多元培养，强化学习力、实践力的课堂教学改革成为时代的诉求，也只有如此，才能让核心素养真正落地。

课堂教学改革要从课堂教学准备和课堂教学策略两方面展开。一是教师自我学习力的提升。教师也要要善于学习，乐于学习，要深入解读课程标准、教材内容，明确教学重点、难点，形成清晰的教学思路；在充分了解学生学习水平和习惯的基础上，结合生活实践精心编排教学设计、教学方法和教学流程。二是师生共建和谐高效的课堂。“有效的课堂教学才能提升学生的核心素养，师生的合力才能提高教学质量；教师的阵地在课堂，教师的素养、专业发展能力决定着教学的质量”。高效课堂，师生共建，师生双方自愿承担的责任、准则与行动方向，师生双方朝着共同的目标前进，教学才有针对性，才能真正形成思维的碰撞，迸发智慧的火花。三是教师精心创设学习情境。教师应基于学科特点、生活实践以及现代多媒体技术创设生动形象的学习情境，激发学生的好奇心和求知欲；以问题为中心，以任务为导向，合理运用多种教学方式培养学生的学习能力，帮助学生学会思考和质疑，激发学生求知求真的学习动力和创新能力。

4. 区域课程领导力建设的四个思考

(1)区域课程建设需要共同的价值追求，区域课程建设应该在培育区域课程领导文化、认识区域课程价值与明确区域课程的价值取向上有所体现。对此，我们认为“书香南岸，幸福教育”作为区域课程建设中的课程文化，作为一种共同体的文化，是共同体成员所共有的行为方式、共同的信仰及价值观。因此，这种共同价值追求要从区域内学校领导、教师和学生的所要、所做、所想中推断出课程文化，在区域课程建设过程中，不断培育并践行区域课程文化价值，并成为一种表现力。

(2)区域课程架构需要整体设计和策划，课程是区域的核心竞争力，是区域提升教育质量、促进教育公平的战略改进领域。通过充分合作和分享，变学校单独面对为荟萃区域智慧，共同承担推进区域课程与教育教学改革重任。课程结构调整作为课程改革的一项重要而关键的任务，通过课程结构的调整体现课程改革的指导思想和预期目标。这就需要我们在了解基本情况后对课程发展方向做出分析、判断，并提出行动方案和举措，在区域课程发展规划、课程实施计划等方面形成正确的决策。课程整体设计和策划的关键是确定课程发展目标，而课程发展目标的正确性关乎学生成长的生命价值。因此，区域课程决策更要突出专业性，这就是说，在课程决策过程中，通过充分的调研，在对区域课程发展的背景与现状做出全面分析的基础上，听取专业咨询机构与专家的意见，引导教师积极参与决策，提高课程规划和计划的质量。区域课程领导还要加强对学校课程与教学计划编制的指导与支持，统筹人、财、物等资源，确保校本课程服务于学校培养目标和办学特色。

(3)区域课程实施需要不断调适和规范，学校课程建设是一种动态的、持续的、不断改进的生成过程，而课程的实施状况能够反映区域课程领导力水平，这就需要在课程建设过程中，通过课程评价不断调适和规范，引导学校系统推进课程领导，并取得实效。对此，在区域课程实施过程中需要用科学、适用的标准来不断调适和规范其领导力、指导力与执行力。我们可以通过三种途径来实现这一目标：一是要通过对学校课程系统的本体评价，对学校课程文化、课程设置、课程结构、学生发展、教师发展等功效进行评估，不断调适和规范课程支持系统。二是要通过对国家课程校本化实施、校本课程开发和实施的评估，不断调适和规范课程结构系统。三是通过校本课程评价制度建设，完善课程评价主体与客体，组织校长、教师、课程专家、学生以及家长和社区人士共同参与课程评价，从校本课程价值、目标、内容、考核等方面对校本课程开发与实施进行过程性评估，不断调适和规范课程评价系统，进而提高学校课程实施品质。

(4)区域课程推进需要学校与教师共同投入，在课程推进中，基础性工作非常重要，其中学校与教师作为重要主体需要一起做主，共同投入。这就需要学校与教师在校本教研中灵活创设教研主题，通过一个个主题的研讨，引导教师对新课程、新理念、新方法加深认识，并逐步转化为教师的自觉教学行为；也需要学校与教师适时凝聚教研文化，用文化影响教师，把引领教师专业发展聚焦在教师课堂教学行为改进上，使教师在教学中开展研究，在研究中改进教学；还需要学校与教师科学研究影响学业效度的关键要素，让我们的教师真正懂得，精心进行教学设计，是优化课堂教学过程的保证；灵活运用教学策略，是优化课堂教学过程的关键；为此，我们一定要优化教学结构、学习问题、课堂氛围与教学细节，通过在课堂教学实践中的应用和实践，逐步形成自己的教学特色，使教学具有科学性、规范性、适用性和实用性。①

二、区域课程领导力建设促进普通高中多样化发展的原理

《国家中长期教育改革和发展规划纲要(2010—2020年)》中提出的“推动普通高中多样化发展”，“鼓励区域普通高中办出特色”，那么，区域课程领导力建设怎样促进普通高中多样化发展呢？我们认为，推动普通高中多样化发展必须促进办学体制的多样化，扩大优质资源；必须坚持课程规划、课程设置多样

① 袁晓英：《变革，让区域课程领导更有张力》，《上海教育科研》2015年第5期。

化，坚持以学生为本，为学生发展提供更多的选择；必须推进培养模式的多样化，满足不同潜质学生的发展需要；必须通过多样化的评价体系鼓励普通高中办出自己的特色，形成学校课程特色和办学特色。

（一）课程规划多样化促进普通高中培养模式多样化

培养模式多样化可以改变培养趋同化、千校一面的现象，关注的是人全面而有个性的发展。推进普通高中培养模式多样化，是一项转变办学思想、更新办学观念、改革育人方式的系统工程，需要教育行政部门和学校管理者研究发展方向、规划发展蓝图、改革体制机制，需要解放思想、勇于创新、大胆实践，需要明责放权、彰显个性、激发活力。清华大学石中英教授曾说过："高中教育应该为了人人，课程多样，培养积极和谐的人才；学校应该提供丰富的、系统的课程；通过人才培养模式多样化带动学校的综合改革。"

普通高中培养模式的多样化需要思想观念的更新、体制机制的变革；要从理论高度统一干部教师思想、搞好顶层设计，从课程规划层面构建管理体制、研究实践方案。通过规划和设置多样化的课程更好地满足学生个性化发展的需求是普通高中多样化发展内涵的具体体现。在保证学生掌握基本知识的基础上，减少必修课程的比重、增设内容广泛、结构合理的选修课程是培养模式多样化的基本方式。①

课程规划与设置是实现培养模式多样化的基本前提。学校课程规划是基于学校的，依据学校校情学情对学校课程设置、管理、实施和评价；课程规划的起点是学校办学思想，终点也是学校办学思想。学校办学思想是在区域教主管部门、学校管理者、教师、社区人员等共同参与下，立足学校过去，面对学校当下，指向学校未来而确立的包括校长教育哲学、办学理念、一训三风、办学特色、发展目标（学校、教师、学生）在内的教育思想。课程规划有赖于办学思想的指引，而课程规划的形成会进一步明晰学校的办学思想，让教育哲学、办学理念等由抽象的概念化事物转化为形象可操作的具体事物，从而实现学校办学思想。学校可以依据科学的分析（主要是学校的 SWOT 工具分析），科学地审视校情学情，规划和设置适合自己的课程，构建学校的课程体系。

一是学校要根据国家对普通高中教育的统一规定和要求，认真落实国家课程的新理念，夯实学生的知识基础，培育学生核心素养。将目光聚焦到国家课程，进而校本化实施，是普通高中课程教学改革的核心任务。国家课程具有普适性，是面向全国各地的学校和教师的，依据各级各类学校和学生的共性而设置的课程、编写的教材，其基本内容要求相同年龄段的学生都应掌握，所以保

---

① 陈成忠：《普通高中培养模式多样化研究》，硕士学位论文，山东师范大学，2013 年。

障国家课程的实施，是国家的统一规定和要求。

二是要结合学校实际，创造性的校本化实施国家课程，保证课程的实效性。国家课程能否得到最优化的实施，取决于校情、学情和教情。学校要根据自己的地域情况、教师水平和学生生源确定国家课程的具体实施方法与策略，依据校情从教学资源、教学条件出发对课程的设计，依据教师的个性和风格，针对学生的学习和生活经验选择教学内容和策略。学校要积极开设由国家、地方和学校三级管理，学校负责开发、建设、实施和评价的课程。

三是要建构合理的课程体系，针对性地培养学生。学校要根据社会经济发展需求和学生个人发展需要建构课程体系，开设满足个性需求的课程。课程设置既要满足社会发展需求，又要符合课程目标及学生的学习、身心健康发展规律；既要反映学科之间的内在联系，又要考虑到学生的个别差异，如学习潜质、兴趣爱好、态度以及学生的个体心理健康方面的差异。所以要根据学科体系、学生心理特征、社会需要等多方面价值选择而构建合理的课程结构体系，以满足社会发展需求和学生的多元化个性需求，伴随学校课程改革的深入推进，去设计不同的培养目标，来符合学校和学生的特征。学校要不断为学生提供丰富的课程选择机会，满足学生对高质量、有品位、适合的课程的需求，让每一个个体得到最适宜的发展，才能真正让适合的教育在学校落地生根、开花结果。

(二)课程实施多样化促进普通高中培养目标多样化

1. 普通高中的培养目标是什么

党的十九大明确提出："要全面贯彻党的教育方针，落实立德树人根本任务，发展素质教育，推进教育公平，培养德智体全面发展的社会主义建设者和接班人。"不言而喻，"德智体全面发展的社会主义建设者和接班人"就是新时代的教育的目标。《普通高中课程方案(2017 年版)》(以下简称《方案》)明确指出普通高中的培养目标："普通高中课程在义务教育的基础上，进一步提升学生综合素质、着力发展学生核心素养，使学生成为有理想、有本领、有担当的时代新人。"

针对培养目标，《方案》从"理想信念和社会责任感""科学文化素养和终身学习能力""自主发展能力和沟通合作能力"等三方面做了相关阐述。根据阐述内容，结合社会生活实际，我们确定普通高中学生的培养，在共性目标的基础上要特别关注目标的多元性和针对性，即社会领域的不同，培养目标的侧重点应有所不同，建构的目标体系也有所不同；如针对农业、农村和社会现代化培养知农、爱农、为农、能农、主动发展、人格健全的社会主义合格公民等。普通高中教育培养目标的多元化取向，既反映国家对普通高中教育的统一规定与要求，又适应不同地区及普通高中根据实际情况而制定出具体的培养目标，促使培养目标多样化。

2. 如何实现培养目标的多样化

实现培养目标的多样化在于学校课程实施的多样化。课程实施是将课程计划转化为课程实践的过程，是课程改革的重要环节。课程实施是一个复杂的系统，实施效果如何取决于诸多因素的综合影响，如课程计划本身、人的因素包括教师、学生、学校领导、家长等以及课程实施的物质条件和学校教育环境、社会团体、媒介等。课程实施者需要系统考虑以上因素，最大可能地发挥和协调每个因素的功效。从此过程中提炼出来的方式方法即为课程实施策略，为课程实施过程存在的问题提供方法论方面的指导。

美国课程专家 John D. Mc Neil 的研究认为，课程实施策略基本上可分为三种类型。一是自上而下策略。此策略是以国家和地区为中心，要求学校中的其他因素要与课程改革相一致，强调国家或地区等上层机构要创设条件使学校管理者与教师充分认识改革的价值。① 由于实施目标明确而一致，设计精确清晰，是国家或地区性课程改革中普遍采用的策略。同时，由于课程实施策略来自上层，要实现有效的课程实施，需要创设一定的条件：教师要接受相关培训，了解课程实施的价值，学校要确信课程实施以使学校获益并宣传课程实施的价值。二是自下而上的策略。这种策略是以当地或教师所关心的问题为起点来进行变革。先帮助教师识别问题，再分析引起问题的原因，使其产生新的领悟力和能力，再采取变革行动来面对课程改革。在开发校本课程的过程中，积极调动学校、教师、学生的参与，可从下至上促进学校课程改革。三是中间策略。这种策略主要是针对学校，对学校提出要求，使学校成为实施的主体。一方面，学校要着眼于整体发展；另一方面，学校要为教师创造条件，帮助教师注意来自校外的信息，促进教师互相交流广泛传播新观念，推动和协助教师参与变革。②

无论是从上至下的集权型课程实施策略，还是从下至上的分权型课程实施策略，又或者是介于二者间的中间型策略，都是相互联系、相互依存、相互补充，并非孤立存在。在现实中，课程实施策略的选择要因地制宜、因时制宜，要指向“满足不同潜质学生的发展需要，探索发现和培养创新人才的途径”“克服应试倾向”，促进学生个性化成长，全面实施素质教育。

以上课程实施的三种方式，关乎课程开发与课堂教学实践，既可以建构多

---

① 尹弘飚、靳玉乐：《课程实施的策略与模式》，《比较教育研究》2003 年第 2 期。

② 王成云：《课程实施策略的比较研究》，《松辽学刊(人文社会科学版)》2002 年第 4 期。

元立体的课程体系，也可以呈现“百花齐放”的多样化教学模式，为培养“个性、志趣丰富的高校人才”打好基础。因此，普通高中必然重新审视自身的定位与使命，升学只是普通高中多样化教育的必然结果，提供多样化的教育资源，推进课程的多样化实施方式，培养个性鲜明、取向多元、符合社会多样化需求的人，成为普通高中进入新阶段的责任担当与必然选择。

(三)课程多样化评价促进普通高中学校特色多样化

高中多样化的发展是实现学生个性化全面发展的重要途径。而普通高中课程多样化设置和实施是满足学生多样化个性需求的基本条件，是落实素质教育改革、实现人的全面发展的重要途径。伴随学校课程改革的深入推进，课程内涵的可持续发展，只有不断为学生提供丰富的课程选择机会，提升学校自我的认识、开发各种学习资源，才能让每一个个体得到最适宜的发展，也才能让学校走出千校一面的状态，走特色发展之路呈现一校一品一特色的局面。

全面推进普通高中办学特色多样化是我国高中发展的重要战略决策。2010年国家颁布《国家中长期教育改革和发展规划纲要(2010—2020年)》，全国各地都在为加快普通高中多样化发展进行了顶层设计，采取了一系列重大举措，也取得了令人瞩目的成绩。

学校特色具有“独特性”“优质性”“校本性”和“相对性”的特质，正因为此，对学校的评价特别是对学校课程的评价必须多样化，通过多维的评价畅通学校课程建设之路和个性化特色化发展之路。多维度的课程评价体系包括课程体系本身、课程实施、课程管理、课程结果等诸多课程要素。也就是说，课程评价对象的范围很广，它既包括课程本身的评价，也包括参与课程实施的教师、学生、学校环境的评价，还包括课程活动的开始、过程及其结果，即学生和教师的发展性评价。

《基础教育课程改革纲要(试行)》里特别提出，要改变课程评价过分强调甄别与选拔的功能，发挥评价促进学生发展、教师提高和改进教学实践的功能，建立促进学生全面发展的评价体系。评价不仅要关注学生的学业成绩，而且要发展学生多方面的潜能，了解学生发展中的需求，帮助学生认识自我，建立自信，发挥评价的教育功能，促进学生在原有水平上的发展。基于多维度的课程评价体系和《基础教育课程改革纲要(试行)》，课程多样化评价强调以下几方面。

多元化的课程评价观念。学校特色发展集中体现在课程建设方面。学校在课程建设中，有课程开发的顶层设计，也有课程实施的下层执行，设计与执行需要保持上下一致性；既要充分调动教师在顶层规划下课程开发和课程实施的主观能动性，也要防止课程顶层设计领导统治化与下层教师课程实施的固化。

领导的"放权"，教师的"自主"是课程开发与课程实施的有效方法，因此课程评价观念必须改变。课程改革顶层设计自身的多元化与课程实施下层教师的主体性发挥，决定了课程评价观念的多元化，而课程评价观念的多元化必将有力推进区域普通高中学校办学特色的多样化。

多元化的课程评价方式。传统的课堂教学评价，工业化特征十分明显，课堂追求流程化，内容强调统一化，结果必须标准化，教学就是流水线；教学评价就是将教师和学生捆绑在分数的战车上进行考量。教师异化为工厂的工人，学生异化为生产流水线上的产品。随着社会经济的发展，人才需求的各异，再加上信息技术的广泛应用，我们不能只以静态指标作为参照标准评价新时代的课堂，要转变"工业化"的固化标准，加入"农业"发展的动态化和生成性的评价标准。在课程评价中，关注评价的主体性，强调学习的能动性，注重评价的发展性，体现评价的差异性。以课程评价的动态、多元，促进课程实施的活力，催生特色课程的开发，促进学校办学特色的多样化。

客观的评价过程和全面的评价结果。课程建设是动态发展的，课程实施及实施中的对象是发展变化的，课程实施的环境也是可以生成改变的，这决定了课程评价要高度关注过程，而且是动态发展的过程，在不断地变化发展中体现课程的创新性和特色性；课程结果不是成绩、分数，而是课程实施的客体在整个课程实施过程中的发展、成长状况，所以不能只用一次考试来衡量学生的课程学习效果和评价教师课程实施的能力。课程评价结果要全面，以发展的观点看问题，只有这样才能促进学校多元化特色化发展。

推进普通高中优质特色多样化发展是一项系统工程。区域教育行政部门要高度重视、统筹规划，加强指导，有序推进。要从区域的实际出发，制定工作目标和评价体系，充分调动区域普通高中的主动性、积极性和创造性，大胆探索，科学定位，提升品质，办出特色。

第二节　区域课程领导力建设推进普通高中多样化发展的意义及价值

《国家中长期教育改革和发展规划纲要(2010—2020年)》提出推动普通高中多样化发展，满足社会对多层次多类型人才的需求，满足人民群众多样化的教育需求，改变普通高中"千校一面"、高度同质化的局面。区域课程领导力建设正是推动普通高中多样化发展的关键举措，对普通高中的发展有深远的意义和价值。

一、课程领导力建设推进区域普通高中多样化发展的意义

区域课程领导力建设推进普通高中多样化发展适应了当代教育特别是素质教育的需要，突破了区域管理模式，深化了课程改革，开创了普通高中课程管理理论的新领域，促进了普通高中多样化发展理论的新突破。

（一）实现普通高中教育管理理论发展的新突破

教育管理学是管理科学的一个分支，运用管理学与教育学的基本思想、理论和原理，以教育实践活动为对象，研究教育系统中的管理问题，揭示教育管理的一般规律。

1. 当代教育对传统教育的突破

当代教育与传统教育的一个重要区别，即在于当代教育是一种立体、综合的体制和体系，多种教育及社会的因素相互交织地对教育实践发生着不容忽视的作用和影响。推动教育事业的改革发展，破解学校教育教学的实践难题，既不是教育行政主管部门一方的职责，也不是学校教育工作者单凭一己之力可以承担的任务。

2. 素质教育对应试教育的新突破

当前我国正在推行素质教育，顺应这一趋势，南岸区急需要解决的是依据素质教育的要求，从南岸的实际情况出发，推行教育创新，主动地实施素质教育。要达到这一目标，教育领导是否具有与素质教育相适应的领导意识和有效的领导能力就成了关键因素。

3. 区域教育管理的模式新突破

国家、省市、区县、学校等不同层面的课程领导具有不同的影响力，因而课程不能直接采用由国家到地方的统一模式进行领导。区域课程领导力的研究与实践就是着眼于加强区域科学有效的教育领导，着重区域教育管理的研究，为课程管理学构建了新的内容，开拓了新的范围。这表明，区域课程领导力的提出是区域教育管理的新突破，促进教育领导由经验向科学转型，并引领区域教育发展。

课程领导力意在摆脱传统的依靠自上而下的行政体制进行命令、监督、控制和评判的管理思想，让与课程建设相关的每个成员，包括管理者、教师、研究者、家长等，将课程建设视为自身的任务，自主地、创造性地进行课程规划、课程开发、课程实施、课程管理和课程评价。重庆市南岸区通过实施学校课程领导力建设项目，努力提高学校课程规划、开发、实施、管理和评价能力，建设区域幸福教育课程体系，实现南岸教育“幸福每一个孩子”的目标。

4. 课程领导力建设是对深化课程改革的重大突破

南岸区以全国教育科学“十二五”规划课题“西部区域性中小学幸福教育构建与实践研究”为引领，在区域内创新“幸福教育”理念，以课程领导力建设为突破口，凸显南岸教育“让美德成为品质、让书香成为现实、让动手成为习惯”的三大特质，统筹规划区域教育综合改革，通过项目推进和分学段设计重点研究领域，采取“必选＋自选”等方式，不断创新课程改革实践途径。全区先后组织学校及教师开展了66项子课题研究，从不同角度共同建构区域“幸福教育”，让课程领导力建设“自上而下”与“自下而上”相结合，打破了新课改进退两难的徘徊局面。

原南岸区教委领导李劲渝、朱静萍的课题研究认为：“课程领导力建设的关键在于形成区域性‘小气候’。组建团队，明确职责，形成气候，是推进和落实课程领导力建设的重要保障。南岸区以区教委主任为组长的领导团队负责区域课程领导力建设的顶层设计、资源调配、项目督导及沟通协调；整合国家级、市级专家资源，构建多层次、立体化的专家指导团队，专业保障学校课程领导力建设；组建以区教师进修学院为主体的工作视导团队，协助专家开展协调联络、指导服务，督促学校项目研究的落实与深化；建立联动推进机制和活动助推机制，促进区域课程领导力建设的整体突破。”

区域性课程领导力建设不仅是要让每一位教师都成为研究者，更要让他们尽可能发展成为引领者，学习共同体正是基于这样的理念而建构的。全区根据不同的研究主题与内容，组建起各级各类学习共同体，如校长学习共同体、骨干教师学习共同体、各学科以及跨学科教师研修共同体等，让每一位教师都处于共同的学习与研究之中。

（二）拓展普通高中课程管理理论的新领域

1. 课程管理的两个层面

课程管理主要是依据一定的课程目标，对课程运作的每一个环节，如规划、编制、实施和评价等，进行管理以保证课程能够正常的运行。具体来说，课程管理包括两个层面：一是宏观的课程管理，即由中央和地方的教育行政管理部门对课程的运行做宏观的调控；二是微观的课程管理，主要指管理实践者对具体的课程运作进行管理与监督，即由学校主管领导和教师对学校、班级、教学等方面进行科学的管理。课程管理强调营造出民主化的环境让更多的人参与和领导，反对集权化的模式，从而达到学生学习的有效性。

2. 传统课程管理：经验管理模式

课程管理经历了从经验到理论，从传统到现代的历程。经验管理就是通过个人长期积累的知识和经验进行管理而没有具体的理论指导。这种通过经验来管理的模式，在它发展的过程中形成了一些鲜明的特点：管理者教育决策和判断的依据取决于自己积累的经验；从教育管理者办教育的水平能看出他的经验丰富与否；经验积累是否丰富往往取决于办学时间的长短；经验是否丰富往往决定办学者管理教育是否顺利；办学经验往往制约了教育管理者提升到一定理论高度，更不容易大面积推广。

中国传统课程管理就是一种经验管理模式。主要思想来源是中国传统管理文化，以儒家思想为核心，以道家思想为辅。首先，儒家思想在管理上比较注重礼义，通过礼教达到教育管理目的，并规范人们的行为，用义来营造和谐氛围。墨子极其重视培养贤能人才，主张通过培养贤能人才来治理国家并把培养贤能人才作为教育的最终目的。其次，我国的封建社会比较注重国家的和谐稳定，在教育管理活动中体现出比较浓厚的伦理色彩。政治、伦理和教育三位一体，教育为政治服务，十分注重学生的德性。①

3. 近现代课程管理：由经验上升到理论阶段

17 世纪，传统课程管理由经验上升到理论阶段，代表人物是捷克著名的教育家夸美纽斯。夸美纽斯总结了自己丰富的实践经验，构建了教育管理方面的理论体系，值得后人借鉴。他认为：教育要对社会、国家和人的发展发挥巨大的作用，提出国家应担负起管理教育的责任；要建立统一的学校制度，学年制和学日制；要统一的开学时间，统一的教育形式。这对以后的教育管理制度发展和完善奠定了基础。

进入 20 世纪，“课程管理”逐渐摆脱传统课程管理零散的、局部的和经验管理的阶段，课程管理理论和实践更加丰富，进入现代课程管理阶段。因此，美国以往采用的“课程管理”“课程经营”已经被“课程领导”这一术语所代替。

现代课程管理理论的代表人物为泰勒，提出“三化”，即管理的标准化、规范化和制度化。他的管理思想是符合时代发展的科学管理思想，我们的教育专家灵活地将他的管理思想迁移到我国的教育体制中，运用到对教学制度、教师的薪酬分配制度以及考试制度等的编制，更科学的指导教育管理的改革与运行，最终达到提高教学质量的目标。

4. 后现代课程管理理论

20 世纪末，以“对主体地位的重视与对主体本身的解构”“倡导多元中心和多元伦理可以并存”“知识与权力、真理与权力可以相互渗透”“对传统学科分类的批判”为特征的后现代管理思潮最早在美国兴起，并且迅速风靡西方，向全世界范围内扩散，成为 21 世纪西方管理学界里最流行的一种综合性很强的管理

---

① 吴宏志、冯大鸣等：《新编教育管理学》，华东师范大学出版社 2003 年版，第 35 页。

思潮。这一后现代管理思潮没有一致的管理理论，并且具有很大的包容性。

后来，多尔提出后现代的课程理论。① 一是提倡从外部的环境中吸取不断变化的物质从而起到内部的更新，做一个开放系统的整体设计；二是反对主客观之间的对立与师生之间的对立关系，强调解构的“复杂性”；三是提出课程管理是管理者、教师、学生、家长等多种因素相互作用从而形成综合影响，要摆脱历来自上而下行政体制的“管理”思想，从“领导”的影响力、创造力等功能出发，激发区域内部的活力，实现从区域课程管理到课程领导的根本转型。

(三)促进普通高中多样化建设理论的新发展

多样化建设是高中教育可持续发展的基础性要求。就像生物界的多样性是维持生态平衡必不可少的条件，高中教育多样化是高中教育系统平衡与发展的重要前提。正如联合国在 2001 年《联合国教科文组织世界文化多样性宣言》中强调的：“多样性增加了每个人的选择机会；它是发展的源泉之一，它不仅是促进经济增长的因素，而且还是享有令人满意的智力、情感、道德精神生活的手段。”这里多样性是走向可持续发展的自然逻辑。在此描述多样化的基础性要求，以在多样化和呈现方式中获得统一性的原则前提。

1. 丰富的差异性

多样性来源于差异性。差异是多种多样的，是立体的。世界上每一事物都有自己与众不同的特点，作为万物之灵的人，个体差异更为显著。不同的地理环境、遗传差异、家庭因素、社会条件等都在各个方面塑造、影响着人的外貌、体质、感情、欲望、阅历、能力和行为习惯等。高中教育的多样性服务于差异性的人群，表现在学校类型、学校特色、教育服务、课程结构、教学方式等各个方面，其中又形成各种差异性的组合，成为高中教育多样化发展的基本现实。

2. 面向全体的充分性

“普通高中办学必须多样化，但多样化绝不是纵向分层而应该是横向分类。纵向划分等级不利于学校办学，高中必须从以分数为标准的等级划分转化为依照学校特色的平等分类”，② 这是多样化的实质性特征。相比于形式的多样性，实质的充分性不易做到，就仿如教师对待优生和差生的态度，在优生面前，大部分教师都能表现出一个优秀教师的良好素养：耐心、鼓励、支持、热爱等，但是，如果他对同一个班级的所谓差生视而不见，甚至冷脸相见，那他在有的

① 钟启泉：《现代课程论》，上海教育出版社 2003 年版，第 147 页。

② 霍益萍：《试论我国普通高中转型发展中的几个根本问题》，《教育理论与实践》2009 年第 29 期。

时候表现出来的优秀素养更是一种势利。同样的道理，对于好的学校，好的学生，他们有足够充分的、多样性的教育选择，但是，对于大多数普通学校、普通学生来说，更常见的现象是：因为成绩不好，就更得拼命地加班加点把全部精力用于应试，所谓的多样性对他们来说都是多余的、无用的。所以，这里提到充分性，特别要强调那些对于非主流、非优势群体的精神支持和物质支持。充分的标准可以根据时间和环境而变化，但最低应该保证他们同样要达到高中教育基础性的要求：在人格、学业方面的全面发展。因此，公立教育应当在关注那些中间人群的利益基础上更多地关注弱势群体的教育需求。

3. 功能实现的完备性

这里所说的功能完备性主要是从高中教育的内容来说的。今天学校教育的功能扩展，不仅要充当学业的指导者，还是承接从前家庭教育的职责，对学生的人格进行全面的培养。基于这些原因，在普通中等教育内容中，既应明显地(即以教学科目的形式或以有相应主导方向的一类教学科目的形式)、也应隐含地包含那些保证形成普通中等教育内容的个性经验的全部基本成分，并包含那些影响教育内容结构的其他主要因素的课程。因此，包括体育、智育、德育、美育、交际教育和劳动教育，都应成为普通教育的基本内容。

4. 高中教育的可持续发展

多样化建设体现了高中教育发展观的转向：从增长的发展到可持续的发展。目前，高中教育系统面对着巨大的挑战，涉及学校系统、学校特色、课程系统、教育服务等方面，需要我们采取灵活、互动、创生的多样化发展策略，建构起高中教育系统发展、可持续发展工程。

南岸区域课程领导力推动高中多样化建设的研究源于区域教育改革的整体设计、整体实施、整体掌控的教育实践，“发展每一所学校，成就每一个教师，幸福每一个孩子”构成南岸区普通高中多样化建设的研究主题。比较 20 世纪 80 年代后期，过分依赖校长领导力，从某种程度上忽略其他层面领导力来说，这在领导力观念上是一个新的突破。意味着学校领导力分布于课堂教学一线的每一个人身上，涉及全校所有课程参与人员，他们也应该承担领导的任务并付诸行动，不只局限于校长。同理，区域课程领导不仅包括区教育局局长，还应涉及科长、区进修学院院长、教研员等区域内所有的课程参与人员，这是课程领导力的新发展。

5. 发展目标：应试教育向素质教育转型

课程领导力理论的新发展，对于推动普通高中多样化理论的新发展，促进我国基础教育由应试教育向素质教育转型也提供了重要指导和有效路径。《教育规划纲要》在关于推动普通高中多样化发展的宗旨和内涵的解读中就明确指出："促进办学体制多样化，扩大优质资源。推进培养模式多样化，满足不同潜质学生的发展需要。探索发现和培养创新人才的途径。鼓励普通高中办出特色。鼓励有条件的普通高中根据需要适当增加职业教育的教学内容。探索综合高中发展模式。采取多种方式，为在校生和未升学毕业生提供职业教育。"

6. 发展战略：高中教育的普及化发展

普通高中多样化发展是高中教育进入普及化发展阶段的一种教育体制和发展战略，是当前普通高中教育改革发展的必然选择。与此同时，愈演愈烈的应试教育呼唤着以普通高中多样化发展为目标和路径的高中教育改革，只有普通高中多样化发展真正得以切实推进，应试教育主导普通高中教育的局面才能得到根本的改变。

二、课程领导力建设推进区域普通高中多样化发展的价值

区域普通高中的多样化发展必须依赖于课程领导力建设。只有区域统领和协调、整体规划和布局，才能促进高中发展的资源均衡和模式多样。区域课程领导力建设，引领着区域教育管理者、学校、教师的具体行动和实践，是学校教育融合与践行国家教育意志的具体行动，在教育发展中具有重要的现实意义。

(一)适应教育现代化的发展要求

1. 国家教育发展要求

中共中央、国务院印发了《中国教育现代化 2035》，提出以"建成服务全民终身学习的现代教育体系、普及有质量的学前教育、实现优质均衡的义务教育、全面普及高中阶段教育、职业教育服务能力显著提升、高等教育竞争力明显提升、残疾儿童少年享有适合的教育、形成全社会共同参与的教育治理新格局"。作为 2035 年主要发展目标；以"全面落实立德树人根本任务，加强课程教材体系建设，科学规划大中小学课程，分类制定课程标准，充分利用现代信息技术，丰富并创新课程形式；提升高中阶段教育普及水平，推进中等职业教育和普通高中教育协调发展，鼓励普通高中多样化有特色发展；振兴中西部地区高等教育；提升民族教育发展水平等"为主要任务。

中共中央办公厅、国务院办公厅印发了《加快推进教育现代化实施方案(2018—2022 年)》，指出要推进义务教育优质均衡发展，加快城乡义务教育一体化发展；加快高中阶段教育普及攻坚，推动普通高中优质特色发展；补齐中西部教育发展短板，加快中西部地区义务教育学校标准化建设，支持中西部地区加快普及高中阶段教育，加快发展民族教育；加快重点领域和关键环节改革

步伐，为加快推进教育现代化提供制度支撑，积极稳妥推进考试招生制度改革，坚定高考改革方向，完善普通高中学业水平考试制度，推动学习型组织建设和学习型城市建设；深化教育领域放管服改革，深化简政放权、放管结合、优化服务改革，推进政府职能转变，构建政府、学校、社会之间的新型关系，推进学校治理现代化。

2. 重庆市教育发展要求

为实现教育发展2035年总体目标，培养全面发展的人，重庆市教育积极推进教育现代化发展，努力办好人民满意的教育。2018年12月，重庆市教育大会强调：教育是今天的事业，明天的希望。培养德智体美劳全面发展的社会主义事业建设者和接班人是教育现代化的方向目标。要全面落实立德树人根本任务，在坚定理想信念、厚植爱国主义情怀、加强品德修养、增长知识见识、培养奋斗精神、增强综合素质上下功夫见实效，解决好"为谁培养人""培养什么人""怎样培养人"的问题。要把立德树人融入教育工作思想、文化知识和社会实践教育各环节，贯穿基础教育、职业教育、高等教育各领域，贯彻学科体系、教学体系、教材体系和管理体系建设全过程，构建德智体美劳全面培养的教育体系。要大力实施科教兴市和人才强市行动计划，为重庆经济社会发展提供坚实人才支撑和智力保障。要全面提高各级各类教育发展水平，提升学前教育普及率和普惠性，推进义务教育均衡发展，高水平普及高中阶段教育，以"双一流"建设带动高等教育内涵式发展，完善职业教育和培训体系。大力促进教育公平，推动城乡教育协调发展，科学合理配置教育资源，扎实推进教育精准脱贫，让每个孩子都享有公平而有质量的教育。坚持教育优先发展，在"对标、量化、提能"上下功夫，奋力谱写新时代重庆教育现代化新篇章。

3. 基础教育发展要求

实现教育现代化的总体目标，必须要合理配置基础教育资源，促进教育公平；要全面推进教育管理体制的改革，激发各地基础教育的改革活力；要切实做好高考改革引领下的基础教育课程改革，培养学生的核心素养；要充分调动社会资源投入到教育中去，形成教育改革发展的合力；要加大对基础教育的投入，保障基础教育改革的顺利进行。这一切，都离不开区域课程领导力建设，正是基础教育多样化发展的基础需求。

（二）满足区域课程改革与发展的要求

1. 加强课程领导力建设

普通高中多样化发展对于区域教育行政部门而言，就是课程领导力建设。

概括为构建区域课程文化，指导学校规划、开发、实施包括国家课程、地方课程与校本课程在内的学校课程，指导教师创造性地实施课程，搭建校际相互交流与学习的平台，形成校际交流机制，全面提升区域教育质量。区域课程领导力在区域层面推动课程改革的过程中具有重要价值和作用。

2. 区域性课程领导力建设的三大要求

区域性课程领导力建设是解决南岸区课程改革问题的有效策略。近年来，南岸区教育工委逐渐形成了区域课程领导思维，在这一思维引领下积极构建区域课程领导力——在整个区域学校课程改革中发挥好组织、指导、监督等作用。一是有效整合国家、地方、学校三级课程内容。国家、地方、学校三级课程管理体制的责任不明晰，课程内容的重复开发，给学校课程实施带来了负担，区教育工委努力在区级层面，协调好三级课程的关系，邀请专家进行课程论证，对重复的课程内容进行有效整合，减轻学校的负担，发挥好区教育局的职能。二是对区域所辖学校进行整体性的规划。区域普通高中六所，市属重点高中五所，区重点一所；公立办学五所，股份制办学一所；办学规模基本均衡，办学质量基本均衡。三是实行区域内统一的课程改革，形成了一套可操作的、具有实效性的管理机制。一轮重在宏观上的课程规划和课程领导力建设；二轮重在微观上的课堂教学改革。各校形成了自己独具特色的办学哲学和课程体系，形成独有的课堂教学模式，整体上提升了南岸区教育质量。

3. 区域普通高中多样化发展的初步成效

区域普通高中学校在南岸区教委的统筹下，围绕“区域推进普通高中多样化发展的实践研究”目标，以问题为导向，以项目为载体，推动区域普通高中从办学体制多样化、培养模式多样化、选拔机制多样化等三大领域进行实践探索；从引导区域普通高中学校多样化发展的现代管理体制、满足高中生的多元发展需求以及为社会培养多样化人才等方面进行了深入研究。经过一年多的课程领导力建设实践，初步形成了区域推进普通高中多样化发展的机制与策略，提升了区域普通高中学校的课程领导力。区域普通高中多样化发展格局初显，取得了明显的实践成效，产生了良好的发展影响。

4. 关注区域课程领导力建设的示范引领

南岸的课程领导力建设经验曾在《中国教育报》2015 年 1 月 14 日第 6 版上报道(记者汪瑞林)现摘录如下：

> 在南岸，每个学校都在开展课程领导力建设，教委主任李劲渝表示：“作为教育部基础教育课程教材发展中心的基础教育综合改革实验区，我们希望通过区域性的课程领导力建设，整体推动基层学校综合改革，实现育人目标与方式的转变，最终实现教育的优质均衡。”

作为课程领导力项目实施的主要策划者之一，南岸区教委副主任朱静萍认为："课程建设是学校的中枢神经，抓课程领导力建设，能起到牵一发而动全身的功效。各学校根据这样的要求重新梳理育人目标，按照现代学校制度的要求设计课程。我们的目标是在提高教学质量的同时，减轻学生负担，从两年多的实践来看，基本做到了。"

据了解，南岸区在推进"管办评"分离上，步子迈得比较快，近年不断减少学校考核指标，将南岸区划分为10个督学责任片区，以前区教委管的很多事，改由督学来完成，轻松实现了由"管理"向"治理"的转身。(《幸福教育各美其美——重庆市南岸区整体推进课程领导力建设纪实》)

从这则报道可以看出，区域课程领导力建设适应了基础教育专业化、地区性的特点，增强了政府统筹指导能力，可以减少城乡之间、区域之间、学校之间办学条件和教育质量的不当差距，极大地促进了区域教育的均衡化和现代化，实现了基础教育办学的多样化和高质量发展。

(三)契合学校课程建设与发展的要求

1. 课程领导力建设推进学校课程领导力的发展

课程领导力推进区域高中多样化发展的重要价值就在于：能改变区内高中课程领导力的现状，促进学校课程领导力的发展。一是积极搭建校际交流的平台，促成学校之间的交流合作。在区教育工委的课程领导下，区域内学校间通过一定的平台，进行课程开发技术与经验方面的分享，以及优质资源的共享。二是提升学校课程领导力，促使作为学校课程建设与改革领导者的校长处于学校课程领导的核心地位，积极发挥课程策划、决策、指导和评价等作用。三是整合课程资源，促使学校充分开发、利用与整合课程资源。根据学校自身的特色资源，进行国家课程校本实施以及开发特色校本课程，避免各学校间孤立地开发课程带来的学校课程开发效果低、负担重的局面。四是提高教研活动整体水平，在富有责任心、事业心的优秀教师引领下，让学校教研活动在促进校内甚至区域内学科建设、教师发展方面发挥积极作用。

2. 学校课程领导力发展的三大重点突破要求

近年来，高考改革及南岸区课程改革的推进，课程领导力建设力度越来越大，学校特色发展需求越来越强。各学校必须基于不同的发展定位、培养目标和特色需求，以课程领导力建设为核心，在特色课程文化建设、特色课程体系构建、特色课程资源开发以及特色课程实施和评价等维度进行积极的探索和实践；必须顺应改革，找到抓手，重点突破。

一要把课程聚焦到学生核心素养培育上。新的历史时期，全面深化课程改革必须落实立德树人的根本任务。课程建设必须服务于"努力使学生成为具有中华文化底蕴、中国特色社会主义共同理想以及国际视野的社会主义合格建设者和可靠接班人”；必须把核心素养融合到课程建设中去；在考察、评量课程建设的效果时，必须聚焦到是否体现学生的核心素养上。

二要关注教师课程领导能力的提升。对于教师来说，实施课改中课程领导力最重要的是课程开发力和执行力。这包括教师对课程的领悟力和开发课程的能力、对课程标准的理解力、教学设计能力、资源创造和利用能力等等。教师的课程领导力是保证课改有效运行的前提。南岸区课改进入深水区，各校进一步提升教师课程能力成为学校课程改革成败的关键。

三要进一步促进学校课程文化建设。课程改革的过程也是学校课程文化形成、变更和重建的过程。校长、教师参与课程改革的热情是否增加，是否以学生需求为中心设置学校课程，教与学的方式是否得到转变，师生学习共同体是否真实存在，课程创新是否普遍发生，课程环境是否具有生命、生活气息等，这些因素都关系课程文化的形成，因此，课程文化建设必须同课程改革结合起来，促进新的课程价值观、课程信仰和课程规范不断形成。

第四章　区域课程领导力推进普通高中多样化发展的整体规划

重庆市南岸区紧紧围绕“办好每一所学校，成就每一位教师，幸福每一个孩子”的幸福教育目标，全面实施素质教育，教育教学质量稳步提升，中学教育发展水平全市领先，产生了重要的区域影响。近期调研中学现状发现，南岸中学教育虽然在投入、质量等方面实现了明显发展，但在供给需求匹配性、资源配置合理性、体制机制协调性等方面仍存在以下不足：城乡分布不均衡，新城区中学建设滞后、大班额超负荷运转与人口迁出区学校资源低效利用的现象并存，区域布局、办学结构、教育保障等供给还存在不足。为办成更好的教育，建议加强南岸中学发展规划的顶层设计，科学布局，统筹建设，深化改革，创新机制，综合施策，加快推进多元多样、优质均衡的南岸中学教育发展，促进教育现代化进程。

第一节　区域课程领导力推进普通高中多样化发展的指导思想

推动普通高中多样化发展是高中教育的基本属性和实践诉求，是现阶段高中教育走出困境的根本出路。高中多样化发展有助于解决普通高中千校一面、同质化问题，形成学校发展与人才成长的立体化、多样化、特色化格局。

《南岸区“十三五”社会事业发展规划》中明确指出：大力发展教育事业，建设现代化教育强区。针对区域普通高中建设，积极推进课程领导力建设，探寻普通高中多样化、特色化发展的基本规律，改进普通高中培养体制，促进普通高中科学定位发展方向，形成办学模式、课程设置、培养模式、培养目标的多样化，将区域高中建设成各有特色的普通高中。

立足南岸实际，在深入调研基础上，对区域普通高中多样化发展进行布局，确保区域普通高中学校课程领导力建设有方向、有路子。

一、统筹规划推进普通高中多样化建设体系

推进普通高中多样化建设首先是做好统筹规划，即以综合改革思想对区域整个教育系统进行规划。综合考虑区域经济与教育发展的需求，立足当前兼顾长远，规划区域普通高中多样化发展格局，在办学模式、办学体制、人才培养模式等重要方面做好顶层设计，做好总体部署，以保证项目开展的计划性和稳定性。同时，各高中学校发挥自主性与能动性，进行校本化思考，探索适合本校的特色和模式，实现“一校一方案”“一校一路径”的发展格局。

(一)全面优化教育结构

规划区域普通高中多样化发展格局需要全面考虑学前教育、义务教育、普通高中教育、职业教育和特殊教育。

制定学前教育普惠发展计划。实施第二轮学前教育三年行动，完善民间资本参与学前教育的办法，创新多元办园模式，完善资助体系，构建质优量足、普惠多元的学前教育发展体系，力争到2020年，学前一年幼儿入园率达99%以上，学前三年幼儿入园率达98%以上。

推进义务教育优质提升计划。高水平发展义务教育，巩固和扩大义务均衡发展成效，优化资源配置，加快学校标准化建设，深入推进以学生核心素养培育为目标的素质教育，着力推动义务教育由“基本均衡”向“优质均衡”的转变。力争到2020年，义务教育更加优质均衡，全区中小学标准化率达到96%以上。全区新增小学14所，中学6所；优质教育学校覆盖面达70%以上，义务教育阶段入学率和巩固率达100%。

落实普通高中发展促进计划。认真研究高中教育发展新形势，丰富普通高中办学类型，引导普通高中多元、特色化发展，初步形成总量充足、各具特色的发展格局。到2020年，新建1所优质高中，创建1所以上市级特色示范学校，普通高中毛入学率达99.9%。特色多元发展高中教育，扩大中学总量，引进优质资源，打造品牌高中，新布局1—2所普通高中，到2020年，基本形成结构层次合理的完备现代中学阶段教育体系。

实施职业教育管理水平提升行动计划。围绕五大功能区战略和“三区两带”发展布局，优化职业教育供给，引导职业学校由规模式发展向内涵式发展转变，基本建成与区域经济和产业转型发展相适应的现代职业教育体系。到2020年，在区中职学校达7所，中职学生达1.4万人，中职毕业生就业率达99.8%。完善现代职业教育体系建设，加强中职与高职衔接、职业教育与基础教育结合，整合资源，建成以普教、成教功能为一体的教育发展中心。

落实特殊教育发展促进计划。促进特殊教育内涵发展，加快完善学段衔

接、普职融通、医教结合的特殊教育体系，到2020年，基本形成以特殊教育中心为龙头、随班就读为主体、社区教育为补充的特殊教育发展格局，全区适龄残疾儿童入学率达95%。

落地学习型社区建设计划。统筹各类学习资源，创新多元便捷平台，基本建成开放共享的继续教育体系，满足多样化学习需求，为市民提供适需、充裕、优质的学习机会。到2020年，各类人群年培训率达到75%以上，建成50个区级社区教育示范点、10个全国社区教育示范点。完善社区教育办学网络，推进区、街道(镇)、社区(村)三级教育网络建设，为市民提供形式多样、内容丰富的社区教育。支持在区高校发展，进一步完善协调创新机制，促进在区高校质量提升，利用在区高校资源，推进全区基础教育发展。

完善终身教育体系，构建学习型社会，到2020年，建成完备的终身教育体系，全区主要劳动年龄人口平均受教育年限达到11.5年，新增劳动力平均受教育年限达到12年。

(二)全面优化资源布局

完善区域教育结构体系，将职业技术、学前教育及大学教育纳入总体规划，通盘布局，为教育事业预留足够的发展空间。建立学校建设协同推进机制，完善政府主导、部门协同、板块参与、社会支持的政策体系，加大在教育布点规划、经费投入、用地审批等方面的协同力度。加速规划布点学校建设，确保学校建设与江南新城城市化进程同步。启动城南家园周边学校建设，缓解入学矛盾。优化高中学校布局，推进普通高中、国际学校建设，切实解决高中资源短缺等现实问题。

优化全区学前教育资源布局，进一步完善学前教育布点规划，逐步扩大普惠园覆盖面。出台新建小区同步规划、建设和交付使用配套幼儿园管理办法。探索多元办学模式，吸纳民间资本参与学前教育，鼓励、支持集体企事业单位举办学前教育，为市民提供多样选择的学前教育。依托公办园、中心园专业优势，积极开展早教服务，构建家园共育指导服务网络。调整普惠园保教费收费标准及补助方案，激活学前教育办学热情，确保辖区学前儿童最大程度享受民生福利。建立幼儿教师专业发展长效机制，培养一批学前教育高素质人才。优化保教举措，开发园本课程，创建一批起示范和辐射作用的幼儿园特色课程基地，引领全区各级各类幼儿园的课程建设，形成一批群众满意的特色幼儿园。

统筹义务教育资源布局，制定和实施进一步推进义务教育优质均衡发展的实施意见，适时调整教育发展方式和资源配置方式，完善义务教育学校现代化办学标准。根据学龄人口发展趋势，科学调控办学规模，补齐规划短板，使区域教育资源布局更均衡。推进南坪西区规划布点学校建设，逐步缓解该地区入学难问题。健全资源共享机制，推进多样化办学模式和管理机制创新。进一步优化名校集团化、新型学区战略，探索多维学校联盟建设，推动校际深度合作，扩大优质教育资源覆盖面，基本满足南岸市民对优质教育资源的需求。进一步优化义务教育师资配置办法，完善教师轮岗交流办法，整体优化师资力量。创新和优化教学手段，切实减轻学生课业负担。完善义务教育质量考评体系，均衡发展学校办学水平。进一步强化就近入学原则，建立健全留守儿童关爱服务体系，完善特殊群体子女入学办法，确保适龄儿童公平享受教育权利。

不断丰富普通高中学校类型，着力建设特色高中，发展综合高中，形成多元办学格局，扩大优质教育资源。推动普通高中学校依据自身优势走多样化、差异化办学之路。进一步落实学校办学自主权，促进学校自主发展、特色发展与质量提升。注重分层、分类教育的有机协调，构建可供学生多样化选择的课程体系，促进学校内部课程创生与教学创造，提高课程的选择性，更好地满足学生多元学习需求。探索高考综合改革下学校资源配置方法，重点探索走班制管理实施办法，建立健全学生综合素质评价体系。高度重视学生创新能力培养，充分发挥普通高中在创新型人才培养中的基础性作用。加快江南新城地区普通高中建设。

整合本区职业教育资源，实现中高职衔接，着力培养高素质技能人才。完善校企协同育人机制，整合、开发、新建一批实习实训基地。加快课程体系建设，促进专业与产业、课程内容与职业标准、教学过程与生产过程的有效对接。建立专业动态调整和预警退出机制，重点培育电子信息产业、现代制造业、现代服务业等精品专业。创新人才培养模式，探索现代学徒制，建立职业教育专利申请机制，激励师生专业发展，推动教育成果更好服务产业发展。加强“双师型”教师培养，设立人才引进专项基金，探索教师与企业优秀人才职称互聘互认机制。健全职业教育督导评估制度，引入职业教育人才培养质量第三方评价机制。

完善特殊教育发展保障体系，探索建立残疾人教育指导委员会，建立财政为主、社会支持、全面覆盖、通畅便利的特殊教育服务保障机制。每年固定投入特殊教育发展专项资金不低于200万元，残疾人就业保障金的30%用于特殊职业教育和培训。推进特殊教育中心综合康复大楼、实训基地建设，完善普通学校资源教室配置，配备随班就读学生必需的设施设备，整体优化特殊教育办学条件。积极探索医教结合，完善随班就读办法，优化教学方法，整体提升特殊教育质量。探索特教师资弹性管理办法，逐步提高特殊教育教师待遇。鼓励社区、公园、博物馆等公益机构向残疾学生开放，大力开展残疾人关爱志愿服务。以重庆市特殊教育中心扬帆艺术团为核心，促进残疾人艺术教育，形成在国内外具有一定影响力的特殊教育艺术品牌。

统筹区域继续教育发展，将继续教育纳入教育整体发展规划。整合教师进修学院、电大南岸分校资源，发挥其在服务行政决策、教育教学研究、教师职后培训、社区教育指导等方面的功能。利用信息技术，建立继续教育资源中心和资源联盟，探索资源开发与共享机制，搭建服务社区、行业企业及非学历教育的继续教育平台。设计资源建设体系，制定资源建设规划，按照学习者和学习需求做好资源分类，满足不同学习者的个性化需要。统筹各类学习资源，组建学校、行业、企业、政府继续教育联盟，建立有效的协调机制，推动各部门、各系统相关资源、媒介、场所和设施向社会开放。大力发展非学历继续教育。积极推行政府购买服务。广泛开展社区教育，打造各类学习示范点，推进学习型城市建设。

(三)全面深化综合改革

加强创新德育工作，落实立德树人根本任务。以落实立德树人根本任务统领课程改革的各个环节，继续深化未成年人思想道德建设工作先进城区建设，着力培育和践行社会主义核心价值观。紧紧围绕“让美德成为品质”这一区域德育工作主线，不断创新机制、完善体系、建设队伍、拓展阵地、培育品牌，彰显南岸德育工作特色。

深入推进素质教育，促进学生全面发展。紧紧围绕“让动手成为习惯”“让艺术滋养生命”的幸福教育特质，倡导和树立科学的教育观。加强科技、体育、艺术、卫生保健、综合实践等学科教师队伍建设，深化课程教学改革，整合培养学生社会责任感、创新精神和实践能力，提高综合素质。

深化课程改革，全面提高育人质量。深化与教育部基础教育课程教材发展中心的战略合作，深入推进课程改革和教学改革。以提升学校课程领导力为引领，聚焦学生发展核心素养，在课程开发、管理、实施、教学、评价等方面深化改革。建设与育人目标相对应的课程体系和课堂生态，稳步提升教育教学质量，进一步增强区域教育核心竞争力。

优化教育管理机制，大力促进教育公平。紧紧围绕“办好每一所学校，幸福每一个孩子”的工作主线，加大教育资源的建设和统筹力度。通过优化资源配置扩大优质教育资源供给覆盖面，进一步消除城乡之间、学校之间差距，满足人民群众对优质教育资源的需求。进一步健全困难学生资助体系，保障不同群体的教育权益，最大限度实现教育公平。

促进民办教育发展，满足多样化教育需求。通过积极鼓励，大力支持，正确引导，依法管理，形成主体多元、形式多样、坚持公益、特色鲜明的民办教育格局，实现公办教育和民办教育共同协调发展，提供多样化的教育服务供给。

推进书香南岸建设，初步建成学习型城区。建设完善多元的终身教育体系和市民终身学习公共服务保障体系，进一步深化社会事业部门联动，充分利用学校教育资源，发挥校区、园区、城区联动的整合效应，建好教育综合改革实验区，打造南岸文明城区升级版，初步建成“让书香成为现实”的学习型城区，提高市民思想道德素质和科学文化素质，幸福每一个市民。

加快推进教育综合改革试点，创新教育管理体制、投入机制和人事制度改革。坚持教育公益性原则，支持和规范民办教育发展。积极探索集团化、新型学区等新型办学模式。创建“互联网＋”时代名师培养机制。推进课程创新建设，培育综合素质教育品牌校。深入推进管办评分离，加大社会组织参与开展教育评估监测的力度。加强现代学校制度建设，完善学校内部治理结构。鼓励社会力量兴办教育。

(四)全面加快教育信息化、国际化

完善教育信息化资源规划布局，加快基础设施建设。深化信息技术与教育教学融合互动，深入推进“互联网＋教育”。充分利用信息技术手段改革教学模式、创新学习方式、提升管理水平。建立网络资源平台，拓展学习空间，积极利用网络研修平台深化课程改革、师资专业化发展。加大与国内外知名教育机构合作办学力度，打造多元教育文化集聚交流平台。完善国际教育体系，推动建设一批国际化教育示范校。开发国际化课程体系，推进教育队伍国际化发展。《重庆市南岸区“十三五”教育事业发展规划》中指出：“十三五”时期，南岸教育发展的总体目标是：基本建成“书香南岸，幸福教育”发展体系，在教育机制体制创新、核心区和拓展区协调发展、满足多元教育需求、扩大教育开放、完善终身教育服务体系等领域取得重点突破。到2020年，全面优化教育资源配置，基本形成现代教育治理体系，实现教育优质化、均衡化和信息化，初步形成全民学习、终身学习的学习型城区，基本建成现代化教育强区，迈入全国先进教育地区行列。

认真研究高中教育发展新形势，丰富普通高中办学类型，引导普通高中多元、特色化发展，初步形成总量充足、各具特色的发展格局，以区域课程领导力建设促进普通高中多样化发展。

一是分层调研明方向。立足区情、校情是开展课程领导力建设的基本前提条件。南岸区通过多维调研，明晰了区域高中课程领导力建设的发展方向(学校课程领导力建设评估记录表见附件2)。在专家的指导下，各学校以校情、学情SWOT分析为路径，准确研判自身发展状况，明晰学校课程领导力建设的方法、路径，确立学校发展的方向、目标和路线图。

二是统筹规划明路径。在前期综合调研和反复论证的基础上，南岸区拟定了“书香南岸，幸福教育”三年行动计划，制订了课程领导力建设三年实施方案，提出了区域“11445”发展策略，即坚持“幸福每一个孩子”的发展目标，“课程领导力项目建设”为核心发展路径，明确“让美德成为品质、让书香成为现实、让动手成为习惯、让艺术涵养生命”四大特质，推进“发展学生，成就教师，办好学校，联动社会”四大行动，实施“优化机制，整合资源，加大投入，强化督导，营造氛围”五项保障。通过区域谋划整体推进课程领导力建设。

三是具体实施抓环节。首先，开展课程分析。摸清校情学情，为准确定位学校育人目标、研制学校课程方案找到科学的依据和方法。其次，确定课程目标。在课程分析的基础上，厘清学校教育哲学，明晰学校育人目标，明确要办什么样的学校、培养什么样的人。再次，建构课程体系。通过构建学校科学合理的课程结构，实现课程整体育人的功能。然后推进课程实施。专家分类指导与学校自主探索相结合，在教学改革与创新、教学组织形态改革，课程整合及资源开发、教师专业发展等方面积极探索。最后探索课程评价。实施以评价为导向的课程领导力建设策略，以评价来引领和完善学校课程领导力建设项目的实施，形成了“综合调研＋课程分析——顶层规划＋分类指导——交流展示＋中期评估——成果倒逼＋提炼总结”的实践路径，实现区域与学校的协调推进。

二、需求导向创新普通高中多样化发展机制

根据南岸区普通高中发展现状，制定了推进普通高中多样化特色化建设的方案，紧紧围绕深化学校课程领导力建设，推进区域普通高中多样化发展，创新发展机制。区域推进高中多样化发展主要缘于以下三方面思考。

一是改革形势需要区域高中教育有突破。2020 年基本实现现代化，是国家意志的刚性体现，也是城市化发展的必然选择。考试和招生制度变革，对高中课程建设提出了新的挑战。深入推进课程改革，整体提升区域教育品质，将教育推上科学化、规律化、优质化、现代化的发展轨道，是顺应改革形势需要，促进南岸社会现代化建设的必然选择。

二是区域定位需要区域高中教育有突破。南岸区要快速成为智慧之都、创意之城，必须要有优质、公平的教育事业作为支撑。因此，要求区域高中教育必须在优质发展、内涵发展上寻求更大突破，才能满足人民群众日益增长的教育需求。

三是发展制约需要区域高中教育有突破。南岸区实施“书香南岸，幸福教育”发展体系，实现“幸福每一个孩子”的核心目标进程中，高中新课程改革已成为区域教育品质提升的关键领域。

为此，根据区域高中在课程领导力建设中折射出的问题，创新工作机制，力求从科学定位、专业引领、实证检验入手，强化教委、学院、学校三级联动，有效推进区域普通高中的发展。

一是项目负责机制。把推进普通高中多样化发展工作作为“一把手”工程，校长牵头抓总体；分层建立以区教委和区教师进修学院为主的课题工作团队和研究团队，为课题研究提供坚实的组织保障，区域以“学校课程规划编制”为课程领导力建设的核心，牵动多样化发展。

二是专家指导机制。整合国家级、市级专家资源，组建多层次、立体化的专家指导队伍，聘请教育部基础教育课程教材发展指导中心及市内外多名专家做指导，为项目的推进提供强大的专业保障。

三是专项配套机制。按重庆市重点课题、一般课题、专项课题分层分类匹配专项资金，为课程领导力建设提供有力的经费保障。

四是督导评估机制。加强动态管理，抓好过程落实，以中期评估和过程评估为重点，实施项目专项督导评估，为课程领导力建设质量提供科学引导和可靠保障。

三、学校实践探索普通高中多样化发展路径

《国家中长期教育改革和发展规划纲要(2010—2020年)》提出：“推进培养模式多样化，满足不同潜质学生的发展需要。探索发现和培养创新人才的途径，促进普通高中多样化发展。”

(一)创新机制，探索多样化的办学模式

良好的体制机制是普通高中多样化发展的动力，要创新机制体制，为普通高中多样化发展提供良好的环境。一是创新体制建设。建立起以公办高中学校为主体，公办高中和民办高中共同发展的办学体制，实现普通高中办学主体的多元化。形成了以政府办学为主体、全社会积极参与、公办教育和民办教育协调发展的多元化办学格局。二是创新制度建设。建立“区域统筹，以校为主”的普通高中教育管理机制。区域根据学校的规模、基础、历史文化、优势项目，通盘考虑区域内学校的定位与特色，优化普通高中资源配置，引导学校“错位竞争，共同发展”的特色高中建设。三是创新人才培养模式。区域普通高中教育与区外高中教育的横向联动衔接，建立课程资源共享的机制，有效实施拔尖人才培养模式。四是创新课程建设。实现学校内部课程领域和结构的多样化。打破学科间的壁垒，整合学科知识体系。实现学科间的关联和互通，在科技、外语、体育、艺术、人文等方面形成学校内部特色，探索创办科技高中、人文高中、艺术高中、体育高中或其他类见长的特色高中，为学生发展提供多种选择。

(二)课程领导，构建多样化的课程体系

世界各国高中的多样化发展，一定都是以多样化的课程为基础和前提的。以构建高度丰富性、选择性、层次性、跨主题和模块化的课程为路径，为普通高中多样发展提供保障。一是资源整合，校本化实施国家课程。根据国家课程方案和课程标准，创造性和校本化实施国家课程，进一步减少国家课程容量、降低课程难度、调整课程结构，建立以专业导向为主的学科群，满足不同层次与潜质学生的学习需要，如重庆十一中的精英课程群、重庆二外的责任课程群、广益中学的五益课程群等。二是课程开发，多样化构建特色课程。学校从地方文化特色、学校历史传统入手，结合学校的教育资源配置和学生发展水平，开发一批有本校特色的校本课程、选修课程、学科拓展课程、综合课程、实践课程等，为学生提供多彩的学习经历，实现个性化发展。如“池塘养鱼技术和鱼骨画创作基础”“校园微剧创作与表演”等精品课程。三是课程管理，多途径探索培养模式。首先，创新选修课程教学管理制度。区域普通高中在选修课程实施中积极实施有利于学生个性发展的选课走班制度、学生发展指导制度和学分认定制度，制订符合学生实际的学业选课指导方案，研制课程说明和选课指南。制订学分认定实施细则，落实各学科学业要求和选修制度，形成日常学习评价与考试评价相结合的学分认定标准和学业评价体系。其次，探索立体统筹的人才培养模式。加强高中与大学、初中与高中的有机衔接。探索实施走班制、导师制、学分管理等，优化多样化发展需求的高中生成长成才。最后，提升教师课程开发与实施能力。通过“建立教师专业发展共同体”“开展跨领域合作”“请进来，走出去”“名师工作室(骨干教师研修工作坊)”“优秀成果发布”“学术年会”等方式，促进教师在课程开发与实践中提升专业素质，为学校的多样化建设提供保障。

四、机制建立保障普通高中多样化工作落实

(一)建立工作机制，保障研究工作开展

根据课题组的研究进程与要求，结合普通高中多样化发展思路，成立了南岸区普通高中多样化发展领导小组，确保课题的领导与管理；成立了南岸区普通高中多样化发展秘书组，保证了研究工作的落实；各校组建以校长(课题主研人员)为组长，教科室主任为副组长，相应骨干老师为核心成员的课题研究团队，明确人员及分工，保障课题研究工作的开展。

(二)建立研究机制，保障研究过程落实

为完成课题研究任务，课题组建立了课题管理和推进机制，形成了课题月

研究制度和月报制度，定期上报各校课程领导力建设动态、案例和成果推进情况的月报表，定期召开秘书组成员会议，现场解决研究中遇到的问题，思考对应的解决策略和下一步实施计划。目前，区域普通高中学校分别开展了12次课题研究，完成了12份课题推进情况月报表。同时，各高中建立了与课程领导力建设要求相适应的学校课程管理体系和机制，建立和完善了课程申报、评审、开发、教学和评价的管理制度，建立了学校课程的专家评估与咨询制度；建立了学校课程开发与建设的经费预算与开支管理制度等。

(三)建立评价机制，促进育人质量提升

教育质量评价具有重要的导向作用，是普通高中教育综合改革的关键环节。南岸区以学生综合素质评价为突破口，探索由学生学业成绩、身体素质、道德品质、审美素质、创新能力等多方面构成的学生综合素质评价。把学生在学校德、智、体、美等方面的发展作为评价重点，引入学生、家长、社区参与学校教育的满意度评价机制，逐渐形成从起点看变化的教学质量和学校发展性评价制度，激发各高中学校办学的积极性。

第二节 区域课程领导力推进普通高中多样化发展的总体目标

认真研究高中教育发展新形势，丰富普通高中办学类型，引导普通高中多元、特色化发展，初步形成总量充足、各具特色的发展格局。到2020年，新建1所优质高中，创建1所以上市级特色示范学校，普通高中毛入学率达99.9%。

一、构建多元育人文化

构建多元育人文化主要涉及办学体制多样化的问题。办学体制多样化，是指普通高中的办学自主权不再仅仅是政府的事情，而是由政府和其他社会相关力量共同参与办学，形成多种办学主体并存的局面。更具体地说，指在教育公益性的基础下，形成政府主体办学、社会共同参与的多元化办学新格局。

办学体制多样化是学校多样化发展的重要动力，它从外部上给高中多样化发展创造了一个稳定的发展环境。然而，目前我国普通高中学校办学体制同质化倾向十分严重，很多学校对自己的特色定位并不明确，办学模式大同小异。大部分公立学校一直以来都按照固定的模式运作，加上政府部门对公立学校过多的监管，使学校失去了一些办学自主权。学校自主发展内在动力严重缺失，导致了学校的办学活力不足，久而久之这种单一的办学体制已无法满足培养人才多样化的需求，极大地束缚了学校自身的发展和改革。

不同的时代背景决定了学校办学体制的不同，社会越来越开放，学校办学体制就越来越朝着多元化的方向发展，而探索普通高中办学体制多样化可以在一定程度上有效地激发办学主体的积极性。不同的办学体制可以催生出与之相对应的办学主体，并促进学校之间的良性竞争。虽然打破现有的体制需要经历一系列的改革，但推进办学体制的多样化则反映出了普通高中多样化发展的本质需求，是普通高中多样化发展必然趋势。唯有顺应这种发展趋势，我们的教育才能实现更好更远的发展。①

学校特色是指学校基于自身的发展水平，在长期的办学实践中所形成的独特且相对稳定的办学风格。特色是一所学校积极、进取的个性表现。学校特色并不是一成不变的静止状态，它更多地表现出一种动态发展的过程。基于目前我国的教育发展现状，学校应在满足学生个性化发展的过程中逐步形成独特的办学特色。学校应当建立个别化教育体系来满足学生发展的需要。因为不同学校的学生自身发展存在一定的差异，所以在满足学生个性化发展过程中，突出学校的办学特色就显得尤为重要。学校特色的形成过程，也就是普通高中多样化的形成过程。

人才培养模式多样是普通高中多样化发展得以实现的根本途径，也是实现受教育者发展结果多样的根本要求。课题组以课程领导力建设为载体，区域推进特色课程建设，以课程建设发展学校多元文化。一是办学理念更加清晰。各高中梳理并完善了学校的教育哲学。如：重庆十一中的“博文修德，精益求精”、重庆二外的“坚韧不拔，追求卓越”、广益中学的“增广学行，益国利民”、南坪中学在“幸福教育，美丽南中”、辅仁中学的“辅人成才，办适合学生个性发展的教育”、长生桥中学的“生活教育感悟人生意义，多元启智提升人生价值”等教育愿景。学校教育哲学的建构体现了育人目标和办学目标的完美结合，为实现课程建设立了本、寻了根。二是课程体系更加完善。各学校依据办学理念、办学目标，基于学校的文化传承，用心优化和整合国家课程、地方课程，全力对学校的特色课程进行开发，有效建构了学校课程体系。如：重庆十一中的“栋梁”课程体系、重庆二外的“责任”课程体系、南坪中学的“幸福”课程体系、广益中学的“学行”课程体系、辅仁中学的“双培扬长”课程体系和长生桥中学的“生态”课程体系等。

---

① 王具宏：《普通高中多样化发展研究》，《教师教学能力发展研究》2018年第5期。

二、开发丰富课程资源

课程是一所学校教学活动的重要载体，学校特色活动的开展最终都要通过课程来加以落实，而丰富的课程是学校特色发展的重要体现，是普通高中多样化发展的重要依托，也是实现学生全面发展的重要路径。在推进多样化发展中学校可从课程这方面着手，形成独具特色的课程体系。课程改革给普通高中赋予了合理而充分的改革自主权，为学校有效实施国家课程、开发校本课程提供了有力的保障，也为学校多样化建设提供了发展契机。

丰富多彩的课程是满足学生个性化学习的前提。学校要充分调动教师、充分利用校内外资源，与高校、中等职业学校、企业、社会机构等合作，开发开设各类课程。普通高中要以学科为轴心，围绕学科核心素养分层分类开发开设各类选修课程，建设精品课程和特色课程群。义务教育阶段规定学校要在开齐开好基础性课程基础上，大力开发开设拓展性课程。

强调学校坚持以人为本、因材施教，改革传统的课堂教学模式，推进轻负高质，引导和鼓励学生独立思考、主动探究与合作交流，提升课堂教学品质。普通高中应建立学生发展指导制度，加强生涯规划教育，全面实施选课走班制度，实行分层分类走班教学，允许学生跨班级、跨年级、跨学校选课，允许学生提前毕业。在义务教育阶段，广泛推进小班化教育，多形式实施协同教学、个别化教学，鼓励初中学校积极探索由学生自主选择的分层走班教学。

普通高中课程建设应当结合当地的文化特色，对校本教材进行开发，并开设相应的课程，举办相关的活动。这样一来，就能让学生更加了解自己所生活的家乡和学校，更加关心周边的人和事，对自己的家乡更加热爱，最终达到学生自身全面发展的目的。

普通高中课程建设一定要把中华优秀传统文化作为主要内容，加大对文史课程的开发力度，加强学生国学知识方面的学习。学校可主要对历史、文学、地理、哲学等文史类的课程进行开发和优化。比如，以闽南语古诗词进校园为载体的诗教活动，使文化感悟和知识积累借助对经典国学文化的选编、单元框架的构建及模块设计这三种方式在课程建设中呈现了出来。当然，学校还可以多开展和组织专题讲座和名著研读等活动，进而培养学生的民族情感和人文素养。

普通高中学校课程建设还应当面向社会，面向生活，把提高学生的实践能力作为课程建设的重要内容之一。对于学生人格的塑造，如果只是单纯依靠说教，是没有任何实质性作用的。只有让学生从生活中进行体验和感受，才能够有效锻炼学生辨别是非的能力，让学生形成正确的价值观和人生观。因此，学校应当多组织学生参加社会实践活动和公益活动，这样就可以从社会生活中培养学生的社会实践能力，锻炼学生吃苦耐劳的品德。同时，还能够增强学生的社会责任感和团队意识。[①]

根据高中生多样化的发展需求，各校基于学校的教育哲学，充分整合学校优势课程资源，开发特色项目，围绕学生培养目标开发了结构更为完善、内容更为丰富、特色更为鲜明的多元、多样的学校特色课程。如：重庆十一中围绕"家国栋梁"目标开发的精英课程、重庆二外围绕"未来领袖"目标开发的领袖课程、南坪中学围绕"幸福学子"开发的幸福素养课程、广益中学围绕"有学有行有个性的现代人"建设的五益课程、长生桥中学开发的生态课程等。同时，在区域推进普通高中多样化发展的目标指引下，普通高中学校以学习型组织建设为抓手，以项目协作为路径，以团队研修为平台，开发和实施满足高中生多样化发展需求的校本课程，建设重庆市高中课程创新基地，开发重庆市高中精品选修课程，形成了一批优秀的教学资源和课程成果。如《考古与文化遗产保护课程》《社会实践系列活动课程》《心理健康教育课程》《生涯规划体验课程》等一百多种。

三、探索多种教学方式

培养模式是在一定的教育理论指导下，为实现培养目标而采用的培养过程的某种标准的运行方式，即呈现出相对稳定的人才培养模式。而培养模式多样化指不同类型的学校在教学改革、科研合作上相互合作，学校、社会密切配合，不断加强学校之间、校企之间的合作办学，形成一种体系完善、多样选择的人才培养体制。当前我国普通高中在人才培养模式上体现出了"一锅端"的现状，具体表现在：在培养目标上，统一的标准对待所有学生，忽视学生的个体差异性；在教学过程中，实行统一的三年学制，国家课程在学校课程设置中占据着绝对主导地位，选修课程、综合实践活动课程等形同虚设；教学实施进度上，不管是示范性普通高中还是一般的普通高中，都按照上级规定的标准统一齐步走；教学方式和手段非常单一，都采用传统的授课模式，学生只是单纯的接受教师传授的知识。这种不顾学生个体差异，所有学生按照同样要求学习的培养模式，必然会扼杀学生的个性，使学生得不到应有的发展。造成目前我国普通高中这种单一化运行方式的深层原因，主要是长时间以来形成的高中教育的目标定位。我们在培养模式上要不断地推陈出新，要体现出一定先进的教育

---

① 王宽购：《核心素养视野下普通高中课程建设探究》，《西部素质教育》2018 年第 4 期。

理念，且不能违背教育规律。特别是教师在教学方法上要推陈出新，密切关注学生的个性差异，实施分层教学，为每一位学生的发展构建其合适的课程体系。进一步说，就是走进学生的内心世界，学会换位思考，知学生之所需，激发学生自主学习的主动性，完成对学生的个性培养。①

课程改革的深处是课堂教学改革，深化区域高中学科课堂教学改革是落实高中学科核心素养的有效途径。为此，南岸区以研究促落实，启动了20余项专项课题研究，力求通过课例研究解决具体问题，从教师涵养、课堂教学能力、教科研水平、课程创生等方面进行研究，引导教师深入分析课程标准、准确分析考纲和学情、制定和序写教学目标，编写完整的具有个性特色的教学设计，深入课堂观察，规范课堂教学组织行为，形成关注学生最近发展区的新型课堂教学模式。如南坪中学的“幸福 e”课堂教学、广益中学“学导式”课堂教学、重庆二外的“学思结合”课堂教学、重庆十一中的“展示互动·深度学习”课堂教学、辅仁中学“分层走班制”、长生桥中学的“生态式”课堂教学等，这些课堂教学方式的探索与实践，不仅改变了以往沉闷、专断、无趣的课堂文化，而且在深化高中课程改革，落实高中学科素养方面做了深入的研究，区域多彩课堂正在不断地创生。

四、建立多样评价体系

所谓多样化评价指在进行评价时应根据不同的评价对象，克服传统的固定不变的评价模式，采取不同的评价标准，运用不同的评价方法，以更好地反映出评价对象的发展状态。高中教育对创建新型社会起着十分重要的支撑作用。然而，在普通高中教育中长期以来形成的功利化人才培养模式，使普通高中教育的其他功能已经被弱化，学生的创造性和主动性得不到应有的发挥，无法满足培养创新人才的需求。

针对不同类型的普通高中采取不同的评价机制，一方面是顺应普通高中教育多样化发展的内在要求，另一方面也在一定程度上有助于普通高中多样化的建设。不同类型学校制定出不同的发展要求和发展指标，使得每所学校都有其自己发展的空间，这样可以有效地调动学校内部各个方面的力量，积极推进学校的发展。为此我们需要进一步推进评价机制改革和高校招生制度改革，拓展对学生个性化发展水平的认识，进一步完善高校的招生制度的改革，改进高考的形式和内容，不断提高学生综合素质评价在录取中的比例，同时也要参考学生在校期间的表现。

---

① 王具宏：《普通高中多样化发展研究》，《教师教学能力发展研究》2018年第5期。

就目前的情况来看，以上提到的多样化评价方法很难即刻成熟。但比较符合现实的可实用性的方法倒是不少，例如在教学评价方面，不仅要评价学生的考试成绩还要评价他们的体美劳等。建立以学生全面个性发展为价值取向的多样化教育评价体系，努力形成政府部门、各界教育专家和社会力量相结合的综合评价体系，为学生提供适合的教育，为学生成才提供均等的机会。①

在基于学生、教师、课程等评价的研究中，课题组重点对评价工具的开发与实施，评价结果的提炼与应用等方面进行了研究。课题组基于多元评价的理念，重点从构建校本评价网络平台上进行研究，初步建立了区域学生学情诊断系统、年级关系诊断系统、教师管理系统、选修课管理系统、听评课管理系统，行为规范管理系统、教学日志管理系统、问卷调查系统等，面向学生和家长，充分发挥多元评价主体的积极性。如重庆十一中每学期的全校学情调查维度就包含师生关系诊断、作业布置评价、课堂教学诊断、魅力校本课程和魅力授课教师评选等；南坪中学将评价系统数据采集和分析实际运作在学校教育教学和日常管理等方面，合理运用了评价结果，成为学校决策、人事安排、教学质量评估、课程改革、后勤管理等的决策重要依据。广益中学、重庆二外、辅仁中学等学校也在课程评价、学生学业、学生综合素质等不同领域进行了实践探索。

五、促进教师全面发展

习近平总书记在十九大报告中强调要全面贯彻党的教育方针，落实立德树人根本任务，发展素质教育，推进教育公平，培养德智体美全面发展的社会主义建设者和接班人。要求学校必须加强师德师风建设，培养高素质的教师队伍，保障这一任务的完成。

一是提升教师师德素养。引领教师带头践行社会主义核心价值观，强化学科育人，加强以素质教育为指向的师德建设。以师德标兵评选、青年教师师德建设为载体，引导全区教师树立积极的教育职业价值观，提升教师的职业认同感及职业幸福感，提升教师的教育境界。社会公众对教师满意度评价达 90%以上。

教育不只是一种职业，更是一项事业，必须具备远大理想信念才能将这项工作做好。另外，教师应当不断提升自身的修养，重视言传身教。教师有着“传道、授业、解惑”的职责，“道”在前“业”在后，教师的一言一行都对学生有着教育意义。只有教师个人对中国特色社会主义有了深刻认识，坚信在中国共

---

① 王具宏：《普通高中多样化发展研究》，《教师教学能力发展研究》2018 年第 5 期。

产党的领导下必然会实现中华民族伟大复兴的中国梦，才能够在日常的教学工作中将这种理想信念传输给学生，“理想信念”的传播和影响比传授知识更重要。从学校角度而言，一方面应当提高认识，加强重视，加强教师思想政治教育和师德师风建设工作，把师德表现作为教师岗位聘任、职称评审和奖惩奖励的首要条件，让广大教师认识到师德建设的重要性。

同时，可以以支部、工会为单位组织教师学习学校有关师德师风建设方面有关的文件。另一方面，树立标杆，强调榜样作用，做好师德标兵和最美教师评选工作，发挥教学名师、师德标兵、最美教师等榜样作用，利用教师节开展“我们身边的榜样”系列宣传活动，对于每一年在师德师风建设方面有突出表现的教师进行公开表彰，予以物质和精神双重奖励，鼓励广大教师向先进学习，形成大家争当先进良好氛围。①

二是创新校长教师培育工作。建立教师教育专家委员会，充分发挥教师进修学院专业服务功能。完善教师分层分类及基于需求的培训机制，形成覆盖全区的教师专业发展档案系统。构建区域教师职后教育课程体系，对学前及中小学教师进行全员培训。实施拔尖教师培养计划，通过项目引领、联动高校，加强教育名师名家培育。鼓励教师参加高层次学历学位教育，探索实施“互联网＋教师教育”行动计划，构建教师学习共同体。培养符合现代管理要求的专家型教育管理干部队伍，健全干部成长梯次培育机制，落实中新合作培养计划，培养若干市区级名校长，发挥引领辐射作用。

三是优化教育管理与服务工作。优化教师结构，调整教职工编制并实行动态管理。完善教师考试招聘、考核招聘、在职选调任用办法。优化绩效管理流程，研制南岸区教师管理工作规程。实施教师关爱工程和发展保障工程，完善教师绩效管理，不断提高教师待遇。教师继续教育经常性经费按全区教职工工资总额（含绩效工资）的 2.5％纳入区级财政预算。用好教师培训市级奖补经费，完善教师培训区级奖补办法。

一方面，学校应当做好自己的发展规划，在学院整体规划基础上对师资队伍的建设作出合理规划，充分考虑师资队伍建设对于学院人才培养工作的影响，通过对教师队伍的思想政治水平、自身的理想信念、业务水平和教育教学水平的整体掌握，对学校未来的发展建立清晰的认识，对学校的师资结构有完全的掌握。另一方面，建议教师在结合学校的发展规划基础上对个人未来发展作出合理的规划。教师个人根据自身实际情况，结合学院的师资队伍建设规划，对自身的业务水平、教育教学水平等进行合理评估，制定符合自身特点的

---

① 杨庆媛：《教师专业发展路径的上海经验》，《长春师范大学学报》2019 年第 5 期。

计划，不断提升自身素质和业务教学水平。

四是探索人才交流实践。建立区域教师人才储备体系，完善教师准入与退出机制。加快推进教师交流，创新教师交流机制，把教师交流与职称晋升、荣誉授予、教师奖励等制度挂钩，推动教师区域内合理交流，实现区域师资资源配置的优质均衡。

鼓励、激励教师不断提升自身教育教学和业务水平。学校出台政策鼓励广大教师进一步提升学历学位和外出进修培训。同时，鼓励教师考取相关行业的职业(执业)资格证，形成教师自我学习的良好氛围，促进教师自身业务水平不断提升。学校应该有计划的组织安排教师进行教育教学能力方面的培训，利用好教师发展中心，开展青年教师论坛和教师沙龙活动，开展个性化的教师培训，发挥技能大师工作室作用，做好导师带徒工作，把共性发展和个性发展、"请进来"和"送出去"结合起来，多措并举助力教师潜心教学工作。

第三节　区域课程领导力推进普通高中多样化发展的基本思路

推动普通高中多样化发展，是我国社会转型时期对普通高中提出的新要求，也是对我国普通高中的新定位。

一方面，我国经济社会转型需要普通高中多样化发展。经济社会的转型，对劳动者素质和创新能力提出了更高要求。而在所有教育阶段中，"高中阶段教育是学生个性形成、自主发展的关键时期，对提高国民素质和培养创新人才具有特殊意义"。①

要承担起这一重要的历史使命，普通高中必须走多样化发展之路。只有多样化的普通高中，才能为不同类型学生提供不同的发展空间、促进不同个性的形成。同时，学校内部个性化的课程与教育方案、鼓励质疑与批判的评价体系、多样化的社会实践与创新活动，都是形成创新能力的基础，也是普通高中多样化的价值追求。

另一方面，我国社会用人方式的转变推动着普通高中多样化发展。普通高中是基础教育的最后阶段，其发展模式很大程度上受社会就业的影响。应该说，目前高中问题的本质是由社会用人机制造成的。具体推进思路，从以下几个方面来谈。

---

① 《国家中长期教育改革和发展规划纲要(2010—2020 年)》，人民教育出版社 2010 年版。

一、强化政府职能，保障普通高中多样化发展

我国的普通高中学校大部分是以公立学校为主，因此，在推进普通高中多样化发展过程中，教育行政部门的规划和学校的日常事务安排等工作则起到至关重要的作用。

南岸区的高中类型多样，重点高中、普通高中、职业高中等，体制上除了单独的公办体制以外，还有民办和公办力量的结合，这样的错位竞争、共同发展是普通高中多样化发展的基础。一方面，各类高中选择不同定位，找到各自的发展方向和空间，在一个区域内尽量减少“同层竞争”“同质竞争”。另一方面，错位竞争鼓励不同学校选择并明示自己的高中教育质量观。此时，行政管理部门应采取措施，如鼓励学校制订各自发展规划，改革学校评价、办学经费拨款、制订招生与投入政策等，推动不同高中按自己的质量观办学并接受基于该质量观的绩效评价，为社会提供充分、全面的高中质量信息，帮助家长和学生理性选择学校，为每个孩子找到最适合他自己的普通高中教育。

(一)政府大胆赋权，发挥引导作用

教育行政部门应在正确认识自身角色的前提下，梳理现行运作的教育管理权限，充分认识高中阶段教育培养目标的重要性。教育行政部门大胆放权，减少统一要求，能够构建新型的教育行政部门和各个普通高中学校的权利与义务的关系，激发高中学校办学的积极性和办学活力，给各个学校广阔的发展空间。①

(二)创新教育管理理念，改善管理方式

在推进普通高中多样化发展过程中，教育行政部门应把相关政策的制定作为工作的重心。相关政府部门应积极思考以下问题：如何重新定位普通高中的培养目标；如何建立普通高中多样化发展的评估体系；如何制定学校多样化的特色教学内容等。这些问题既包括学校自身观念的改变，也包括教育行政部门和学校管理者观念的转变，政府作为引导者必须在推动教育管理思想转变的基础上切实发挥作用。与此同时，政府和教育行政管理部门应注意其职能的转变，扩大学校在办学特色、课程设置、学校内部人事管理等方面的自主权，尊重学校领导对学校未来发展的选择。②

---

① 王具宏：《普通高中多样化发展研究》，《教师教学能力发展研究》2018 年第 5 期。

② 王具宏：《普通高中多样化发展研究》，《教师教学能力发展研究》2018 年第 5 期。

(三)进一步扩大普通高中学校自主权

所有的学校如果没有一定的自主权，也就等于没有办学的活力和选择权。一所学校拥有独立自主权是多样化发展的关键。

教委主导、学院指导、学校主体。教委着重顶层规划和强化保障，建立了定点指导机制、联动实施机制和活动助推机制。学院着重专业支撑、科学谋划和有效推进。学校为责任主体，主动探索。实践证明，这样的体制机制，对推动区域高中课程改革，促进高中多样化发展是有效的。

市外专家＋本土专家＋区内教研员＋学校校长＋学校骨干教师整合联动是推动学校课程领导力建设的有效机制。这个机制中，学校多样化发展的主要动力源——学校多样化办学的主动追求被点燃、唤醒和激发。如辅仁中学课程实施中积极探索“分级分类”走班教学，牵动了学校整体课改。校长和核心团队成为课程领导力源泉，校长和核心团队越主动，专业资源越积极回应，课程领导力建设越扎实有效，多样化发展品质越高。

二、加强队伍建设，助推普通高中多样化发展

学校要有特色，教师就须有专长。一支有专长高素质的教师队伍是学校多样化建设的保障。在推进普通高中多样化发展中，必须加强教师队伍的特长培养。

高中校长从对高考质量的学习结果关注，开始更多地转向了课程(课程是学校教育教学、学校文化和团队管理的黏合剂)，教师的注意力更多地转向了课程开发与实施，教研员的注意力更多地转向了课程规划、实施和评价。校情、学情 SWOT 分析工具的引入，教育哲学的启蒙，课程规划、课程实施和课程评价理论普及和实践探索，促进了教育理性，基于事实，基于数据，基于研究来做决策越来越蔚然成风。南岸教育正走在追求价值理性和工具理性的道路上。在此过程中，一大批校长、骨干教师和教研人员的理论修养和实践能力得到提升，部分优秀校长、骨干教师和教研人员成长为本土专家。

三、落实办学机制，强化普通高中多样化发展

特色是多样化发展的基础，因此学校特色和多样化是紧密联系在一起的。学校作为推进多样化发展的重要载体，应当立足于本校学生的特性，结合当前学校自身的文化背景，进而打造出特色的办学理念和人才培养模式，从而实现学生的个性和能力的全面发展。

南岸区根据重庆市普通高中发展计划，基于区情、校情和学情的差异，精准分析，精心设计，明确区域普通高中差异化发展方向。不论是办学模式、培

养目标，还是育人理念、培养模式，不同的学校其价值的追求是不尽相同，存在较大的差异。区域根据这些差异因素，以学校的特色发展为切入点，以课程体系整体构建为核心，为区域普通高中发展精心设计了多样化发展的路径。从特色课程体系构建、特色课程基地建设、特色课程实施以及特色课程评价等多维度，为区域高中学校提供实践研究路径。各校根据区域的推进计划和研究指南，结合学校实际，申报并进行实践研究的专项课题有14个(其中申报立项重庆市高中发展促进计划“教育教学改革”专项课题立项11个)，研究范围涉及学校的办学模式、课程建设和学生评价等多方面，各具特点、各有特色。

表4-1　学校参与研究专项课题一览表

序号	课题	学校
1	重点高中构建大阅读校本课程的行动研究	重庆十一中
2	普通高中校本评价系统的开发与使用研究	重庆十一中
3	精品课程《生涯规划》实施研究	重庆二外
4	英语创新课程基地建设实践研究	重庆二外
5	高中学生综合素质评价研究	广益中学
6	基于知识社群的普通高中教师学习共同体建设案例研究	广益中学
7	区域高中多样化发展督导评估方案及指标体系研究	南坪中学
8	现代学校制度建设研究	南坪中学
9	普通高中“幸福教育班会课程”开发研究	南坪中学
10	《歌唱》精品选修课程实施研究	南坪中学
11	“双培扬长”课程建设与实施研究	辅仁中学
12	《高中生物技术实践》精品选修课程实施研究	辅仁中学
13	推进学生多元发展的综合评价和科学的评价机制研究	辅仁中学
14	普通高中生态课程建设的实践研究	长生桥中学

(一)学校管理者要转变教育观念，满足学生的个性化发展

现代社会的发展使其对人才的需求逐渐从单一标准化转向全面多样化，而近几年“以人为本”的教育理念也开始趋于流行，强调发展学生个性。因此，学校的发展应当从单一的发展模式转向具有自身特色的发展道路上来，避免“千校一面”的局面出现。这种转变首先需要学校管理者自身更新教育理念，积极探索出各具多样化的发展途径，形成有利于多样化发展的氛围。其次学校管理者尤其要处理好规范与特色化发展、面向全体和尊重差异性等方面的问题。

(二)积极探索分层走班制教学，体现因材施教的教学理念

由于学生在兴趣爱好、学习能力等方面存在差异，接受知识的能力也就有所不同，所以教师在教学过程中必须从实际出发，循序渐进，才能实现不同层次学生均学有所得。因此，现在高中都开始尝试走班制教学。所谓“走班制教学”就是指学科班级和任课教师固定不变，学生根据自己所掌握的知识的程度和对学科的兴趣，结合教师的建议，自主选择不同层次的班级上课。不同层次的班级其教学内容不同，作业和考试难度也不同。

(三)积极开展艺术特色教育

普通高中多样化发展可以通过开发一个符合学生兴趣需要的特色化的课程，当所开发出的课程能够满足学生的个人发展需要，并形成了区别于其他学校的课程体系，该学校就形成了属于自己独特的办学特色。例如，创建艺术高中、体育高中等这些“专门学校”也是形成普通高中特色办学的一种有效途径。

(四)重视校园文化建设

每一所学校的文化都是独一无二的，都包含了一所学校的文化底蕴和精神风貌，体现出了学校的办学水平和自身的魅力。学校特色化建设必须立足于学校自身的校园文化，将校园文化的继承与创新综合起来考虑，发掘学校的潜力优势，把以往的经验教训和优良传统融合到学校特色体系中去，促进多样化发展。在形成学校品牌效应的过程中实现科学内涵式发展，让学校的办学水平上升到一个新的高度，努力提升学校在社会中的知名度。

课程领导力统筹整合了相关教育资源和力量、课程阵地，家长、社区、高校、科研机构以及其他社会机构都成了教育资源的提供者。过去，教材是中学生的世界；现在，世界越来越成为中学生的教材。

互联网信息技术与教育教学整合越来越紧密，学生选课系统、学情分析系统、网上评课系统和网上阅卷系统已经得到推广，互联网＋教育教学的意识已经显著增强。云课堂、未来课堂的探索使教育的 O2O 模式(Online to Offline)初见端倪。

在区域多样化课程体系初步形成并积极实施下，区域各校高中学生学业水平和综合素养有了明显的提升，实现了区域高中培养模式的多样化。2017 年与 2016 年比较，高考成绩稳中有升，一流名校 48 人(其中清华北大 17 人，世界前 50 强高校 31 人)。2016 年、2017 年南岸区普通高考录取情况如表 4-2 所示。同时，在区域搭建了拔尖学生培养项目平台的作用下，数学、物理、化学和生物等学科全国奥林匹克竞赛中，我区学生均实现了省市一等奖零的突破，物理学科个别学生已经取得省一等奖降至一本线被清华录取的资格。近两年，

全区高中师生获国际奖12个，国家级一等奖27个，市级一等奖316个，在啦啦操、机器人、葫芦丝、小论文、小发明、管乐队、足球等方面均取得优异成绩。

表4-2 南岸区2016—2017年普通高考录取情况表

年份	文科		理科		艺术		体育		军飞	民飞	一本合计	本科合计
	一本	本科	一本	本科	一本	本科	一本	本科				
2016	419	475	1250	724	115	350	50	8	3	16	1853	3423
2017	473	480	1220	748	138	449	48	16	3	11	1894	3587

说明：1. 表中数据来源于南岸区教育考试中心；2. 表中数据为南岸区六所普通高中高考录取数据，不包括职教、特殊教育以及社会考生。

四、构建学校特色，推行普通高中多样化发展

一是学校发展实现了多样化。区域高中体制、机制逐渐完善，办学模式多样化日趋明显，形成了公办为主，公办+民办为辅的区域高中多样化发展模式，全区6所普通高中，其中5所是公办学校，1所是股份制民办学校，新的民办高中江南中学也逐渐形成中。

二是教师发展实现了专业化。自区域高中多样化发展项目推进以来，高中各学科教师参加重庆市优质课大赛先后有18人次获重庆市一等奖，有18节优课获教育部一师一优课部优，有213篇论文获重庆市及以上大赛一等奖等非常优异的成绩，展现了南岸整体实力。

三是辐射引领实现了多极化。南岸区高中办学效应辐射引领不断加大，一年多来，分别接待了60多次市内外高中学校学习考察团，尤其是辅仁中学的分层分类走班教学模式和重庆十一中的大阅读项目等。还接待了福建省各个学科教学骨干和教研员团队对我区课程领导力建设跟岗学习团队。

五、推进高考改革，促进普通高中多样化发展

建立多元录取机制和评价机制是当前我国高考制度改革的一项重要内容。而推进普通高中教育多样化发展则是指导高考改革的政策指向，二者之间紧密联系、相互促进。让学生通过自主选择实现其个性化发展，这是素质教育的本质要求，也符合当今社会对人才多样化选择的需求。建立多元录取制度对学校多样化发展具有积极、正面的引导作用，能够促使其建立多样化的综合评价体系。

通过前期扎实有效的研究，南岸区课程领导力建设在全市的影响力较为明

显，每一所中学都有自己的教育哲学和课程规划体系，课程与办学目标逐渐契合，具有“独特的学校文化、鲜明的办学特色、丰硕的育人成果、较高的办学品质”的特色普通高中学校正在形成。一是课程基地建设成效显著。区域高中成功申报了四个重庆市高中课程创新基地，分别是重庆二外英语课程创新基地、重庆十一中语文课程创新基地、广益中学地理课程创新基地、南坪中学音乐课程创新基地。二是精品课程建设卓有成效。成功申报了十六门市级精品选修课程，详见表 4-3。在认真领会《重庆市普通高中发展促进计划》基础上，制订《南岸区普通高中发展计划》。

表 4-3　南岸区市级普通高中精品选修课程开发统计表

序号	年度	学校	类别	课程名称
1	2015 年	四川外语学院重庆第二外国语学校	社会实践	中学生生涯规划
2	2015 年	重庆市第十一中学校	兴趣特长	数码魔法之 PS
3	2015 年	重庆市南坪中学校	兴趣特长	歌唱
4	2015 年	重庆市辅仁中学校	知识拓展	高中生物技术实践
5	2016 年	重庆市广益中学校	社会实践	公众考古
6	2016 年	重庆市长生桥中学校	职业技能	池塘养鱼技术与鱼骨画创作基础
7	2016 年	重庆市南坪中学校	兴趣特长	啦啦操
8	2016 年	重庆市辅仁中学校	兴趣特长	黑白木刻
9	2017 年	重庆市长生桥中学校	职业技能	校园微剧创作与表演
10	2017 年	四川外语学院重庆第二外国语学校	知识拓展	英语故事悦读
11	2017 年	重庆市广益中学校	知识拓展	中华典籍整本阅读
12	2017 年	重庆市南坪中学校	知识拓展	英语视听说口语课程
13	2018 年	重庆市第十一中学校	社会实践	中学生社团领导力
14	2018 年	重庆市南坪中学校	社会实践	五色重庆——考察探究生活中的地理
15	2018 年	重庆市第十一中学校	兴趣特长	微电影创作
16	2018 年	四川外语学院重庆第二外国语学校	知识拓展	中华文化经典精选深度阅读

第五章 课程领导力推进区域普通高中多样化发展的路径与策略

普通高中多样化发展已经成为世界各国高中发展的趋势和共识。我国《国家中长期教育改革和规划纲要(2010—2020年)》指出:“推动高中多样化发展,推进培养模式多样化,满足不同潜质学生的发展需要。”这就明确指出了今后普通高中多样化发展的基本方向。这也是中国对推进与完善基础教育阶段中最重要、最关键的目标定位。千人同面的普通高中教育模式已经不再适应新时代发展需要,更跟不上世界发展趋势,所以我国渴望高中多样化发展,展现出费孝通先生描绘的美好画面——“各美其美,美人之美,美美与共,天下大同”。

世界各国高中的多样化发展,一定都是以多样化的课程建设为基础和前提的,以构建高度丰富性、选择性、层次性、跨主题和模块化的课程为路径,为普通高中多样发展提供保障。学校处处皆课程,课程处处蕴文化。多样化发展的普通高中教育的支撑力是学校多样课程建设力、领导力。本章详细介绍了从近年来区域探索课程领导力推进区域普通高中多样化发展实践中总结而来的发展路径和策略。

第一节 课程领导力推进区域普通高中多样化发展的路径

长期以来,我国高中教育发展存在一定的问题,如办学模式单一,学校缺乏办学特色等。这些问题不利于学生全面发展,也不能适应社会对于多样化人才的需求。《国家中长期教育改革和发展规划纲要(2010—2020年)》提出:“推动普通高中多样化发展。促进办学体制多样化,扩大优质资源。推进培养模式多样化,满足不同潜质学生的发展需要。”这意味着普通高中教育多样化发展已经成为教育改革未来发展目标和核心任务。

2012年,重庆市南岸区成为教育部深化教育综合改革示范试验区。区域以实施课程领导力建设项目为契机,挖掘地方优质资源和学校特色,打造优秀教师团队,成就学生个性发展,创造学校特色品牌课程,形成学校特色文化,激活了每一所学校的课程意识与课程领导力，推进了南岸区教育优质均衡发展，促进了区域携手共寻发展路径与策略。

一、明晰区域理念，定位学校发展

清晰的区域教育理念，明确的学校定位和发展方向是普通高中多样化发展的基础。一是基于区域教育理念，明确区域内各学校的定位。建立起以公办高中学校为主体，公办高中和民办高中共同发展的办学体制，实现普通高中办学主体的多元化。形成了以政府办学为主体、全社会积极参与、公办教育和民办教育协调发展的多元化办学格局。二是基于基本校情，明确学校发展方向。建立“区域统筹，以校为主”的普通高中教育管理机制。区域根据学校的规模、基础、历史文化、优势项目，通盘考虑区域内学校的定位与特色，优化普通高中资源配置，引导学校“错位竞争，共同发展”的特色高中建设。

重庆市南岸区基于以“书香南岸，幸福教育”为愿景的育人体系，将学生核心素养的培育作为课程改革的首要任务，以学校课程领导力建设为切入点，推进区域普通高中多样化发展，实现区域普通高中质量的提升，而对区域进行统一的规划和引导是区域普通高中多样化发展的基础。

(一)顶层设计，明晰区域发展战略

为了促进区域普通高中形成多样的办学格局，不再局限于以升学为目的的办学，而是真正实现学生的全面多元发展，真正满足社会所需的多样化人才，区域对区域内各个学校进行统一规划和引导，积极推进普通高中多样化、特色化发展。课程领导力建设是一所学校校长办学理念的体现，区教委组织召开了学校课程领导力建设审评答辩会、开展学校课程领导力建设“论道活动”，不断提升区域内各个学校校长对课程领导力的认识和理解，全面启动和分层推进项目研究，促使各学校对自身进行科学定位，根据自身实际发展状况制定科学合理的办学理念与培养方式，丰富学校内涵，在众多学校中找寻自身竞争优势，明确自身的定位，尽可能地从一定程度上提升学校的竞争实力。

为了促进区域内学校类型多样化，引领学校清晰自身定位，南岸区积极组织各类教育专家统筹指导各级各类学校深入开展 SWOT 校情学情分析，推进学校对自身情况进一步的剖析，深入提炼、挖掘学校教育哲学。借鉴各地普通高中多样化发展经验，结合区域自身特点，南岸区鼓励各学校根据自身情况，落实办学定位，明确办学目标。学校对自己办学定位和办学理念也有自己的特色。比如，重庆十一中提出力争在“十三五”期间把学校办成基础教育领域重庆一流、全国知名、走向世界的巴渝名校；重庆二外提出办一所全国一流的外语学校；广益中学提出增广学行，益国利民。

【案例1】

重庆市第十一中学校的课程理念和办学定位

作为有着悠久办学历史的一所百年老校，重庆市第十一中学校自创办时期便树立"启智育民、兴学强国"的办学追求，形成了"博文修德、精益求精"的办学理念，在新时期更是形成了精勤不倦的教师工作作风。推行"以块为主，条块结合"的现代管理模式所形成的教师队伍的特色魅力是重庆十一中呈现给社会最好的品牌。

"博文修德"，主要是指学校对师生员工人格素质的目标期待，即要让教师是品德高尚、知识渊博、业务精良、德才兼备并体现重庆十一中文化特色的教师，让学生是有理想、有道德、有文化、有纪律的全面发展并体现重庆十一中文化特色的学生。

"精益求精"，主要是指学校对师生员工工作、学习等行为的目标期待，即要让学校的每一位成员(师生员工)，都树立"精益求精、追求卓越、没有最好、只有更好"的思想观念，无论做人还是做事，都严格要求自己，认认真真做好每天的每一件事情。

例如就教师而言，关爱学生、引导学生、调动学生、备课、上课、布置与批改作业、辅导学生、教育教学反思等，每一个环节都要认认真真、精益求精，努力做到让每一个学生在原有基础上得到最大程度的全面而有个性的发展；对学生而言，预习、听课、记笔记、完成作业、复习、考试、参加各种活动等，每一个环节都要认认真真、精益求精。"博文修德"与"精益求精"是一个整体，是相辅相成不能割离的。

2013年，学校抓住教育部课程中心"重庆南岸教育综合改革示范实验区"项目的契机，切实推进课程领导力建设，积极探索学生核心素养的内涵、培养途径与方法，基于国家对人才的需求和学生适应未来发展的需要，结合对我校百年校训的现代解读，重庆十一中提出了培养"有人文素养、科学素养、创新素养的家国栋梁"的育人目标。家国栋梁包含三个层面：大部分人成为现代公民(适应社会发展所需要的人)、少部分成为社会精英(促进社会发展所需要的人)、极少数人成为国家栋梁(引领社会发展所需要的人)。

【案例2】

重庆市长生桥中学校课程理念和办学定位

重庆市长生桥中学校是一所具有近80年办学历史的普通高完中学校。高中生源在南岸区为较低层次的阶段，为满足学生个性发展需要，学校借课程领导力建设契机，梳理学校办学思路和需求发展路径。近年学校通过对课堂教学现状调查与深度分析，发现课堂教法生硬死板、知识权威单一、课程不够丰富、教师开发课程的能力不足等现象普遍存在。为改变课堂教学生态，构建新型课程文化，学校开展了课程领导力建设探究实践，以期通过课程建设改造学校。

20 世纪美国著名实用主义教育家杜威提出："教育即是生长，除它自身之外，并没有别的目的，我们如要度量学校教育的价值，要看它能否创造继续不断的生长欲望，能否供给方法，使这种欲望得以生长。"

"教育是生长"，寻根溯源，该论点是由法国 18 世纪伟大启蒙思想家、哲学家、教育家卢梭基于"自然主义"教育思想提出的。卢梭倡导"归于自然"，所以才有了教育是"生长"的判断，因为"人是自然中的人，也应在自然中生长"。卢梭是想通过这一论断告诉世人，教育首先要关注人，其次要研究人的自然成长规律，进而遵循人的身心发展规律。

杜威继承了卢梭的"天赋自然生长"理论，他认为："生长是自然的过程。"认为人的生长，无论身体的生长还是智力和道德的生长都是内发的，即以天赋的本能为基础的，而不是外铄的。生长就是天赋本能的继续发展，生长有着它自己的规律。显然杜威和卢梭一样都强调儿童的发展应遵循其自然的、内在的成长规律。

杜威提出生长论，要求使儿童得到充分的发展，要求建立新兴的师生关系，要求尊重儿童，要求教师参与学校的管理。表达了一种新的教育观和发展观。教育与生长的目的在于过程自身，生长是一个持续不断的过程，没有终极目标，是机体与环境相互作用的过程和结果。生长论要求尊重儿童，使一切教育和教学合乎儿童心理发展水平的兴趣和需要的要求。

为此，长生桥中学提出"生活教育感悟人生意义·多元启智提升人生价值"办学理念，"构建基于核心素养的生长课程，让学生生长在学习的正中央"的课程改革新思路。

（重庆市长生桥中学校　刘剑）

（二）课程育人，定位学校发展方向

高中阶段是人奠定主要的知识和能力基础，形成强健体魄和健全人格，培养正确的人生观、价值观和世界观的关键期，也是培养人的创新精神和实践能力的关键期。《普通高中课程方案》中指出，普通高中的任务是为学生的终身发展奠定基础。社会发展对人才需求的多样化就要求了高中教育应该为学生多样化的成长和发展提供多样化的教育，为学生健康、全面而富有个性的成长奠定基础，提供空间。南岸区基于南岸区城乡二元结构、教育发展不均衡的教育现

实，建立了教育改革的理想和信念，从片面追求分数、升学率向“立德树人”根本任务转变；从由单纯关注知识传授向关注全员、全程、全方位育人转变，明晰了“课程育人”的价值追求。因此，为了推进区域普通高中多样化发展，南岸区首先在思想方面对区域内各个高中发展改革方向进行引领，加强普通高中革新课程育人理念，明确培养目标，调整发展策略。

南岸区希望通过普通高中办学模式的改革，办学体制的创新来推动区域普通高中多样化、特色化发展，力求形成南岸区普通高中多样化办学模式。区域通过专家引领，校长培训，引导学校根据校情分析，依据校情实际，建立基于学生发展需求为中心的课程发展目标，调整学校发展战略。

在教育现代化的背景下，区域通过提高学校管理者和教师的课程育人意识，引导学校建立学习型组织团队，以团队促工作，以工作引领教师发展，促进他们在教育理念、教育素养、专业技能方面的提升与发展，从而实现调整学校发展战略的转变。教师作为课程实施的活动主体，决定着课程教学的过程和效果，关系到教育事业的兴衰成败。因此，立足于学校发展，探索构建学校课程体系、提升教师课程育人意识，转变学校发展战略尤其重要。各学校依据办学理念、办学目标，基于学校的文化传承，用心优化和整合国家课程、地方课程，全力对学校的特色课程进行开发，有效建构了学校课程体系。如重庆十一中的“栋梁”课程体系、重庆二外的“责任”课程体系、南坪中学的“幸福”课程体系、广益中学的“学行”课程体系、辅仁中学的“双培扬长”课程体系和长生桥中学的“生长”课程体系等。

一所普通高中的发展史，一定是其课程发展创生史。在深入开展SWOT校情学情分析的基础上，为了促进各个学校特色课程体系架构工作的推进，区域要求学校将课程规划的关键内容用“四图两表”进行可视化呈现，通过对学校课程进行顶层规划，明确学校发展的方向。各个学校根据自己的历史传统、办学特色和前沿领域内容，开设多样化的校本课程，并确保校本课程体现学校的办学特色，保障学生兴趣特长得以培养。

各高中梳理并完善了学校的教育哲学。如重庆十一中的“博文修德，精益求精”、重庆二外的“坚韧不拔，追求卓越”、广益中学的“增广学行，益国利民”、南坪中学的“幸福教育，美丽南中”、辅仁中学的“辅人成才，办适合学生个性发展的教育”、长生桥中学的“生活教育感悟人生意义，多元启智提升人生价值”等教育愿景。学校教育哲学的建构体现了育人目标、教育愿景和办学目标的完美结合，为实现课程建设立了本、寻了根。

【案例 1】

重庆市辅仁中学校

重庆市辅仁中学校将“辅人成才，办适合学生个性发展的教育”明确为学校发展的方向。这所有着 77 年历史沉淀与底蕴的学校，在近年来的发展中，坚持立德树人，明确了自己对学生的培养目标是培育具有辅仁“烙印”的“六有”人才。即培育有广博的仁爱之心、有强烈的社会责任感、有扎实的文化基础、有多种的生活技能、有较高的艺体素养、有独立的创新精神的现代公民。为学生的终身发展和幸福生活奠基。学校的教育理念是“辅人成才，辅材成仁”，即致力于提升学生优秀的智能和体能，培育具有多方面才华才干、才能才艺和高尚道德与品质的人，使辅仁学子能够正确对待自己，对待他人，对待社会，对待自然。因此，围绕立德树人，如何实现辅仁学子才、艺、德、体全面而有个性的发展是学校努力的方向。

【案例 2】

重庆市第十一中学校

基于育人目标和校情、学情的 SWOT 分析，在总结学校多年的课程改革实践、整理过去积累的课程资源、反思过去开发的校本课程的基础上，经过全方位的论证，重庆十一中重新规划了学校课程体系，完善了课程结构，从课程结构的角度分为基础课程、拓展课程、精英课程三级。基础课程即为国家规定的课程；拓展课程则以校本课程为主体，包括修德课程、博文课程、健康课程、艺馨课程、启智课程和“大阅读”特色课程，共六大类 80 余门课程；精英课程包括大学先修课程、学生自治课程、领导力课程、创客课程、学科竞赛课程、高水平艺体人才培养课程共六大类 20 余门课程。从课程功能的角度，三级课程均涵盖了对学生三大素养即人文素养、科学素养、创新素养的培养，彰显了学校“自主管理、自主育人”的“主体教育”办学特色。课程体系的建构，为实现育人目标提供了重要的载体。

（重庆市第十一中学校　袁森）

二、建设特色课程，凸显办学特色

课程是学校一切教学活动的重要载体，丰富的课程是普通高中多样化发展的重要依托，是学校特色发展的重要体现，也是学生全面发展的重要路径。学校应该依据自身特点及文化、学生背景及学情，明确学校发展的方向，清晰学校育人目标，建构丰富的课程体系，研发富有学校特色的校本课程。然而由于缺乏明确的思路与有效的支持，南岸区大多数学校课程育人的顶层设计不明确，忽略学校课程规划与实施的育人理念、育人价值的厘清，更缺乏有效的实践路径和实施工具，课程领导力相对比较低下，学校课程育人目标不清晰，效能不高。

因此，南岸区教委为每个学校配置专家或教研员驻点跟踪，对各学校进行有针对性的培训，为进一步在学校层面落实多样化发展奠定了基础。区域派遣专家引领各个学校编制课程规划，构建学校课程体系，规划课程实施，在确保课程基础性的同时，扩大课程的选择性，为不同潜力的学生提供了多样化的课程内容，为区域普通高中多样化发展提供了前提条件。

(一)厘清课程理念，引领育人目标

推进普通高中多样化发展是遵循教育规律及人才成长规律的体现，也是推进素质教育，提升区域高中整体发展水平的体现，更是注重学生差异，尊重学生选择，促进学生全面发展的必然要求。推进普通高中多样化发展，不仅在区域层面，做好区域学校发展定位，还应该在学校层面注重特色发展，基于学校校情，保障学校育人目标的多样性。如重庆十一中围绕"家国栋梁"目标开发的精英课程、重庆二外围绕"未来领袖"目标开发的领袖课程、南坪中学围绕"幸福学子"开发的幸福素养课程、广益中学建设的五益课程、长生桥中学开发的生态课程等。

(二)建构课程体系，丰富育人载体

实现普通高中多样化发展的核心是构建多层次、有特色、可选择的课程体系，推动学科特色课程基地建设，用丰富的特色课程支撑普通高中特色发展。区域鼓励各个学校通过申报项目进行特色办学探索，对不同高中多样特色办学的需求，给予专项经费，派遣不同的专家学者进行指导，保障各个学校课程体系架构，促进学校特色化发展。

【案例 1】

四川外语学院重庆第二外国语学校

表 5-1 重庆二外教育哲学体系

办学理念	坚韧不拔　追求卓越
办学目标	办一所全国一流的外语学校
校训	荣誉　责任
培养目标	行业领袖　社会精英
教风	爱生　敬业　专业
学风	勤学　善思　活泼
宣传语	走进二外　走向世界

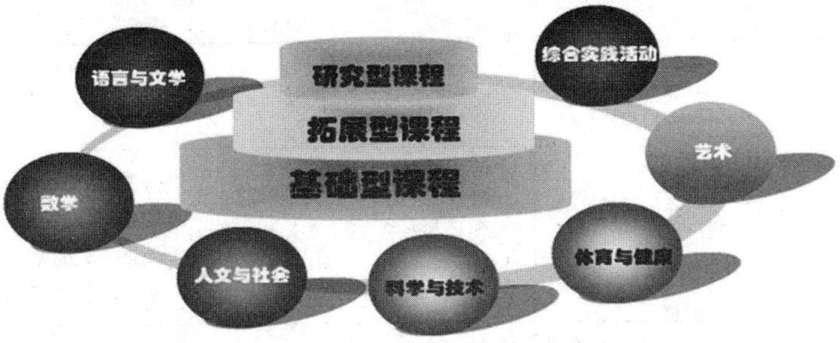

图 5-1 重庆二外课程立体结构图("责任"课程)

表 5-2 重庆二外课程一览表

课程功能 / 课程内容	基础型课程	拓展型课程	研究型课程
语言与文学	语文、外语(英语、日语、俄语、西班牙语、法语)	名著赏析课程、典范英语课程 新概念阅读课程、初高中英语衔接课程 经典外文歌曲赏析、经典外文电影欣赏与评论 经典美文欣赏、外语经典小说阅读与赏析 国学课程、南麓书院赋专题研读 初高中衔接语文、英语课程	德、法、日、西、俄小语种选修课程、英语故事"悦读"课程 SM1 课程、SM2 课程、托福课程、雅思课程、国际部 AP 课程、国际部 SAT 课程 "南麓讲坛"课程、英美文化简介、中国文化、美国文学课程 中外名著课本剧课程、新概念作文课程、清北等世界名校自主招生课程
数学	数学	初、高中数学学科能力展示课程 初高中数学衔接课程	数学学科众筹课程、"南麓讲坛"课程 雪松课程、清北等各界名校自主招生课程
人文与社会	思想政治、历史	学校发展史专题讲座 社会主义核心价值观主题研讨与践行	考古与文化遗产保护课程 "南麓讲坛"课程
科学与技术	地理、物理、化学、生物 信息基础、通用技术	制作类活动(制造飞机模型、机器人) 社会实践活动系列课程 设计类活动课程 初高中理化衔接课程	试验类课程(飞机模型飞行实验、机器人大赛) 科技创新人才培养课程 重庆雏鹰计划课程

续表

课程功能 课程内容	基础型课程	拓展型课程	研究型课程
体育与健康	体育与健康	足球、篮球、排球、网球、武术、羽毛球、乒乓球初阶课程	特色体育课程 啦啦操、健美操、篮球高阶课程 武术高阶课程
艺术	音乐、美术	书法、国画、素描、彩绘、油画、剪纸初阶课程 民族舞、拉丁舞、街舞、乐器初阶课程	艺术史论课程、特色艺术课程
综合实践活动	主题班会系列课程 主题活动系列课程 规划类活动课程（生涯规划）	心理健康教育课程 重大纪念日教育系列课程 校园文化活动系列课程 珍爱生命、自救生存技能活动系列课程 养成教育系列课程 法制教育、安全教育、公德教育课程 “子秀”课程 领导力课程（模联社活动课程）	体验类活动课程 参观类活动课程 特色行为规范课程 特色社区服务课程 学生社团课程 沙盘游戏与心理干预课程 哈佛、麻省理工暑期游学课程 日韩、欧美、新加坡游学课程

【案例 2】

重庆市辅仁中学校

为提升南岸教育的课程领导力建设，助力推进区域普通高中多样化发展，重庆市辅仁中学校自 2014 年初起，进行了致力于学生全面而有个性发展的“双培扬长”课程改革。

学校首先对学情、师情和校情进行了 SWOT 分析，经过系统梳理发现：辅仁中学的学生知识面广，对新鲜事物敏感，对发展的需求呈现出多元化、个性化特征；辅仁中学的学生思维活跃，体艺等潜质优良，但未能得到有效开发。

面对现实，学校把构建“适合学生发展需求”的课程作为突破口，立足学校实际，以问题为导向，以学生需求为目标，进行了课程改革。改革伊始，组织对学校教育哲学开始了自上而下、自下而上的循环讨论。通过 9 次教职工全员讨论、3 次全员问卷调查，针对问卷调查的结果，又组织多次分类讨论、并经过 6 次专家论证。在继承的基础上，形成辅仁中学教育哲学。

培养目标：培养“博爱心、有文化、会生活、高素养、勇创新”的现代公民。

博爱心：有广博的仁爱之心和担当精神。

有文化：有扎实的文化基础和学习能力。

会生活：有积极的生活态度和生活技能。

高素养：有较高的艺体素养和身心素质。

勇创新：有独立的创新精神和发展能力。

教育理念：辅仁成才，办适合学生个性发展的教育。

办学目标：办质量优异，特色鲜明的示范学校。

在学校教育哲学的指引下，辅仁中学以学生需求为目标，以学生学习思维类型为依据，经过不断的探索实践，最终形成了“双培扬长”的课程体系。“双培”指的是“培基”与“培特”，即设置“培基课程”与“培特课程”。“培基”即设置学科课程、实践课程，培养学生基本道德素质，基础文化知识，基础学习能力。“培特”即设置拓展课程、特长课程、探究课程，培养学生特有兴趣爱好，特长技能技巧，特长综合素养。“扬长”：在“双培”的基础上，扬学生道德仁爱之长，文化底蕴之长，创新意识之长。

（重庆市辅仁中学校　刘政）

（三）建设特色课程，实现育人多元

为了促进区域普通高中多样化发展，提高课程的多样性和选择性，满足不同类型学校不同学生的发展需求，南岸区大力推动普通高中课程改革，倡导学校进行必修课程校本化改革，积极开发多样化选修课程。

【案例1】

重庆市第十一中学校“主题阅读”课程

重庆市第十一中学校倡导积极开发“主题阅读课程”，树立正确价值观，为学生幸福人生导航。学校的“大阅读”的“大”强调目标的远大，即站在学校育人目标的高度，充分发挥阅读的育人功能，形成校园“大阅读景象”。学校积极开发图书馆阅读课程，根据各年级学生成长阶段、心理特点以及学校育人目标的需要，整合图书馆资源，每周专门划出一节图书馆阅读课，开展不同年级的主题阅读。整理出初一到高三的“青春做伴好读书”阅读主题序列：阅读主题：初一“成长与感恩”，初二“自然与生命”，初三“文化与生活”，高一“人物与心灵”，高二“历史与哲学”，高三“超越与梦想”。根据这些不同的主题，进行书目推荐。由此，形成一个有导向、有梯度的主题阅读序列，以此作为学生主题

阅读的依托。让学生拓宽阅读视野，在阅读过程中更有效地构建自己的人生观价值观，实现价值引领，进行精神建构，塑造主体人格，成就家国梦想，导航幸福人生。

（重庆市第十一中学校）

【案例 2】

重庆市长生桥中学校“池塘养鱼技术和鱼骨画创作”课程

重庆市长生桥中学校地处南岸区城乡接合部，在南岸区 6 所普通高中之中我校是唯一一所非重点普通高中，学生的学习基础较为薄弱，部分学生高中毕业之后就会面临就业问题。因此，学校开发了“池塘养鱼技术和鱼骨画创作”校本选修课程。该课程成功申报了 2016 年重庆市普通高中精品选修课程。本课程将校园环境开发为课程资源，以生物教师为基础，优化整合美术、历史、政治、英语、物理等学科教师资源，通过将鱼类养殖技术与鱼骨画艺术创作相结合，将二者有机地融为一体，建设成为一门复合型职业技能类选修课程。本课程计划分三个学期完成，在高一年级完成“模块 1 池塘鱼类养殖技术”的教学；在高二年级上期完成“模块 2 鱼骨画创作基础”的教学。“池塘养鱼技术与鱼骨画创作基础”作为高中校本选修课程之一，是对国家课程和地方课程的重要补充，使学生学会池塘鱼类养殖的基本技术；知道如何诊断和防治常见鱼病；学会制作鱼骨画的创作原理和方法。更重要的是，本课程通过学生养殖池塘鱼类过程，培养了学生理性思维和科学探究等生物学科核心素养；通过学生创作鱼骨画，培养了学生的艺术感知、审美情趣、创意表达等艺术学科核心素养，为学生未来职业技能的进一步发展奠定基础。

（重庆市长生桥中学校）

三、变革教育观念，探索育人路径

为了促进普通高中多样化发展，提高课程的选择性和多样性，满足不同学生的教育需求，南岸区大力推动普通高中课程改革，在积极促进必修课程的再度开发以及选修课程的开发的基础上，关注课堂，改革课堂，但又不局限于课堂，大力推进在课程实施上的革新，积极探索多种育人方式及路径。为改进课堂教学，南岸区教委出台《南岸区教育委员会关于进一步加强中小学学科建设的指导意见》(南教发[2008]3 号)，将区域课程改革的重点定位在转变学生学习方式和教师教学方式上，以试点学校为主体，分步推进，探索课堂教学改革，初步形成了各校课堂教学基本范式。由点到面的试点推进方式，为区域整体推进课程育人奠定了基础。

(一)转变育人观念，落实课程育人

课程是助力学生成长的跑道。课程领导力是引领学生需求发展和学校特色发展的关键力。为了提供有效的制度供给，南岸区积极探索与普通高中多样化发展相适应的组织形式和管理制度，以学校样本先行先试作为突破口，推动普通高中多样化发展。首先，区域改革中考招生制度，扩大特长生的招生计划与学校的特色项目，完善不同特长学生考评标准及录取办法，扩大普通高中招生自主权。其次，在学校样本的先行先试中，机制体制的变革也在逐步进行。对各种不同生源和不同培育目标定位的学校给予不同的管理要求和考评机制。此外，为了不断适应高考制度改革，通过改革和完善不同学生的“引入”“分流”及“出口”推动普高特色发展。

【案例】

重庆市长生桥中学校

重庆市长生桥中学校系重庆市普通联招学校。学校创办于1942年，七十余载的革故鼎新和睿智求索，积淀了丰厚的文化底蕴，为国家和社会培养了我国第一颗人造卫星专家郝永辉和当代杰出中青年科学家刘庆为代表的杰出人才。在区域其他几所都是市重点中学的情况下，长生桥中学以其独特的形式存在，对于弥补区域普通高中的缺位，以及满足有相当数量的社会群体子女的入学需求，发挥了极其重要的作用。

近年来，学校尊重教育规律和孩子的成长规律，坚持走内涵发展之路，教育教学质量稳步提升，办学特色日益凸显。初中虽然对口招收城南家园公租房的孩子，但学校正视现实，深入研究，努力探寻流动人员子女的教育方法，教育教学质量一年一个台阶，现如今已突破瓶颈。学校实施高中发展促进计划，以课程建设为切入点，不断深化课改，致力于特色高中建设，高中学生一进学校，学校根据每位学生的不同特点，量身定制地做好生涯规划，三年后，每个学生都能升入不同高等院校。2018年，一位学生考入北京体育大学，30多位同学考入川美等艺体院校，半数以上的同学考入本科院校。

长生桥中学是一所体量较大的公办校。随着区域经济和社会的迅猛发展，老百姓对优质教育的渴盼愈加强烈，长生桥中学高质量、高品质的发展显得尤为重要。受政策限制，学校原有招生渠道单一，生源质量无法得到保障，学校的思考是：积极争取政策的支持，保障学校高中生源的丰富性。鉴于学校发展思路的确立，着力建设适合学生个性发展的课程体系，满足学生多元发展的需求。学校也将不断探索出符合学校生源结构和发展需要的管理机制和考核标

准。学校除了在文化类学生培养的基础上，大力拓展艺体类学生的培养渠道，使每一个学生在成长的道路上找到自己准确的定位。

（重庆市长生桥中学校　袁道林）

(二)改变教学生态，注重个性发展

课程领导力是教师创新课程，满足学生成长需求而施教的综合体现。普通高中多样化发展也对课堂教学提出了挑战。不可否认的是，成绩和升学率为评价标准的教学理念根深蒂固，教师的教学方式也主要是用于最大限度提高学生成绩，这对学生的全面发展产生不利的影响。因此，改革课堂，探索不同的教学模式，改变课堂教学生态也迫在眉睫。如何进行课堂教学转型？如何真正改变课堂教学生态？辅仁中学的“分层分类”走班教学或许能提供参考。

【案例 1】

重庆市辅仁中学校——“学生走起来”

为了尊重和满足个性差异，实现个性发展，重庆市辅仁中学校实施了“分层分类走班教学”。

分层走班：一是层级划分，即高中分三个层级走班；二是选层依据，即学业水平、发展意愿、教师评估；三是管理特点，即使行政班级管理与学科班级管理相结合，班主任管理与学科导师管理相结合，学校管理与学生自治相结合；四是学习特点，即组建学科班级，成立学科学习小组，自主、合作、探究。目前呈现的形式是：一门学科多个层次；一间教室多块牌子；一名学生一张课表。

分类课走班：年级统一分类，课程开发引进，学生自主选择，教师内兼外聘，课堂规范有序，重在过程评价。目前呈现的形式是：一门学科多个类别；一位教师多种技能；一名学生多种选择。

在辅仁中学，同一个知识点不同层级学生需要掌握的程度不同。最低的一级学生只需要熟悉掌握基本知识，二级学生要运用知识点解决问题，最高级的三级学生则需要联系实际进行拓展，这对学生接受能力、思维能力和创造能力有更高的要求。

“我们在一期课改基础上完成了新一轮的课程规划构建，建设了高中政治、英语等 5 个精品课程。”辅仁中学课程中心相关负责人介绍，接下来，将开发供不同层次学生学习的资源和教材体系，出台对不同层次课堂国家课程标准的解读，让分层分类走班教学更加完善。

【案例 2】

重庆市南坪中学校——“学本课堂”

重庆市南坪中学校大力推进新课改，积极探索小组合作学习，鼓励学生自由表达，自主思考，学习方式也变得丰富多彩。教学方式的改革让学生从“苦学”变成“乐学”，享受到学习的快乐，而在这个过程中，学生的学习能力大大提高。“我们尊重学生个性，推行差异化教学，探索高效课堂教学模式，为学生的多元发展提供各种可能的平台。”

在区域推进普通高中多样化的进程中，南坪中学开始进行“学本课堂”行动研究，实践和创新“学本课堂”教学。“学本课堂”是以问题为主线、以评价为主要手段、以团队学习为平台的问题教学模式。

在课堂组织形式中，“学本课堂”是一种充分发挥团队优势，以小组合作为特征的团队学习机制。在这种新的学习机制中，人人承担相应的社会化角色，人人都是学科长，课课都有“领头雁”，小组长、学术助理、主任助理，各司其职，各尽其责，各自发挥角色职能和作用。

“发现问题、生成问题、解决问题，学生是整个教室的主人。”物理老师白亚娟介绍，学本式课堂是循序渐进地引导学生，调动和挖学生的潜能，把舞台交给学生，让学生先学、先试、先尝，学生不再像一台没有发动机的车子让人往前推着走，而是依据自身发展自觉向前行进。

“以前，我们总是不停地在课堂讲自认为重要的东西，我们讲得很多，我们很累，但孩子们却不怎么爱听。”从那种灌输教育方式走过来的语文教师陈小杨说道：“那不是学生需要的。如今，学校进行课堂教学改革，让我们能更科学地分配时间。现在学生学的是他们问题所在，困惑所在，并通过这种学习，一天天进步，从他们自信微笑的脸上，我们找到了职业的幸福感。”

“我们的问题、意见、想法在课堂上互相交流，有些观点还得到认可、推广，不管对与错，我们感觉自己得到了尊重，在课堂上我们找到了存在感。”学生李婧说。“很明显的变化就是老师不会得咽炎了。”白亚娟说，“老师不再在时间和汗水的堆积中苦苦挣扎，而是科学加智慧去引导学生。”

“把知识问题化”，学校教师发展与课程建设中心王太凤介绍，学本课堂根据每个知识点按照难易关系，罗列问题，开发问题工具单，引导学生对照工具单解决问题。学校实施学本课堂一年来，逐步实现了学习目标、学习流程、学习组织形式、学习工具、学习评价、课型、展学、学习方法、自主学习、学习空间的结构化创新。这种课让学生、老师都有收获。

(三)转变育人方式，探索培养模式

区域要求各个学校紧紧围绕“立德树人”这一中心任务，积极转变育人方式，不拘泥于课堂，不断强化第二课堂育人功能，充分发挥第二课堂在学生多样化发展中的重要作用，以社会主义核心价值观培育为核心，以多样化特色化发展为重点，以各级各类学科竞赛，社会实践项目为支撑，以丰富校园活动为依托，促进学生全面发展。南岸区课程领导力建设在全市的影响力较为明显，每一所中学都有自己的教育哲学和课程规划体系，课程与办学目标逐渐契合，具有“独特的学校文化、鲜明的办学特色、丰硕的育人成果、较高的办学品质”的特色高中学校正在形成。一是课程基地建设成效显著。区域高中成功申报了四个重庆市高中课程创新基地，分别是重庆二外英语课程创新基地、重庆十一中语文课程创新基地、广益中学地理课程创新基地、南坪中学音乐课程创新基地。二是精品课程建设卓有成效。成功申报了十三门市级精品选修课程。

表 5-3　南岸区市级普通高中精品选修课程开发统计表

序号	学校	重庆市精品选修课程名称	数量
1	重庆十一中	数码魔法之 PS	1
2	重庆二外	中学生生涯规划	2
		英语故事悦读	
3	广益中学	中华典籍整本阅读	3
		公众考古	
		智能机器人	
4	南坪中学	歌唱	3
		啦啦操	
		英语视听说口语课程	
5	辅仁中学	高中生物技术实践	2
		黑白木刻	
6	长生桥中学	池塘养鱼技术与鱼骨画创作基础	2
		校园微剧创作与表演	

四、建立评价体系，提升育人质量

评价激励制度的改革是形成普通高中多样化发展长效机制的关键，只有把各普通高中特色、多样化发展的成果纳入评价激励体系，才能激励各普通高中学校为了荣誉、奖励而不断加强特色化建设。而只有改革教师评价激励机制和

学生评价激励标准，才能引导教师不断进步，适应学校多样化发展，也才能促进学生的个性发展，多向发展。

(一)课程评价体系，引导学校多样发展

教育质量评价具有重要的导向作用，是普通高中教育综合改革的关键环节。南岸区以学生综合素质评价为突破口，探索包括学生学业成绩、身体素质、道德品质、审美素质、创新能力等多方面构成的学生综合素质评价。把学生在学校德、智、体、美等方面的发展作为评价重点，引入学生、家长、社区参与学校教育的满意度评价机制，逐渐形成从起点看变化的教学质量和学校发展性评价制度，激发各高中学校的办学积极性。

通过广泛的全体教师参与的多轮培训、校情学情分析和学校课程规划编制，学校育人目标、办学目标更加明确，教育哲学更加清晰，发展规划更加科学，各学校呈现各美其美、百花齐放之势。但要形成普通高中多样化长效发展，学校评价激励制度需要改变，才能鼓励和促进学校进一步多样发展，积极变革。

(二)特色评价体系，鼓励学生个性发展

在学校内部，要求各普通高中学校根据培养目标和人才培养多样化的需要，改革教师评价激励机制和学生评价激励标准。对教师而言，在原有评价基础上，加强教师对促进学生个性发展方面的工作考察评价。对学生而言，运用综合素质评价和改革激励机制，通过学生成长记录、档案袋等方式，全面、真实的反映学生高中生活，帮助学生多方面能力的形成和发展。

第二节　课程领导力推进区域普通高中多样化发展的策略

随着我国教育事业快速发展，我们越来越重视普通高中办学的多样化。逐步将教育的培养目标多样化作为关键点和着力点寻找普通高中多样化发展的方向。实现普通高中多样化发展策略最核心的基础是课程建设，而课程建设需要教师们的课程领导力来完成与实现。而提升教师的课程领导力是我国在课程管理政策变革以及追求课程领导最优化背景下催生的命题，其核心是课程领导力和课程创生。课程领导力对学校发展、培养目标和课程建设有着直接影响，因此我们重点研究了课程领导力对推进区域普通高中多样化发展的作用，并总结出了重庆市南岸区在实施过程中的相关策略。

一、问题导向，定位学校发展目标

研究课程领导力的发展策略，要从区域出发，以问题解决为导向，研究分析区域实情。我国的中学教育发展之所以存在各种各样的问题，与我国教育长期以来传统的课程管理机制有密不可分的关系。在这种管理机制下，学校课程建设呈现出高度统一、停滞不前、没有创新的特点。要改变这种局面，就要从改变教师的角色入手，让教师拥有课程领导的权利，而不仅是单纯的课程传递者。还需要从教育行政部门开始，赋权学校大胆守正创新，改变现有的以应试为主的教育哲学，丰富教育内涵。根据各区域文化传统，联系学校实情，准确定位学校发展目标，构建有学校特色的课程体系。

(一)区域调研，明晰区域发展方向

高中多样化发展是一项庞杂而系统的工程。实现区域普通高中多样化发展需要进行专业科学调研，需要教育行政部门顶层思考，促使基层学校自我发展，明晰区域发展方向。那么，在这过程中，教育行政主管部门在宏观把握，整体调节，资源分配等方面下功夫。赋权基层学校，基层学校在得到相应的权力后，根据实情，具体设计出发展之策，探寻发展之路。南岸区教育行政部门在高中多样化发展中，不断探寻发展路径，抓住以课程领导力建设为核心，以教育综合实验改革为推手，放权给基层学校自主创新发展，做出了一些实质性的攻坚，取得不小成效。在深入推进高中多样化发展的进程中，南岸区教育行政部门开展几轮普通高中多样化发展的调研。区域统筹，聘请专业机构进行调研问卷设计，开展普通高中学校的全面调研。从学校沿革到学校目标；从培养目标到课程演变；从校情学情到资源厘清；从政策支持到学校自主，进行了全方位的调查研究。

1. 区域调研战略分析

学校教育哲学是从学校课程土壤里中生长出来的哲学。一所优质学校应该有自己的教育哲学，有自己关于“教育哲学是什么”的判断。学校课程理念是学校对课程的目标、内容、结构、评价都隐含着课程设计者的相应哲学思想与观念，其中学校课程计划被看成课程理念最直接的表现。厘清教育哲学是学校个性魅力与办学特色的体现，更是学校培养适应时代要求的高素质人才的内在需要。而学校教育哲学是学校教学活动的灵魂，是学校教育行为的先导，它支配着学校教育教学的规章制度、组织结构、战略决策等，学校运行的每一环节、每一层次无不渗透着本校的教育哲学。

教育哲学的厘清是普通高中多样化发展的前提。但如何通过课程建设使其落地，需要对各校的发展需求等做一个全面的掌握。故课程领导力建设在推进

其形成中显得非常重要。为了让学校的课程领导力建设研究工作更加科学有效，我们区域以专家引领，展开各校的 SWOT 战略分析法，对区域普通高中的校情进行全方面分析。SWOT 战略分析法主要包括两部分：第一部分用来分析内部条件，即 S 与 W(优势与劣势)；第二部分用来分析外部条件，即 O 与 T(机会与威胁)。在此分析的基础上，可以将建设学校的课程领导力的战略步骤按轻重缓急分类，明确哪些是亟待解决的问题，哪些可以放到后期解决，哪些是战略实现上的障碍，并将这些研究对象都列举出来，采取矩形形式排列，用系统的思维将各因素匹配起来加以分析。这样的分析法可以帮助学校快速定位到自身的优劣势，并从区域环境中找到发展机会，利用机会因素化解威胁因素，形成一系列可能的学校领导力建设发展策略。① 开展 SWOT 分析会需要我们做好筹备工作，要对全校教职员工进行动员，让教师都对这个分析会有一定的了解，制作并分发会议宣传手册、确立讨论主题并明确会议方向。要让全校教职员工积极参与到分析会中，并邀请专家参与点评，对分析中存在的问题及时解答和调整，再开展环境因素的分析。同时，在环境分析中要尽量追求数量，力争对学校现状有一个全面深入的了解，并且在分析数据时需要明确问题的轻重性，哪些需要及时解决，哪些需要慢慢过渡，这样才能有计划有步骤地提出针对性策略。

【案例】

重庆市长生桥中学校 SWOT 战略分析

重庆市长生桥中学校地处南岸区新区府旁，轻轨 6 号线长生桥站和交通枢纽站交汇处，交通便利。现有教职员工 152 人，其中专任教师 132 人；35 个教学班(初中 13 个教学班，高中 22 个教学班)，在校生人数 1687 人(初中 641 人，高中 1046 人)。学校对 132 名教师、1120 名学生和部分家长开展了问卷调查，对 2112 条建议重点梳理如下。

优势	劣势
• 办学历史悠久 • 生源丰富多样 • 师资整体年轻有担当 • 改扩建工程将启动 • 课程资源丰富……	• 学校教育未达区域的期望 • 当前教育设施设备不能满足课程建设需求 • 家长以进城务工人员为主 ……

① 喻梦洋：《普通高中校长课程领导力研究》，硕士学位论文，2014 年。

续表

机遇	挑战
• 江南新城对教育需求增大 • 区域对教育的重视度高 • 新高考制度改革 • 老百姓对学校有期望 • 学校地理优势凸显	• 江南新城中学增多，竞争增大 • 优质学校入驻茶园 • 区域教育环境改善缓慢

通过办学历史、自然人文资源、人力资源等方面校情 SWOT 分析证明，学校正处在历史发展提升时期，机遇与挑战并存，对建立现代学校制度建设、学校发展与定位、学校课程规划的系统设计与完善等需要厘清与重新审视。

2. 厘清学校教育哲学

各校的教育哲学不同，办学理念各异，才会催生普通高中多样化的形成。厘清学校的教育哲学指导课程建设，以教育哲学的厘清促使课程领导力建设更有方向性，使普通高中多样化发展更聚焦，学校多元特色发展更加鲜明。因而，在厘清区域普通高中教育哲学的基础上，丰富教育的内涵，让普通高中教育实现办学理念、培养模式的多样化。为此，南岸区以课程领导力建设为依托，着力展开各普通高中教育哲学的厘清，并形成各具特色的学校教育愿景。各高中梳理并完善了学校的教育哲学。如重庆十一中的"博文修德，精益求精"、重庆二外的"坚韧不拔，追求卓越"、广益中学的"增广学行，益国利民"、南坪中学在"幸福教育，美丽南中"、辅仁中学的"辅人成才，办适合学生个性发展的教育"、长生桥中学的"生活教育感悟人生意义，多元启智提升人生价值"等教育愿景。

【案例】

重庆市长生桥中学校教育哲学

• 发展定位：学生多样化发展的优质高中

• 办学理念：生活教育感悟人生意义多元启智提升人生价值

• 培养目标：德才兼备　身心俱健

根据国家"立德树人"的目标要求，根据教育部颁布的核心素养文件精神，结合我校课程改革的实践，提出了我们对核心素养的理解：在宏观层面，核心素养包含人文素养、科学素养和创新素养。人文素养指学生的个人修养、社会关爱和家国情怀；科学素养指学生的科学知识、科学方法和科学精神；创新素养指学生学会学习（继承）、主动适应（变通）的素养；人文、科学素养是创新素养的基础，创新素养是核心素养的关键。在中观层面，从必备品格的视角，主要包括正确的价值观、科学的思维方式和优秀的品格；从关键能力（“人类”能力）的视角，主要包括阅读能力（学习能力）、思辨能力（独立思考、分析问题、解决问题及创造的能力）、表达能力（掌握数字技术与人际沟通的能力）。

基于国家对人才的需求和学生适应未来发展的需要，我们对百年校训做了现代解读，我们提出了培养“有人文素养、科学素养、创新素养的家国栋梁”的育人目标。家国栋梁包含三个层面：把学生全部培养成为现代公民（促进社会发展所需要的人），为涵养社会精英（引领社会发展所需要的人）奠定基础，为涵养国家栋梁（支撑社会发展所需要的人）奠定基础。

（二）整体规划，定位学校发展路径

在推进多样化发展的过程中，学校获得自主权，为此，学校必须从办学实际出发，厘清学校教育哲学和办学理念，为特色发展找到根。教育哲学是学校教育、文化建设的灵魂，也是办学理念的核心价值体现。其主要内容是学校的使命、愿景和育人目标。由此，厘清学校教育哲学是提升学校办学品质的前提，是各类学校办学目标各异的标志，进而促进多样化普通高中形成的可能。教育哲学对学校各项工作具有渗透性的指导价值。

在教育哲学中，理念是指引，育人目标是核心，解决的是方向指引和培养什么样的人的核心问题。其具体体现在校训、办学理念、办学目标、育人目标、课程理念、课程目标这六个方面的内容。厘清教育哲学，定位学校发展方向，寻找学校发展有效路径与策略。

南岸区在深入推进高中多样化发展的进程中，不断通过顶层规划与设计，聘请专家、与高校合作、与教育教研机构和基层学校一起思考如何有效实施策略。赋权学校是基础。学校有了自主权，多样发展才有保障，才有可能。而实现这一策略办法的途径是基层学校找到自我发展的方向和突破口。为此，学校在获得自主权的同时，获得教育行政部门的大力帮助和扶持。南岸区六所高中，五所公办学校，一所半公半民性质学校。每所学校都有自己的发展思路和发展愿景。目前，各校以课程领导力建设推进高中多样化发展为突破口，在推进课程建设中，获得了自主发展权、设计权。教育行政部门的职能转变，由原来的隶属关系，转变为相互协调、相互制约、相互服务的关系。教育行政部门由以往的命令转为引导与服务。教育行政部门不再干涉过多的细微事务，学校才有了更大的自主发展空间。

课程领导力推动区域普通高中多样化发展，是新课改中的重要环节和关键步骤，对于推动教育民主化的发展有重要影响。在整个推进过程中，立足区域

的角度，转变各校以课程建设为关键力量的意识。同时，我们需要重视中学教师的培养和角色的转变，让教师的角色不仅局限于课程的实践者，更要让他们拥有领导课程的能力，成为课程的领导者。从教育哲学开始转变，改变固有的应试教育模式，推行创生性课程，让中学教师拥有课程创生和开发课程资源的能力。只有这样，才能让区域高中普通实现多样化发展。

(三)顶层设计，重构学校课程体系

马克思主义哲学里有这样一个观念，任何事物都具有普遍性和特殊性，所以要具体问题具体分析。[①] 中国地区地大物博，南北东西各地由于地域差异、文化差异以及经济发展水平差异，造成各地的教育水平参差不齐。每个区域都有自身的教育特色，细化到各个学校，都具有自身的独特性，需要我们区分对待，这也是国家提出三级课程管理体制的目的。总体而言，经济水平发展好的地区，如沿海开放城市，其教育水平普遍更高，办学质量和教师队伍质量也更高，对教育理念的理解和贯彻都走在前沿。而经济欠发达的地区，如西北内陆省市，经济的发展落后也影响了教育发展，这些地区通常教学资源匮乏，教师队伍的质量也参差不齐。在这样的大环境下，如果把发达地区的学校课程设计方案照搬到本地学校，很可能水土不服，难以起到同样好的效果。因此，我们要分区域进行课程建设，把握各区域的教育发展特色，从学校的实情出发，开展顶层设计，重构各校课程体系，构建符合学校校情的课程设计方案。只有这样，才能为普通高中多样化发展打下基础。

【案例 1】

重庆市长生桥中学校“生活教育·生长课程”体系

学校明确了教育哲学，课程规划提上议事日程。在英语的世界里，来自拉丁文“课程”一词，当动词讲时，是“奔跑”；当名词讲时，是“跑道”。课程应该是，供学生奔跑并对学生发展有益的跑道。为此，学校邀请教育部基础教育课程教材发展中心、市教科院、区教师进修学院专家及领导到校进行综合分析指导，在原有课程体系基础上，通过系统思考，顶层设计，确定了“生活教育·生长课程”的学校课程结构体系。“生活教育·生长课程”是立足国家课程标准，开发适合学生发展需求的生态课程，用课程改造学校。

---

① 肖慧、潘利平等：《提升高中英语教师课程领导力的途径探索》，《教学与管理》2014 年第 4 期。

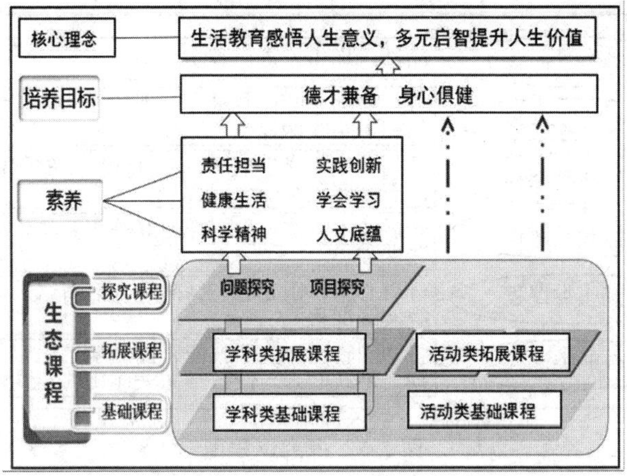

图 5-2　课程立体结构图

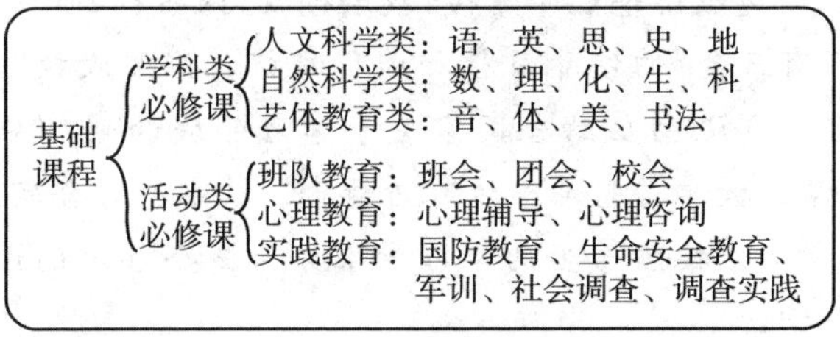

图 5-3　基础课程图

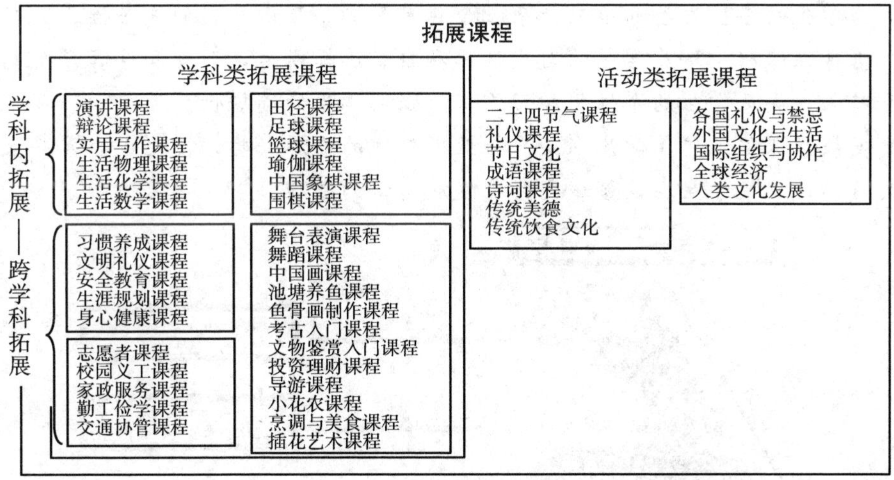

图 5-4　拓展课程图

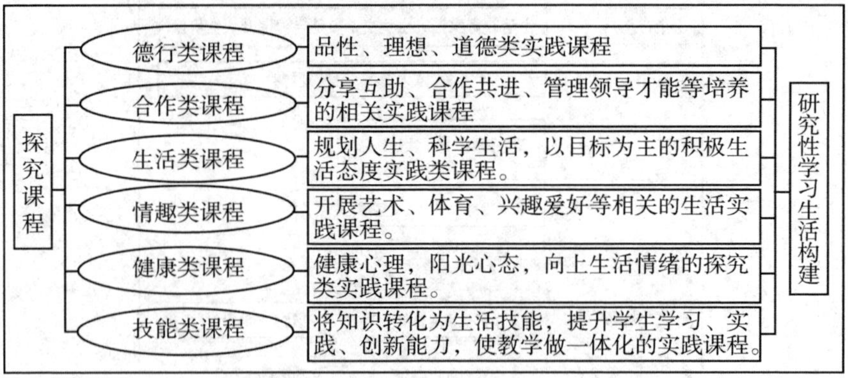

图 5-5 探究课程图

【案例 2】

重庆市辅仁中学校“双培扬长”课程结构

为了实现“三有三会”的培养目标和课程目标，按照我校“双培扬长、分层分类”的实施路径，在纵向上结合国家关于学习领域的划分分为语言与文字、人文与社会、科学、数学、艺术、体育与健康、技术、综合实践、德育、创新这十大领域。在横向上按照学生的学习要求分为三个层次的课程，即基础性、选择性和发展性课程。

基础性课程。培养学生基本的身心素养、道德素养、文化素养、艺术素养等，为学生的终生发展和适应未来社会奠定基础。强调学科的基础性。

选择性课程。培养学生的自我认知和自我选择能力，开发和培育学生的潜能和特长，满足学生的个性化学习需求。强调学生的选择性。

发展性课程。培养学生在某一专业或领域的浓厚兴趣，使之成为其一生奋斗的目标，满足学生在该领域内终身发展所需的课程。

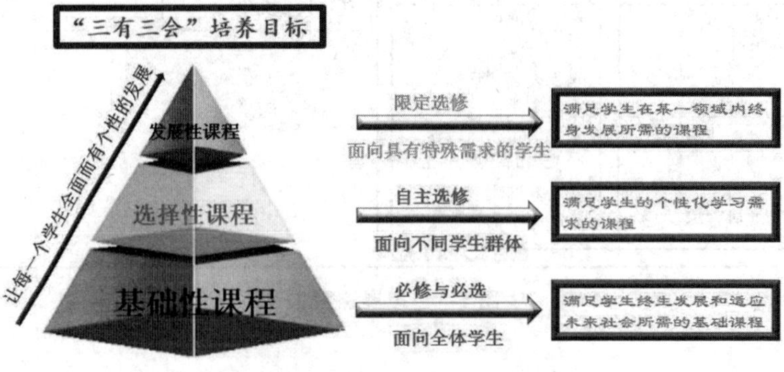

图 5-6 “双培扬长”课程结构图

通过不同学校基于校情和培养目标进行了课程体系的重新架构，各校有不同课程资源的基础上，建构起来的课程体系就校校不同，整个区域的课程体系也呈丰富多元化、多样化，故区域普通高中多样化的样态才成为现实。

二、多方参与，建立学校发展机制

在推进区域普通高中多样化发展中，需要多方参与，共谋出路。南岸区以课程领导力建设为推手，推进普通高中多样化发展的实现。在进行中，从教育行政部门到基层学校，从高校到教研机构等共同参与，一校一校指派专家，共同开展了各校的校情、学情和课程建构等的研究。课程改革的重要步骤是分析区域学校校情，厘清区域的教育哲学。我们通过 SWOT 战略分析法来对学校课程改革发展策略进行分析，通过研究区域学校的优势和劣势，分析变革中的障碍和外部威胁，将变革中遇到的问题列举出来加以分析，并从区域环境中寻求发展机会。通过调查研究学生对课程领导力变革的需求，来实现学生参与课程领导力建设的目标，立足区域学校实情，整合课程建设资源，从而达成区域普通高中多样化发展的目标。

(一)行政统筹，保障区域有序发展

激活学校办学活力，促进高中多样化发展，不仅仅在于对学校的放权，使其有更多的自主发展空间，同时，教育行政部门更要在督导与统筹上做文章，使各校的发展不至于走入歧途。行政赋权学校，加强顶层督查与引导，统筹与规划是教育行政部门在促进多样化发展的过程中最重要的职能之一。因为赋权学校，不是让学校“独立自主”，自我完全发展，还需要教育行政部门的监管。普通高中在发展过程中，教育行政部门需要分类赋权，比如，在招生、人财、资源等方面，根据学校自主发展的需要，进行按需赋权。对学校的自主发展也需要督导，对发展中的问题需要及时帮助，对发展进程中的效果要给予合理评价等。

对行政管理的放权，可以赋予基层学校自主探究发展之路，以注入生命活力。《全面深化改革若干重大问题的决定》中提出，扩大学校办学的自主权，最大程度减少教育行政部门对微观事务的管理。还权于校，下放学校办学自主权是教育发展的趋势。“同质化”的学校发展不能满足学生个性化发展的需要，也不能满足社会对多元人才的需要。学校在办学的过程中，由于师资的差异、生源结构的不同、办学资源的差异，总是会存在校与校之前发展的不同，为此，要实现当下高中多样化发展，教育行政管理部门需要放权基层学校，调研基层学校的诉求，以顶层设计和整体布局思考，来配合和定位学校的发展，满足人民对学校教育的多元需要。教育赋权基层学校使得公立学校、民办学校、办公办民等多样体制下的发展更有自主空间。同一类型的学校发展也会有更多自主

的空间，丰富多元发展才是教育该有的样态。

南岸区区域高中多样化发展，以课程领导力建设为关键力量来开展。教育行政部门通过顶层设计，专家指导，学校自主申报，共同谋寻各校的发展路径和发展策略。全区普通高中学校在不断探索、不断总结中，找到特色发展的路径。以学校特色课程建设为依托，促进学校特色发展，满足学生全面而有个性发展的需要。南岸区教育主管部门从整体规划、统筹兼顾、合理分配资源等方面，不断为学校的发展创设适宜的环境。

（二）专家引领，助推学校科学发展

推进普通高中多样化发展的过程中，区域根据需要定期组织安排学习先进地区经验，聘请专家讲学，提供理论引领，开展课程建设、队伍建设和教学诊断等，加强专家保障；统筹区域学科教研、教育科研、教师教育、课程评价、信息技术五类教研员，提升课程建设、课堂教学研究、指导与能力，加强专业指导；以“名师”“名师（校长）工作室”“骨干教师工作坊”建设及教师教学技能大赛为抓手，提升教师专业发展能力，建设一支优良的师资队伍，进而助推学校科学发展。

1. 建立专家智库团队

普通高中多样化发展的过程中，南岸区高位统筹，打造专家团队，建立智库，借助专业力量，提升各学校办学品质。南岸区成为教育综合改革试验区，并与教育部基础教育课程教材发展中心签订合作协议，得到大批全国知名专家进驻学校进行点对点指导。各学校根据自主发展需要，聘请相关专家成为学校发展理论与实践的指导者。南岸区还与西南大学教育学部签订合作协议，对区域普通高中多样化发展进行全程理论与实践指导。同时积极与重庆市教育科学院进行合作，聘请相关专家到南岸区进行多样化发展的顶层设计和理论指导。南岸区借助自身的力量，积极培养一批教研员和名师，形成区域本土专家团队，实实在在成为每个学校进行课程领导力建设的助推者。推进普通高中多样化发展，区域投入大量财力物力，建设专家团队，形成专业智库，为区域普通高中多样化发展保驾护航。

2. 建立有效教师发展机制

推进区域普通高中多样化发展的根本是促进人的更好发展。强化政府职能，激活学校自主创新发展是关键，促进师生的更好发展是最终目标，也是根本。教师的质量决定教育的质量。在教育现代化大背景下，教师作为教育活动的主体，决定着教育的过程和效果，关系到教育事业的兴衰。这一结论得到了国外实践和研究的证实，而在我国仍然比较薄弱，因此有必要强调它的重要性。基于我国国情而言，普通高中教育是基础教育中的重要阶段，是学生进入高等教育之前的关键时期，因此我国很重视中学教师队伍的质量，力争从各方面入手提升中学教师的专业水平。但现状是，中学教师的课程意识比较薄弱，教学任务仍然是他们的头等大事，在课程创生和开发课程资源的专业能力上十分欠缺。教师们更愿意跟着教材走，而没有主观改变课程走向的意愿。

普通高中多样化发展的推进中，教师起着关键的作用，是保障性的作用。鉴于此，探索教师的发展机制也是行政部门和学校首要考虑的关键问题。中国有悠久的尊师重教的文化传统，随着国家教育良好生态的形成，学校自主探索和建立教师发展制度是时代发展需要，具有适切性和迫切性。提升教师的荣誉感，赋予职业使命感，是对这份职业最有效、最直接的认可与肯定。

区域各学校都有着教师发展系统图或教师发展工程。以此来助推课程建设、实施与开发，实现学校课程系统规划的有效落地。

【案例 1】

重庆市长生桥中学校的进阶式教师发展荣誉制

“为学莫重于尊师”“事师之犹事父也。”中国古代虽然没有出现教师荣誉制度的具体形式，但从帝师、中央官学、地方官学等的地位、待遇来看，已有激励机制体现着教师荣誉。《国家中长期教育改革和发展规划纲要(2010—2020年)》指出，“国家对作出突出贡献的教师和教育工作者设立荣誉称号”。2018 年 1 月 20 日，中共中央、国务院出台《关于全面深化新时代教师队伍建设改革的意见》，其中第一句话是“百年大计，教育为本；教育大计，教师为本”。建立教师荣誉制度鼓励教师终生从教，是加强教师队伍建设，造就一流教育家的迫切需要。学校自主探索“进阶式”教师发展荣誉制是促进教师专业成长的有效策略。

建立学校荣誉制，助推教师专业发展。“荣誉制”即“荣誉制度”，指的是为国家、社会、集体、单位做出较大贡献的个人或集体进行表彰和精神奖励的政策。我们探究的“学校荣誉制”指的是学校作为荣誉授予机构，对在某一方面或某一领域表现优秀或有杰出贡献的教师给予承认，授予荣誉头衔的制度。国家层面正在大力建构教师荣誉制，助推教师职业价值的高贵。教师荣誉制体现教师职业的社会价值和教师个体的社会贡献，是尊师重教的重要体现。学校探索进阶式教师发展荣誉制，推进教师专业发展，全面提升教师的职业幸福感和荣誉感。

学校教师荣誉制是对教师学术专业成就上的认可，是教师个人发展社会价值的评价制度，是对教师个人社会贡献的肯定，是满足教师自身专业成长的需求，是教师对自身成长的期望。通过学校荣誉制的设立，让教师个人专业成长有更好的职业规划。为此，学校建立进阶式教师荣誉制，满足教师多元发展需要。

（一）荣誉制组织机构

为了确保教师荣誉制的顺利开展，学校建立组织机构，并设立教师荣誉制办公室。设立主任一名；副主任一名；秘书一名。

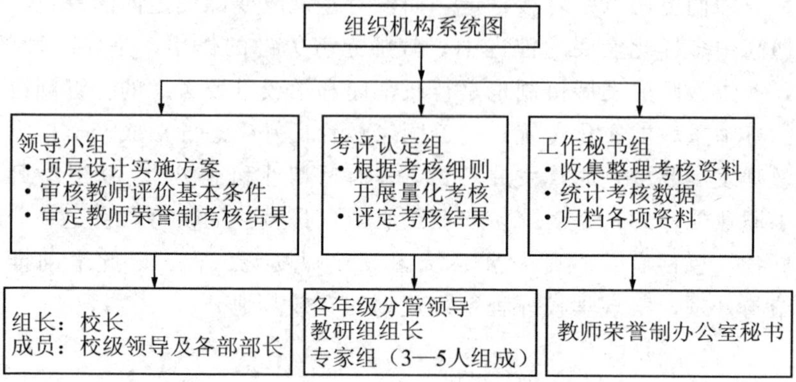

（二）建立教师进阶式荣誉册

建立每位教师的专业成长档案，形成每位教师发展荣誉手册，以三个阶梯为分水岭，用不同颜色区分教师荣誉册(嫩绿色，绿黄色，金黄色)。学校制定适合教师每个阶段专业成长的标准要求。每达到一阶段就授予一定的荣誉，同时可以晋升下一个荣誉称号。给每位教师建立荣誉成长档案，形成全校教师多元丰富发展蓝图。

进阶式教师荣誉制称号

学校教师荣誉制是多角度全方位促进教师专业发展和个人成长需要，教师荣誉推出范围与称号图如下：

1. 进阶式教师荣誉选出范围

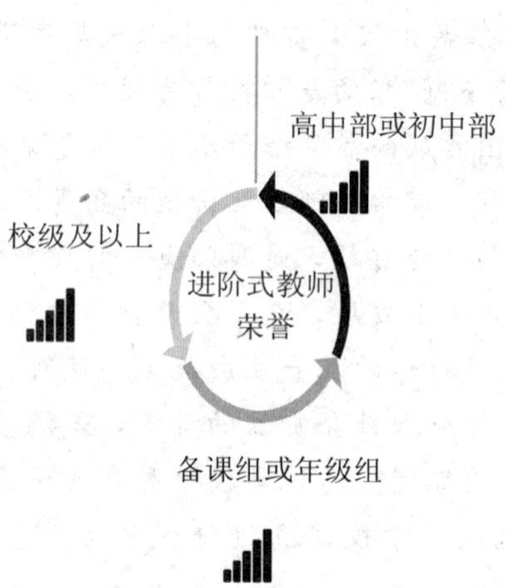

2. 专业成长阶梯称号

长生桥中学着力实施“1374”教师专业发展工程(即：1个目标，具有师道尊严、专业精神的智慧型教师；3种形态，项目协作式、任务认领式和创生设计式；7个平台，青蓝工程、学习型组织建设、“青杏论坛”、课堂教学小策略设计、课堂观察、研究型阅读与实证应用、首席教师工作坊；4级阶梯，合格型教师、成熟型教师、骨干型教师、专家型教师)提升教师专业水平和能力，打造具有职业尊严和专业精神的智慧型教师团队。

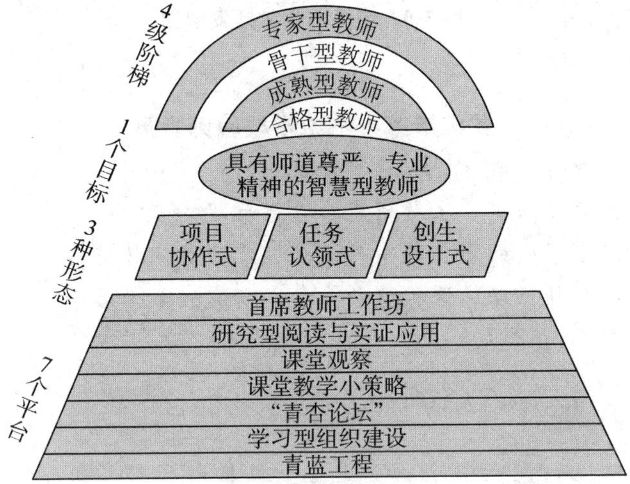

图 5-7　长生桥中学“1374”教师专业发展工程图

【案例 2】

重庆市南坪中学校教师发展图

学校将围绕《重庆市南坪中学校教师发展“十三五”规划》以及教师个人发展规划，加大对教师专业发展的支持，力求借二期课改平台全面促进教师专业发展。

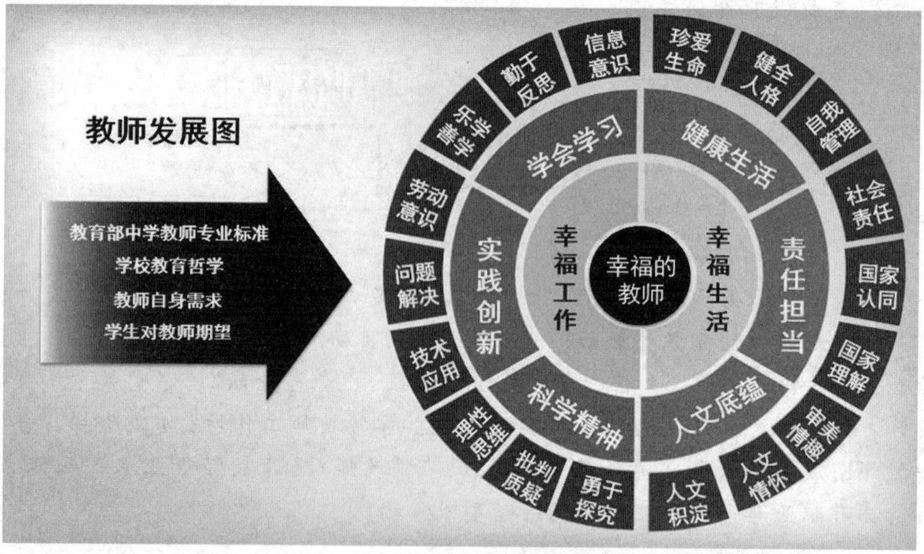

图 5-8　南坪中学教师发展图

【案例 3】

重庆市第十一中学校教师发展

理论学习：教育、教学、课程、评价

学习形式：短期培训、主题研究、自我反思

实践操作：专家引领、主题项目设计、学习共同体建设

环境支持：教师互助、课程整合、命题研究、教学展示

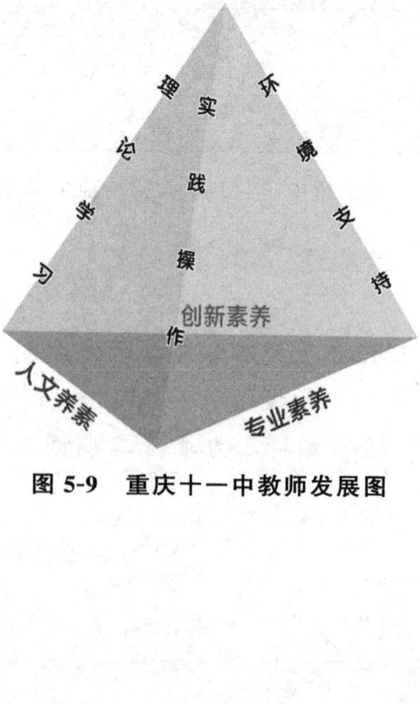

图 5-9　重庆十一中教师发展图

(三)学校实施，实现学生个性发展

要实现普通高中多样化发展，课程需要多样化，培养目标需要多样化，而学生始终是课程的主体，是课程知识的积极构建者，所有课程实施的最终效果都要从学生身上反馈出来，因此要推动课程领导力的发展，就必须对学生的需求进行调研分析。传统的课程计划都是把教师传授知识作为主导，学生永远处于被动接受的地位，这样的方式忽略了学生个性与创造性的发展。我国新课改的亮点之一就是倡导学生学习方式的转变，倡导学生主动参与、乐于探究以及勤于动手，同时培养学生获取新知识的能力，分析解决问题的能力以及交流与合作的能力。要实现这样的目标，就需要让学生参与到课程领导中去，其基本途径是真实的探究学习，把学习视为真实问题解决的过程①。在各学科的学科过程中，教师要将学科知识还原为学生真实的探究问题，让学生在探究课题过程中产生自己对学科的理解。要让学生把学科知识作为探究对象，或者更进一步作为解决生活问题的工具，而不仅是书本和课堂中的死知识。学生能在实际应用中，将生活问题转化为研究课题，从而探究学习与生活的意义。教师要充分了解学生对课程研究的想法，再结合课程实际需求，来实现学生参与课程领导力建设的目标。

【案例 1】

重庆市长生桥中学校学情分析

(一)生源背景分析

重庆市长生桥中学校采用调查问卷、交流访谈等形式，对学校 1045 名学生进行了家庭及社会背景等进行调查分析。结论如下：

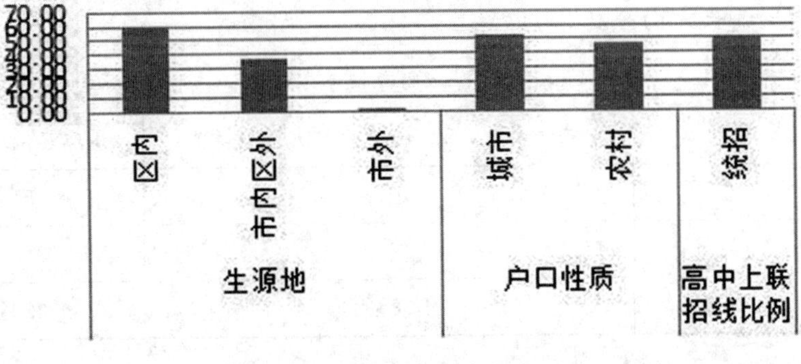

图 5-10　学生生源调查统计图

① 姚志敏：《改革背景下的教师课程执行力研究》，硕士学位论文，2013 年。

• 农村户口占比 76.09%，外区户口占比 54.35%

• 进城务工子女占比 54%

• 面向全市招生，达联招合格人数占比 50.98%

……

(二)学生成长对比分析

学校为普通完全中学，分初中与高中，学生来源背景与成长方向进行对比分析如下：

(1)学生背景情况分析(初中)

• 源自进城务工子女占比高(76.09%)

• 优秀学生、中等生、学困生占比 1∶6∶3

• 生源背景的丰富多样性

• 家长学历层次低(86%的家长为初中水平)

• 家庭教育水平不高

(2)学生成长方向分析

• 升入重点高中人数比例 1%

• 升入普通高中人数比例 60%～70%

• 进入职业高中人数比例 30%～40%

(3)学生进校情况分析(高中)

• 学生未达联招分数占比近一半

• 学生学习能力较弱

• 学生学习习惯较差

• 学习方法较单一，缺少创新

• 学生学习主动性差，主要依靠教师传授

(4)学生成长方向分析(高中)

年份	高考报考方向		
	文化类	艺体类(绘画、播音主持、体育等)	高职类(技术类)
2014	25%	40%	35%
2015	27%	42%	31%
2016	30%	38%	32%

结论：学生通过参加文化高考，进入高等院校的占比不大，通过特长和技能类进入高校的占比很大。

(三)课程需求分析

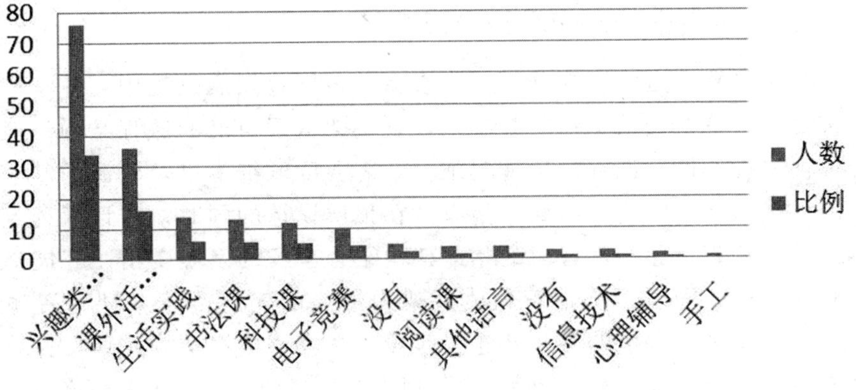

图 5-11　高中学生课程需求图

从上面的数据分析显示，同学们渴求丰富多样的课程，比如活动类课程、艺体类课程、动手类课程。

【案例 2】

重庆市南坪中学校学情分析

1. 学生来源：我校目前的生源主要是城镇学生，也包括一部分农村学生。总体来说学生的家庭条件一般，城镇学生家庭多为工薪阶层，部分是个体家庭；农村学生家庭多为务农家庭、外出务工家庭。家长的文化素质普遍不高。

2. 学生主要个性心理特征：高中学生有节制，具有一定的约束能力，学习能力一般，有一定创造能力。另外，在初高中都有少数同学反应迟缓、胆小畏缩、不好交际。

3. 学生学习需求：高中学生均有升学要求，同时希望在得到优质教育的同时能够多元化、个性化发展自己，希望学校能够满足个体需要，为今后的职业发展奠基。

4. 学生学习特点：高中学生具备一定抽象逻辑思维，部分学生能够主动学习，有一定的自主学习习惯，具备较强的学习能力，学习成效明显。

不同学校对自身学生的成长背景、学生特点、课程需求等分析，可以很好地掌握学生的发展愿望。学校根据学生的需求，开设适合他们的课程，满足学生的全面而有个性成长的需要是普通高中多样化发展的基础，也是目标。在学生发展需求的基础上，才能有多样化发展的可能。南岸区顶层设计，统筹安排，开展各校的学生需求调研，就是更好地为区域普通高中多样化发展做充分的基础准备。

三、资源整合，探索学校发展路径

在以课程领导力建设推进区域普通高中多样化发展过程中，各学校在厘清教育哲学、分析校情学情的基础上，自主架构了自己的课程结构。但课程的合理性和科学性，课程的落地实施上，需要区域统筹以及资源的整合，使各校课程得以真正实施。因此，南岸区在顶层设计的同时，聘请课程专家进驻学校进行专业指导。从区域的整体架构结合学校的发展实情，开展修改完善和实施修正。同时，课程管理体系架构策略的实施离不开课程资源的融合，更离不开多方力量的参与共建。区域各学校要根据学校实情，充分地利用好当地优势资源发展教育改革，同时加强和其他学校的合作交流，在交流中相互学习、借鉴改革经验、共享教育资源以及共同推进区域教育的整体发展。

(一)区域规划，助推区域协同发展

学校自主设计的课程，能否有效实施，实现学校发展愿景。必须根据区域实际和地方特色进行区域统筹规划，融合校情设计符合本地学校的课程方案，来推动课程的实施。全国各地的经济发展水平影响了各地的教育发展水平，经济好的地区一般拥有更丰富的教育资源和更优秀的教师队伍，因此在课程领导力建设方面拥有更多优势。这些先天条件好的区域，就应该利用好手里的资源，并学习外围先进的课程改革经验，深入研究推进课程领导力的方案，建立教育改革试点，做好教育改革先驱。对于经济欠发达的地区来讲，地域和经济上的劣势让这些地方的教育水平也稍显落后，教学资源匮乏，教师队伍质量参差不齐，因此在课程领导力建设上显得力不从心。尽可能从其他地区引进先进的教育资源，学习先进的教育改革经验，并结合本地实际，进行区域化改革，构建符合当地校情的课程建设推进方案。

南岸区在进行普通高中多样化发展的过程中，以区域的顶层设计、专家引领、统筹规划，全盘、全方位助推各学校进行课程方案的系统架构。区域从顶层设计到各学校的自主发展，共同实现了课程多样化的设计，使区域普通高中多样化得以体现。区域形成协同发展意识，形成发展共同体，这样区域普通高中多样化发展的资源才会得到最优化的组合和利用。

(二)资源共建，促进区域课程建设

普通高中多样化发展的实施需要资源的共同建设和共同分享。整合课程资源是实现区域课程丰富性的有力保障。在共同建设课程资源过程中，南岸区不

断实践不断探索，开展促进区域课程建设的共建路径和实施策略。

整合课程建设资源可以从以下途径出发：(1)建立相应的组织机构和制度保障；(2)开展行动研究；(3)借力外校资源。首先，学校可以建立专门的课程领导小组，并挑选课程领导能力强的教职工带动其他教师开展相关的课程领导活动。在制度上进行引导和规范，建立课程领导的相关制度，特别是相关的激励制度，在制度的引导下使教师有热情和主动性参与到课程领导活动中。制度的保障能有效提高教师的课程领导力。其次，可以开展课程领导力相关的行动研究，以课程设计、进展和评价中出现的问题作为研究对象，进而制定计划，搜集资料，分析问题并找到解决方案。再次，筛选课程领导活动中的重点问题，确定研究对象，然后剖析问题，抓住问题的根源所在，最后找到解决方案，并在行动之后总结经验，为下一轮研究做好铺垫。最后，我们可以借助校外的资源来做课程领导力建设。通过邀请校外专家学者进行培训和开展校际交流合作。学校可以同教育研究部门的课程领导研究专家或者与师范院校建立联系，聘请专家学者作为特训教师，带领教师进行课程领导活动，介绍课程领导理论，教授教师课程领导方法，帮助教师解决相关的疑难困惑。同时，学校与学校可以建立合作关系，开展校际交流合作，吸取他校已有的课程领导活动经验，在相互交流中取长补短，共同深化课程领导实践。

在南岸区推进普通高中多样化发展的进程中，资源共建意识在增强，区域采取强有力的措施开展实施。从人力资源来看，各校间进行走教、帮教和带教活动，对普通高中的师资间进行宏观调控，合理分配。对课程资源，各校的特色课程，如辅仁中学的足球课程，就借助足球俱乐部和高校的资源进行共同建设。重庆十一中“科技创新实验班”特色课程建设，依托国科大及中科院的国内外科考站点，开展野外科考活动，包括海洋科学、古生物学、植物学、环境科学、天文观测、太空研究等，也包括南北极及国外科考站点，学生根据自身兴趣爱好分类选择。重庆十一中成为国科大重庆学院附属科技中学，创办科技创新实验班，本质上是南岸区在教育现代建设上推进高中发展多样化、特色化战略举措的体现。

(三)资源共享，丰富区域特色课程

一个新的改革政策要实施推行，绝不是靠一个人或者一个团体的力量就能实现，而是需要各方力量的整合，各个团体的加入才能实现。因此，我们需要建立中学教师学习共同体，实现资源共建，推动区域发展。中学教师文化可以分为两种，开放型和封闭型。在传统教育中，中学教师文化更多以封闭型为主，各科教师都只专注于自己学科的工作，极少和其他教师进行交流。教师与

教师之间，学校与学校之间，通常都存在竞争关系，在资源方面很少与他校共享。而在现代教育里，我们强调中学教师文化要以开放型为主，需要加强学科教师之间的合作，加强学校之间的合作，才能更好地利用资源开发课程。协作共享的学习机制是中学教师发展的保证，而要创建这样的学习机制，就需要中学从科研带领机制入手，首先建立一个科研团队，通过选举的方式将课程带头人选出来，再根据学校的实际情况选定团队成员，每一个科研团队成员都应该是学科负责人，之后在带头人的领导下进行课程领导力方面的研究。有研究成果出来后，再由团队人员在其他教师或者其他学校里进行推广，搜集教师们的评价，采纳有建设性的建议，最终实现资源成果的共享，整体推动地区教育的发展。

溯源区域普通高中课程建设，对于区域普通高中多样化而言，要推动课程领导力的生成，还需要立足学校条件，基于学校实际，充分地利用学校现有的课程建设资源，才能将课程领导力推进多样化的可能落到实处。

普通高中多样化发展过程中，每所学校找到发展方向和路径，但更重要的是要找到达到彼岸的载体。而课程就是学校教育的载体，反映了学校文化的个性，课程的品质决定着学校的教育质量，课程的丰富，才会有培养目标的丰富。不同普通高中有不同的特色发展才形成区域普通高中发展的多样化。统一的课程无法满足多样化培养的需要，通过对区域普通高中的课程研究分析，我们不难发现，目前在普通高中课堂中，教师与课程分离严重，教师往往是课程的被动传递者，而学生则沦为了课程的被动接收者。这与我国普通高中高考背景是有直接关联的，同时也与学校传统的管理机制有很大关系。我国普通高中学校大多是管理型学校，学校管理所依据的基本理论是按照上级教育政策，对学校课程各方面事物进行控制。就课程管理体制而言，国家课程长期垄断着学校课程领域①。国家按照总体的教育方针政策和路线来制定教学计划和课程标准，组织专家根据课程标准来编写和颁布全国通用的教材，并在审查后勒令学校严格按照标准执行，因此学校所获取的课程都是通过逻辑演绎形成的，这些教条性知识不分区域、不分阶段地被统一灌输到全国所有学校。同时，为了确保学校忠实地按照标准执行，各级教育部门还制定了严格的考试大纲，对学校课程的实施效果进行验收和监察。在这种统一运作下，学校成为流水线般的生产工厂，学校课程也就沦为类似行政公文一样简单枯燥、毫无地方特色的文本。加之我国普通高中的管理体制以“校长责任制”为主，学

① 董小平：《教师参与学校课程领导：基础、问题与策略》，硕士学位论文，西南大学，2015 年。

校内部从高层到底层，按照等级制度履行监管职责，教师成为学校课程事物决策的依从者，无法发挥自主决策权，自然就失去了课程领导力，学生就只能被动地接受知识的灌输。因此，发展教师的课程领导力，需要重构区域普通高中的课程管理体制，改变教师在课程实践中单纯执行者的角色显得非常重要。

随着国家的快速发展，社会需要多元的人力资源，对人才培养需要全员、全面而个性化的教育使新高考改革应运而生。在不断变革的高中课程建设中，出现国家课程、地方课程和校本课程三级课程形态。2012 年南岸区成为教育部深化教育综合改革示范试验区，2013 年南岸区实施课程领导力建设项目，着力以课程建设为核心，推动区域多样化发展谋寻更好的“脚手架”。自此，区域的课程领导力建设对推进区域普通高中多样化发展有了重要的作用。各校根据自身的实情，结合区域特点，开始挖掘适合培养多样化目标的课程资源。比如，重庆十一中，基于教育哲学，丰富课程资源的课程建设系统。

【案例】

重庆市第十一中学校基于育人目标架构的课程资源整合系统

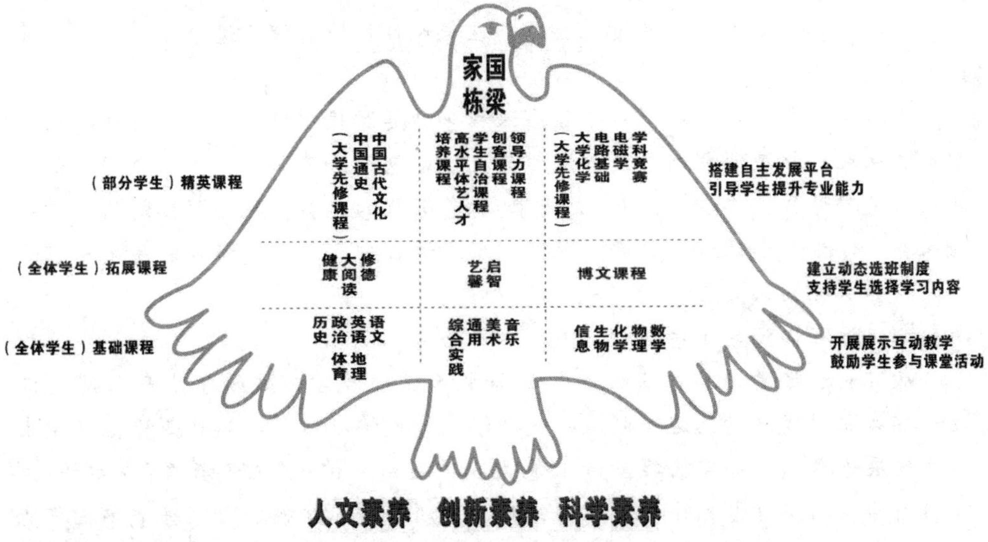

图 5-12 重庆十一中课程结构图

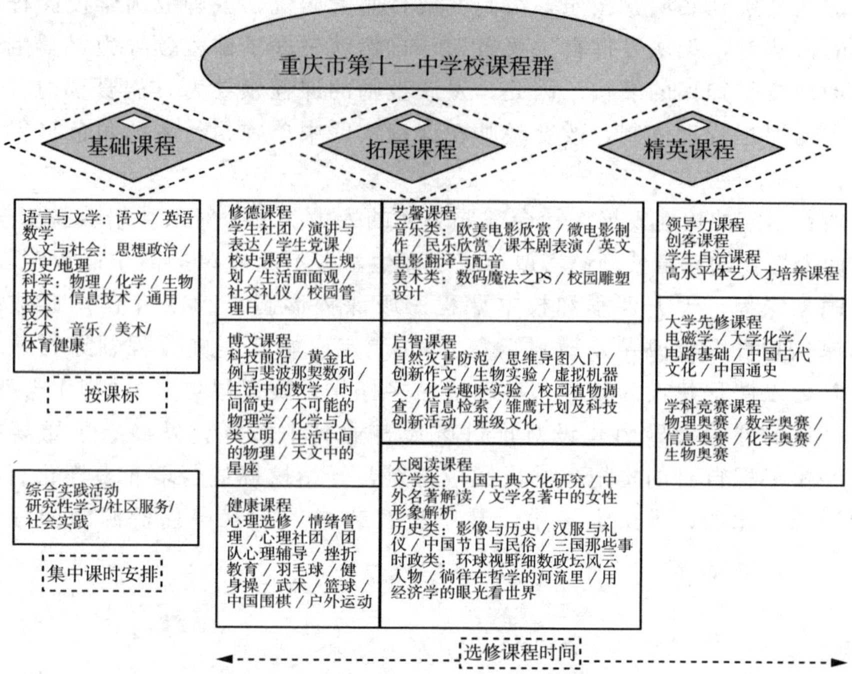

图 5-13　重庆十一中课程群图

课程是实现育人目标的重要载体。在育人目标的引领下进一步完善了学校课程结构。

我校课程分为：基础课程、拓展课程、精英课程三级。基础课程即为国家规定的课程；拓展课程则以校本课程为主体，包括修德课程、博文课程、健康课程、艺馨课程、启智课程和“大阅读”特色课程六大类；精英课程包括大学先修课程、学生自治课程、领导力课程、创客课程、学科竞赛课程、高水平艺体人才培养课程共六大类。

三级课程均涵盖了对学生三大素养的培育。

从实施途径看，其中基础课程开展展示互动教学，鼓励学生参与课堂活动，拓展课程建立动态选班制度，支持学生选择学习内容，精英课程搭建学生自主发展平台，引导学生提升专业能力。既突出了学校“主体教育”办学特色，又针对学生的实际做到了教育层次细分、规划科学、结构合理，每个学生都能找到适合自己发展的途径。

不同的学校发展需要不同的愿景引领，不同的学校愿景才形成多样态的学校景象。每个区域的不同普通高中，都会因为教育愿景的不同而有差异。要促使普通高中多样化形成，厘清不同学校的理念系统是非常重要的，在区域统筹下，愿景引领多样发展策略对南岸区的普通高中多样化发展进程起到了不可忽视的作用。

四、多维评价，形成学校发展标准

推进区域普通高中多样化发展，南岸区选择以课程领导力建设为推手，那么是否实现了各校自主建构的课程，实施的效果如何，需要多维度、多层次进行评价。从学校的自评到“自上而下”管理层评价，从第三方机构介入的评价到聘请专家进行评价；从社会口碑的评价到学生家长的评价，从不同角度、不同层面进行学校办学评价，看是否实现学校最初的设想和愿景。南岸区以课程领导力建设为关键力量和突破口来实现普通高中多样化发展，那么，课程管理变革的最后环节是建构课程评价体系，通过对课程实施的评价和反思，来确定课程改革的效果，再依据效果做进一步的研究，如此生成一个科学合理的改革环节链，从而实现以课程领导力建设推动区域普通高中多样化发展。

(一)建立区域课程建设评价体系

我国新课程改革倡导“三级课程管理”，即国家课程、地方课程和校本课程，这三类课程概念各不相同但相互间又有着千丝万缕的关系。国家课程是面向全国学生，是超越地域、文化和种族等限制而制定的，是需要不同地方和学校将之具体化的。地方课程则是在国家课程的基础上，根据地域文化特征和发展需求来制定的。校本课程则是根据每一所学校独特的文化传统，每一个教师的专业特点和每一个学生的个性发展需求来制定的。校本课程本质上是对国家课程和地方课程的融合转化。三类课程相辅相成，缺一不可。而从实际来讲，一切课程的本质是校本课程，将一切课程转化为校本课程是创生性课程领导的必然要求。课程校本化的中心在于“走向校本”，它包含了一系列相关政策，比如校本课程开发、校本教学研究、校本教师培训等。其中校本课程开发和校本教学研究是相互转换、相互制约的关系，即只有将校本课程开发转变为教师的研究对象，课程管理才不会走向程式化，教师和学生的发展意义才能够实现；只有把校本课程研究和教师的课程研究、课程创生融于一体，才能使课堂教学走出传递主义和技术主义。从另一方面来讲，课程的校本化实施能够促进评价体系变革。课程评价是课程工作的重要组成部分，是课程活动的最终环节，它能够直接作用到课程活动的各个方面。传统教学活动中，教师是学科的唯一评价者，学生则是被评价的对象。课程校本化的实施就是强调评价要呈现多样化，不能仅依赖教师一个主体，同时要让学生及其家长参与其中。评价标准也要多元化，不能只把考试成绩作为唯一的评价维度，同时需要多考虑学生在创造性和个性发展上的表现，这样才能促进教育评价体系的转变。运用系统思维，实质是从整体上认识我国基础教育变革，运用分类指导思路，是在“全国一盘棋”整体格局之下，为每一个儿童和青少年的终身学习与发展奠定良好基础，让人人都有人生出彩的机会。

重庆市南岸区在以课程领导力建设推进区域高中多样化发展中，已经摒弃以高考为唯一评价标准的思想，根据各校的课程设置、学生培养目标的达成和综合素质评价开展评价改革。对各校的评价标准的改革，很好地诠释了对人才多元培养的评价标准。

(二)建立学校课程实施评价体系

课程评价在课程管理中处于最终环节，它能直接反映课程管理的效果。课程领导力建设推进普通高中多样化发展离不开对课程管理评价体系的建构。课程领导力方案的实施是一个完整有序的过程，它包含了课程领导力研究、分析、搜集整合资料、开展实施方案和效果评价一系列环节。最终效果如何还需要依赖于最后的评价体系。开展多层次、多维度评价体系的建构，使普通高中多样化发展更有活力。其实，课程领导力建设行动研究的五个方面：问题、计划、行动、观察与反思，这几个因素不是相互隔绝、线性操作的步骤，而是彼此融合、相互渗透的五个要素。最终的评价也是对课程研究进行反思，对课程领导力建设的反思能够促使重新审视教育理念和育人方式。通过反思，如果研究的问题得到解决，就可以生成新的课程问题并开展新一轮行动研究；而如果问题没有得到解决或者呈现的效果不如人意，就需要反思原因、重定计划以及重新开展研究行动。因此，构建区域课程管理评价体系对于提高课程领导力，推动区域普通高中多样化发展有着重要的影响和作用。

【案例 1】

区域各校的自我评价

在基于学生、教师、课程等评价的研究中，课题组重点对评价工具的开发与实施、评价结果的提炼与应用等方面进行了研究。课题组基于多元评价的理念，重点从构建校本评价网络平台上进行研究，初步建立了区域学生学情诊断系统、年级关系诊断系统、教师管理系统、选修课管理系统、听评课管理系统，行为规范管理系统、教学日志管理系统、问卷调查系统等，面向学生和家长，充分发挥多元评价主体的积极性。如重庆十一中每学期的全校学情调查维度就包含师生关系诊断、作业布置评价、课堂教学诊断、魅力校本课程和魅力授课教师评选等；南坪中学将评价系统数据采集和分析实际运作在学校教育教学和日常管理等方面，合理运用了评价结果，成为学校决策、人事安排、教学质量评估、课程改革、后勤管理等的决策重要依据。广益中学、重庆二外、辅仁中学等学校也在课程评价、学生学业、学生综合素质等不同领域进行了实践探索。

【案例2】

重庆南岸区“十三五”教育事业发展规划(2016—2020年)

南岸区以普通高中多样化发展为首要任务之一，开展系列规划评价的顶层设计。认真研究高中教育发展新形势，丰富普通高中办学类型，引导普通高中多元、特色化发展，初步形成总量充足、各具特色的发展格局。到2020年，新建1所优质高中，创建1所市级特色示范学校以上，普通高中毛入学率达99.9%。

不断丰富普通高中学校类型，着力建设特色高中，发展综合高中，形成多元办学格局，扩大优质教育资源。推动普通高中学校依据自身优势走多样化、差异化办学之路。进一步落实学校办学自主权，促进学校自主发展、特色发展与质量提升。注重分层、分类教育的有机协调，构建可供学生多样化选择的课程体系，促进学校内部课程创生与教学创造，提高课程的选择性，更好地满足学生多元学习需求。探索新高考制度下学校资源配置方法，重点探索走班制的管理实施办法，建立学生综合素质评价体系。高度重视学生创新能力培养，充分发挥普通高中在创新型人才培养中的基础性作用。加快江南新城地区普通高中建设。

普通高中发展促进计划

推进课程建设，培育市、区级普通高中课程创新基地6个，精品选修课程25门，教育教学改革研究项目40个。实施雏鹰培养计划、海军航空实验班等系列特色项目，促进学校特色发展。

南岸区从“项目规划、项目实施、项目成效”三维度18个评价点，通过实地评估、项目答辩等方式，诊断、改进、激励学校课程建设深入实施与推进。

(三)建立学生学业质量评价体系

普通高中多样化发展的最终受益者是学生。在南岸区以课程领导力建设推进区域普通高中多样化发展中，从多元发展愿景引领策略到多方整合资源建设策略，从对方参与规划策略到多层次评价策略，无不体现出办学体制的多样化，培养目标的多样化、育人模式的多样化。以课程领导力建设力促普通高中多样化的形成，是教育现代化背景下中国基础教育高中阶段的共同愿景。不管我们的顶层设计与课程架构有多完美，最终要落实到学生的全面而有个性的发展。因此，建立科学有效的学生学业质量评价体系是试金石，是检验标准。

新高考体制的变革是为了学生更好的发展。各校建立学生学业质量评价也是既有共性也有个性。在区域各校培养目标的多样化设计下，最终需要有专业评判。区域有一个共性的评价标准，也有一个针对学校个性的评价标准。如南岸区在区域各校探索实施了《学生综合素养发展性评价项目》，旨在梳理并确立学生发展的核心素养及其具体表现，制定每种素养的标准和具体内容，确立评价每种素养的流程和方法，研制评价的荣誉授予制度，对学校校本课程体现的对学生的素养培养起到鉴定作用，为学生成长和价值体现起到助推作用。

世界各国高中的多样化发展，一定都是以多样化的课程建设为基础和前提的。以构建高度丰富性、选择性、层次性、跨主题和模块化的课程为路径，为普通高中多样发展提供保障。学校处处皆课程，课程处处蕴文化。多样化发展的普通高中教育的支撑力是学校多样课程建设力、领导力。良好的体制机制是普通高中多样化发展的动力，要创新机制体制，为普通高中多样化发展提供良好的环境。一是创新体制建设。建立起以公办高中学校为主体、公办高中和民办高中共同发展的办学体制，实现普通高中办学主体的多元化。形成了以政府办学为主体、全社会积极参与、公办教育和民办教育协调发展的多元化办学格局。二是创新制度建设。建立“区域统筹，以校为主”的普通高中教育管理机制。区域根据学校的规模、基础、历史文化、优势项目，通盘考虑区域内学校的定位与特色，优化普通高中资源配置，引导学校“错位竞争，共同发展”的特色高中建设。三是创新人才培养模式。区域普通高中教育与区外高中教育的横向联动衔接，建立课程资源共享的机制，有效实施拔尖人才培养模式。四是创新课程建设。实现学校内部课程领域和结构的多样化。打破学科间的壁垒，整合学科知识体系。实现学科间的关联和互通，在科技、外语、体育、艺术、人文等方面形成学校内部特色，探索创办科技高中、人文高中、艺术高中、体育高中或其他类见长的特色高中，为学生发展提供多种选择。

区域普通高中多样化发展的路径和策略是依据区域特点而构筑和设计的。南岸区选择以课程领导力建设为关键推手来实现普通高中多样化发展，在实际的建设中，不断变革学校发展的样态，找到学校特色发展的路径与策略，形成了丰富多样的发展生态，用课程的多样性促进学校发展的多样化，用课程的多样性实现师生多样发展的可能。因为课程是助力学生成长的跑道，课程领导力是引领学生需求发展和学校特色发展的关键力。课程领导力建设是一所学校校长办学理念的体现；课程领导力是教师创新课程，满足学生成长需求而施教的综合体现。一所普通高中的发展史，一定是其课程发展创生史。课程领导力推进过程是一个充满创新和挑战的过程。2012 年，重庆市南岸区成为教育部深化教育综合改革示范试验区，以实施课程领导力建设项目为契机，挖掘地方优质资源和学校特色，创造学校特色品牌课程，打造优秀教师团队，成就学生个性发展，形成学校特色文化。寻找到了适合区域普通高中多样化发展的策略和路径，在区域内初步形成了普通高中多样化发展的格局。

第六章　课程领导力推进区域普通高中多样化发展的实践样态

课程领导力是指为提升课程品质，在课程实践过程中所体现出来的规划、执行、建设和评价的能力。① 区域在推进普通高中多样化发展过程中以课程领导力为主要抓手，通过区域统筹协调各方资源，着力推进普通高中在办学理念、培养目标、课程体系、办学特色等方面实现了多样化的发展。在实践层面，区域各普通高中呈现出多样化发展态势，为普通高中多样化发展提供了样本。

第一节　课程规划推进区域普通高中办学理念多样化实践

教育哲学是对教育理论和教育实践中出现的根本问题进行哲学探讨，并对二者进行指导的科学理论。理念是人们经过长期的理性思考及实践所形成的思想观念、精神向往、理想追求和哲学信仰的抽象概括。教育哲学是课程规划制定和修改的重要指导。课程规划的制定为区域普通高中办学理念多样化实践提供了重要条件。

一、课程规划与办学理念的关系

办学理念是各学校校长基于“办怎么样的学校”和“怎样办好学校”的深层次思考的结果。从内容来说，包括学校理念、教育目的理念、教师理念、治校理念等；从结构来说，包括办学目标、工作思路、办学特色等要素。课程规划的制定有赖于教育哲学的指引。课程规划的形成进一步明晰了学校的办学理念。

学校进行课程规划的前提是需要作出相应的课程决策，判断课程决策是否合理和有效，学校需要寻找必要的依据和理由，对已经作出的判断和规划进行解释和阐述，这是判定学校课程规划行为是否正确和完备的必要基础。在寻求

---

① 袁晓英：《区域课程领导力建设的理论与实践》，上海三联书店 2012 年版，第 8 页。

理由的过程中，不同的学校可以按照自身的实际进行不同的安排，但关涉到学校课程发展的共同要素，则需要学校接受课程规划所依据的基本原则和要求，我们可将其视为学校课程规划的基础。学校办学理念为学校课程规划提供了学校追求的课程预设目标与情境，保证了课程规划的深刻性与可行性。学校办学理念同时凝结着具有一定教育意义与教育倾向的教育事件，这些教育事件需要符合学生个人与群体的发展导向，它们为学生的整体与全面发展提供目标和推动力。① 因此，学校办学理念是学校进行课程规划的前提条件之一，在发展愿景和发展目标方面指导学校课程规划的制定。

课程规划的形成进一步明晰了学校的办学理念，让办学理念由抽象的概念化事物转化为形象可操作的具体事物，加强了学校办学理念的可操作性。同时依据科学的分析(主要是学校的 SWOT 工具分析)，学校可以科学的审视自己的办学理念，可以加深学校对于自身情况和办学理念关系的认识，加深学校办学理念对学校教育教学实践的指导。学校可以汲取营养，提取关键要素，结合学校的实际情况，形成具体的课程规划，并形成、落实自己学校独特的办学理念。

区域开展课程领导力建设以来，区内各高中都结合自身学校特点，在教育哲学和课程规划推动下，形成了独特的办学理念。为区域高中提升教育教学质量、促进学生全面发展、形成学校办学特色等方面发挥了积极的作用。

【案例 1】

重庆市南坪中学校

教育的终极目的在于通过教育以实现人生的价值并获得幸福生活的体验。教育是幸福的，不仅仅教是幸福的，学也是幸福的。南坪中学在“幸福教育、美丽南中”的发展总目标引领下，形成了“培养幸福的人”的办学理念，积极建构并实施幸福课程体系，为学生的幸福人生奠基。南坪中学“培养幸福的人”的办学理念有三个基本维度，其一是幸福教育的基础。认为幸福教育的起点在于有正确的幸福观，亦即师生生理、心理、伦理的健康基础；其二是幸福教育的核心是师生内心情感的优化；其三是幸福教育的目标是培养师生健全和健康的人格。

基于对学生发展核心素养的理解，结合学校实际情况和学生自身需求，南坪中学提出了学子的幸福素养：美德素养、身心素养、人文素养、科学素养和

---

① 王发斌：《基于课程领导向度的学校课程规划研究》，《齐齐哈尔大学学报》2017 年第 1 期。

艺术素养。美德素养具体表现为：责任担当、品德涵养；身心素养具体表现为：健康体魄、健全人格；人文素养具体表现为：文化积淀、人文情怀；科学素养具体表现为：科学精神、创新实践；艺术素养具体表现为审美情趣、技艺多能。

南坪中学“培养幸福的人”的办学理念的形成正是在课程规划的制定中不断提炼凝结，最终走向成熟，并在此过程中形成了学校的办学特色，也促进了学生的全面发展。

【案例 2】

重庆市辅仁中学校

重庆市辅仁中学校则从另外的路径，在制定课程规划的过程中，将自己的学校特点与特定的教育哲学结合，形成了自己独特的办学理念。党的十八大提出：把立德树人作为教育的根本任务。《国家中长期教育改革和发展规划纲要(2010—2020年)》提出：要尊重个人选择，鼓励个性发展。关注学生不同特点和个性差异，发展每一个学生的优势潜能，为每个学生提供适合的教育。注重教育内涵发展，以适应社会需要作为衡量教育质量的根本标准。开展高中办学模式多样化试验，推动普通高中多样化发展。《教育部关于全面深化课程改革落实立德树人根本任务的意见》中提出培养学生发展核心素养的要求。这些反映时代要求的政策导向使高中教育的价值功能发生了重大的转变，高中教育已步入了一个转型期。面对新的形势、新的要求，辅仁中学尊重教育规律和学生身心发展规律，调整学校价值定位，变革育人方式和办学模式，以全新的思路和姿态迎接新教育时代的到来。为此，辅仁中学对培养目标和办学理念进行了调整，提出了“三有三会”(有爱心——有广博的仁爱之心和社会责任担当；有文化——有扎实的文化基础和终身学习能力；有特长——有一定的个性特长和多元发展能力；会选择——有理性的选择思维和适切的选择能力；会生活——有积极的人生态度和健康生活能力；会创新——有科学的创新精神和探究实践能力)的培养目标。确立了“辅仁成才”的办学理念，“修德修业至仁至善”的校训，“唯实唯真，尚善尚美”的校风，“正言正行，辅仁辅智”的教风和“乐学乐思，为仁为新”的学风。确立了“办适合学生全面而有个性发展的教育”的育人理念。

随着课改的深入推进，我们相信各学校会继续研究探索，不断修改发展完善学校的课程规划，进一步结合学校自身特点、学生实际、办学条件等情况，不断丰富发展本校的办学理念。

二、区域多样化办学理念的形成与发展

学校办学理念的形成往往源于自身多年发展的文化积淀，或者是发展历史的总结。通过学校课程规划，学校办学理念得以进一步明晰，同时也让学校更加科学地梳理办学理念。

（一）学校历史影响办学理念

重庆市南岸区共有六所完全高中，他们的办学理念各具特色，如重庆二外的办学理念为“荣誉、责任”；校训为“诚信远见、追求卓越”。重庆十一中的校训为“博文修德，精益求精”。广益中学的办学理念为“行远自迩、登高自卑”。辅仁中学的办学理念为“辅仁成才”“进德修业，至诚辅仁”。南坪中学的办学理念为“成功育人、和谐发展、见臻生命的完美与幸福”，育人目标为“个个成功，人人成材”。长生桥中学的办学理念为“明德明志致真致远”。

就其办学历史来看，可以分为三类。第一类是由教会创办的学校，如广益中学、重庆十一中前身精益中学和文德女子中学；第二类是1949年前由当地有识之士筹资兴办，如辅仁中学、长生桥中学；第三类是直接由政府兴办，如重庆二外的前身重庆市立女子中学、重庆市南坪中学。如果按办学性质来看，也可以分为三类。第一类学校在兴办之初为私立学校后由政府接管变为公立学校，如重庆十一中、广益中学、辅仁中学、长生桥中学；第二类是一直由政府督办的学校，如南坪中学；第三类是由政府兴办后经重庆市人民政府批准改制为民办学校，如重庆二外。这些学校都是在办学之初就依据自身情况形成了办学理念，并在发展过程中不断发展完善。

（二）课程规划明晰办学理念

学校办学理念的形成虽然与学校办学理念密切相关，但是学校课程规划的制定是学校办学理念进一步得到梳理和发展的重要推进因素。学校课程规划通过对校情和学情的科学分析，结合自己的办学历史，以更加全面的要素阐述自身的办学理念，同时也通过课程规划进行详细地梳理和全面地落实。例如重庆二外在课程规划修订时，就重点阐述了办学理念“荣誉、责任”的内涵，并解释了课程体系中对责任的渗透，将责任分解为自我责任意识、家庭和组织责任观念、社会责任感。在构建课程体系中也重点渗透了责任的课程目标。

根据学校的发展历史和课程规划，学校发展的历史是学校现状和办学理念形成的基础和重要因素之一，它会让学校及师生形成共同的教育信念。课程规划的制定更加明晰了学校的办学理念。区域在总结学校办学历史、发展现状的前提下，指导学校编制课程规划并发展了多样化的学校办学理念。

【案例1】

四川外语学院重庆第二外国语学校

四川外语学院重庆第二外国语学校的前身是创办于1940年的重庆市立女子中学校。1952年，在重庆教育局邓垦局长的亲自关怀下，从玄坛庙迁址到涂山湖畔(今南山街道)，更名为重庆市第四女子中学。1969年，更名为重庆市第四中学校。1997年，经重庆市人民政府批准更名四川外国语学院重庆第二外国语学校，成为一所股份制、全日制、全封闭完全中学，是重庆市唯一一所股份制市级重点中学。结合历史和发展要求，学校将办学理念确定为：荣誉、责任。学校培养的目标是要让学生具备自我责任意识、家庭和组织责任观念、社会责任感。所谓“自我责任意识”就是能对自己负责，对自己的言行负责，也就是要达到“立身以正之合格公民”的培养要求。“家庭和组织责任观念”是希望学生有家国观念，能承担家庭和未来所在组织的责任，能用自己的能力成为家庭的顶梁柱和组织中的佼佼者，最终成为立志致远之业界精英。所谓“社会责任感”则是培养学生的“家国情怀”，能够引领时代潮流，用自己的知识、能力和高尚的情操为人类和世界的发展与进步贡献自己的力量，最终成为“领军人物”，追求卓越。

重庆二外在发展中不断凝聚共识，历经近70年的发展形成了“荣誉，责任”的办学理念，并在课程规划的过程中明晰了这一理念，形成了以学生具备自我责任意识、家庭和组织责任观念、社会责任感为核心要素的培养目标。

【案例2】

重庆市辅仁中学校

重庆市辅仁中学校的办学历史最早可追溯到清同治四年(1862年)，乡人张寿黔、张瑞同在巴县东里惠民乡兴建辅仁书院。民国三十年(1941年)，北京师范大学毕业生张仲纯、北京大学毕业生张君仲商议，将原辅仁书院和育才义校的田产，作为办学经费，成立校董会，定名辅仁中学校。这一时期学校的办学理念为“进德修业，至诚辅仁”。“进德”就是培养自己的崇高思想品德，成就作为一个社会人的基础道德，这是成人之本。“修业”是人生的另一大任务，知识经济时代需要的是具有创新精神和实践能力的人才，要立足于未来的社会，就要珍惜机会，打好基础，夯实基本技能，培养关键能力，发展创新思维，提高综合素质。“至诚”就是极致的诚信，是儒家道德修养的最高境界。诚是圣贤自修与教人不变的真理。做到诚信的人，就必须选择至善的道德，并且要坚守不渝地实行它才行。“辅仁”一词来源于《论语·颜渊》：“曾子曰：‘君子以文会友，以友辅仁。’”即提出了教师要以学问道德为学生楷模的要求，正所谓“修辞立其诚”，表明了辅仁中学的办学目的就是以极致的诚信，辅人成才，辅材成仁，最终成为不忧不惧，众德兼备，胸怀世界的仁者。辅仁中学在当前多元文化交融、多元价值冲突和多元需求选择的背景下，在办学治学的过程中，以尊道崇德作为办学之本，以至诚辅仁作为办学的方法和目的，正是儒家思想的体现，教育本原的回归。

辅仁中学在国家课程纲要和学校“三有三会”培养目标的引领下，通过“双培扬长、分层分类”走班教学改革，实现“办适合学生全面而个性发展的教育”的办学目标。“双培扬长、分层分类”走班课程设置是为了更好地落实好国家课程、地方课程标准，让其校本化、个性化，满足学生多方面、多层次的需要，形成我校自己的特色。

基于学校课程领导力视域的学校课程规划，为学校设计了一个符合本校实际的课程发展蓝图。学校课程发展成为学校教育教学的重要切入点和工作重心，为厘清学校办学理念，推动学校发展提供了内生动力。随着课改的深入推进，区内各学校会在教育哲学的指引下，进一步结合自身学校特点，更好地完善本校的办学理念，进而推动整个区域教育事业的发展。

第二节 课程开发推进区域普通高中培养目标多样化实践

课程开发是课程建设的关键要素和核心步骤，当前课程开发中要坚持以培育学生核心素养为主要目标和导向；注重高中教育的基础性和综合性的有机结合，培养学生的必备知识和关键能力。还要注意挖掘学科的核心价值。让课程开发服务于学生的全面发展，从而推动普通高中多样化发展，促进普通高中培养目标的多样化。

一、基础课程满足学生全面发展

基础课程因为其基础性要求，必须兼顾学生多样化发展要求，区域课程开发中以“立德树人”的总要求，夯实学校国家课程的质量，将学校课程纳入学校课程规划中，形成了多样化的课程体系，为促进学生全面发展的培养目标奠定基础。

人们一直致力于课程的研究，但由于个人认识角度的不同，对于课程很难有统一的界定。在西方，课程是从拉丁文(currere)一词派生而来，原意是“跑道”(race—course)，西方依据这个词源，将课程定义为学习进程。英国教育家斯宾塞在《什么知识最有价值》一文中最早使用教育这个词。人们对此的理解是“学习内容的系统组织”。到了近现代，人们对课程的理解更为多样化。国内对课程概念有代表性的表述有：课程是教学内容及进程的总和，[①] 按照一般的理解，课程一词指的是学校的教学内容。[②] 也有的学者将课程的定义归类，分为六种类型：①课程即教学科目；②课程即有计划的教学活动；③课程即预期的学习结果；④课程即学习经验；⑤课程即社会文化的再生产；⑥课程即社会的改造。[③] 总结起来，课程分为狭义和广义两个方面：狭义的课程是指教学内容，主要体现在教科书、课程(教学)计划和课程标准(教学大纲)中；广义的课程指的是学生在学校中获得的经验，它包括学科设置、教学活动、教学进程、教学活动及学校的环境气氛等。广义的课程不仅包括课程表所规定的显性学习内容，也包括学生的课外活动以及学校中潜在的各种文化教育因素；它不仅指书本知识，也包括学生个人所获得的感性知识，个人经过系统的整理由实践反复检验的科学知识和个人的经历产生的情感体验。通过对课程定义的理解，我们可以归纳出三种有代表性的课程本质观：课程是知识，课程是经验，课程是活动。[④] 基础教育课程改革纲要将课程分为学科课程、综合课程和活动课程，必修课程和选修课程，国家课程、地方课程和校本课程。

依据三种代表性的课程观，我们将基础课程定义为，为学生继续学习提供基础知识与基本理论，培养学生基本能力与基本素质而设计安排的一组系列必修课程或学科课程。基础课程包含理论教学；也包含相应的调查、实验、实作等实践性教学环节；也包含课堂教学、课外教学；还包含教师教的部分和学生学的方面。[⑤] 基础课程教学是学校最基本的教学工作，也是人才培养过程中传授基础知识、基本理论和培养学生学习能力的最重要的环节，是培养学生科学文化素质的主渠道，是培养学生创新能力和创新意识的温床。

“人的全面发展”在不同的历史时期和不同的社会条件下有着不相同的内涵

---

① 王策三：《教学论稿》，人民教育出版社 2000 年版，第 202 页。

② 陈侠：《课程论》，人民教育出版社 1989 年版，第 12 页。

③ 施良方：《课程理论：课程的基础、原理与问题》，教育科学出版社 2000 年版，第 3 页。

④ 丛立新：《课程论问题》，教育科学出版社 2001 年版，第 76—78 页。

⑤ 电子科技大学应用数学系：《新世纪工科数学教育探索》，电子科技大学出版社 2000 年版，第 3—4 页。

和层次，然而，无论不同历史时期的人还是同一历史时期的不同人对“全面发展”的理解和追求有多么不同，其实质却是相同的，即不断地追求自身的完善。纵观人类教育史，全面发展一直是人类教育的不懈追求。我国古代教育的“六艺”，即“礼、乐、射、御、书、数”，就代表古代的全面发展教育思想。近代捷克大教育家夸美纽斯的全面发展教育思想，体现在其提出的“人人应该受到一种周全的教育”以及“教育应该是周全的”理论中。德国教育家赫尔巴特认为“因为人的追求是多方面的，所以教育者所关心的也应该是多方面的”。我国近代教育家蔡元培的全面发展教育思想，特别是他提出的“五育”方针对我国民国时期的教育以及后来教育思想的全面发展产生了深远的影响。现代世界大多数国家都坚持培养全面发展的人的教育方针，如1985年的《日本临时教育审议会关于教育改革的第一次审议报告》指出：“在学校里，要特别注意贯彻德、智、体各方面协调发展的基本教育。”我们必须强调德、智、体协调发展，再加上实践与技能培养、教育。① 我们全面发展有广义和狭义之分，广义的“全面发展”应包含四个层面的内涵，即完整发展、和谐发展、多方面发展和自由发展。而基础教育中学生的全面发展是狭义的全面发展，全面发展把人的基本素质分解为诸多要素，学生在德、智、体、美、劳等各方面都得到和谐且完整的发展。

【案例 1】

重庆市南坪中学校

基于对核心素养的理解，结合学校实际情况和学生自身需求，南坪中学提出了南中学子的幸福素养：美德素养、身心素养、人文素养、科学素养和艺术素养。美德素养具体表现为：责任担当、品德涵养；身心素养具体表现为：健康体魄、健全人格；人文素养具体表现为：文化积淀、人文情怀；科学素养具体表现为：科学精神、创新实践；艺术素养具体表现为审美情趣、技艺多能。五大素养从面上而言是并列关系，同时又以美德素养为本(坚持“立德树人”根本目标)。希望把学生培养成有品德、有内涵、有智慧、有修养，健康发展的中学生。

---

① 程锦：《个性化的全面发展：教育目的的应然选择》，《商丘师范学院学报》2015年第8期。

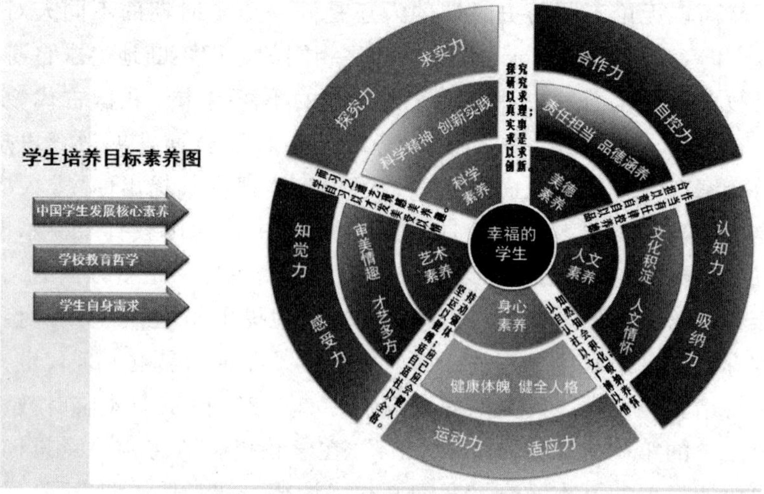

图 6-1　南坪中学学生培养目标素养图

学校幸福素养课程体系是基于学生能够充分完成国家课程，具备国家课程标准要求的学科基础知识，同时也能够找到自己适合的个性化发展平台，从而符合中学生核心素养的发展要求。总体而言，我们的课程设置就是为学生的幸福人生奠基。因此可以看出学校以培养幸福的学生为目标，在基础课程方面有效整合发展国家课程，让国家基础课程找到了恰当的校本化表达。

【案例 2】

重庆市长生桥中学校

为了满足学生成长与学习需求，实现学校培养目标，充分利用课程资源，在保证基础课程有效实施的基础上，开发拓展课程和探究课程，建构“生活教育·生态课程”体系。基础课程是国家规定的必修课程，是所有学生共同修习的课程，由学科类基础课程与活动类基础课程组成。

学科类基础课程依据各学科课程标准，开设以学习自然科学和人文社会科学基本理论、基本技能为主的课程，主要着眼于学生基本能力的培养，基本素养的形成和发展。

活动类基础课程依据中学教育阶段育人目标，开展爱国主义、集体主义、社会主义教育，开展中华民族优良传统和中国革命传统教育，开展法制教育和民主、科学教育，开展基本国情和时事教育，开展民族团结教育、国防教育和廉洁教育，开展青春期卫生常识和心理健康教育，开展社会公德和劳动技能教育等活动课程。

长生桥中学的基础课程在学科类基础课程之外，突出了活动类基础课程，

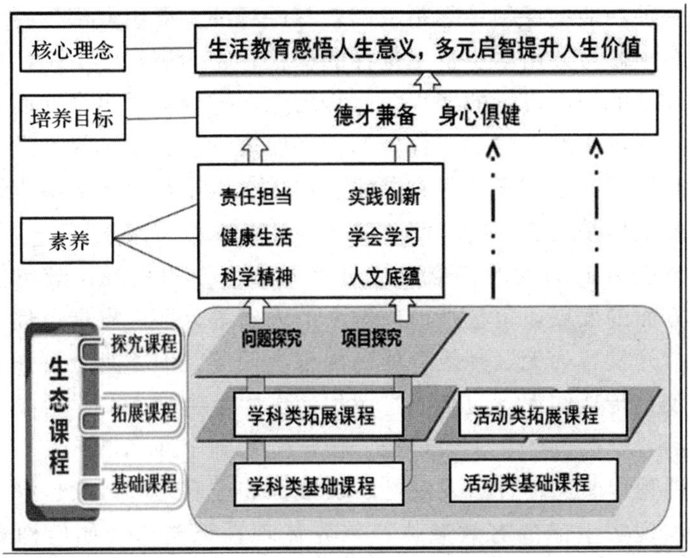

图 6-2　长生桥中学课程立体结构图

这一基础课程的分类为学生全面发展提出了有效的课程方案，有效融合了德、智、体、美、劳全面发展的发展要求，为学生未来进入社会打下了坚实的基础。

二、拓展课程促进学生优质发展

拓展课程是在基础课程以外的，主要是由学校根据培养目标和办学理念开发的校本课程，也包括国家课程的选修课程校本化。拓展课程为学校更加高阶的培养目标提供一定的支持和保障，促进学生的优质发展。

学校课程由基础型课程、拓展型课程和研究型课程构成。拓展型课程以培育学生的主体意识、完善学生的认知结构、提高学生自我规划和自主选择能力为宗旨，着眼于培养、激发和发展学生的兴趣爱好，开发学生的潜能，促进学生个性的发展和学校办学特色的形成，是一种体现不同基础要求、具有一定开放性的课程。拓展型课程由限定拓展课程和自主拓展课程两部分组成：限定拓展课程主要由综合实践学习领域的学校文化活动与班团队活动、自我服务与公益劳动、社区服务与社会实践等各类活动，以及国家规定的各类专题教育组成，是全体学生限定选择修习的课程。自主拓展课程主要由基础型课程延伸的学科课程内容和满足学生个性发展需要的其他学习活动组成，是学生自主选择修习的课程。拓展课程定位：①在建设与实施选修课程和活动课程过程中逐步发展形成的一种功能型课程；②是基础教育课程的重要组成部分；③是国家规定每位学生必须修习并由学生自主选择的课程；④为满足学生个性发展需要和社会多样化人才的需求设置的课程。课程理念：①促进学生全面而有个性的发展；②为学生提供丰富多样的课程资源；③促进学生自主选择性学习能力的形成；④着力开发与建设校本课程；⑤建立促进学生个性发展的课程评价体系。

学生优质发展是指学生的全面、健康、和谐、可持续发展，这里的发展既包括知识、技能方面的发展，也包括过程方法方面的发展，既包括情感、态度、价值观方面的发展，也包括形成健全的人格等方面的发展。促进学生全面发展，求知与开发智力无疑是教育的一项根本任务，但不是唯一任务。课程的功能绝不仅仅是传授知识，应当通过课程使学生学会做人、学会求知、学会劳动、学会生活、学会健体、学会审美、使学生得到全面和谐的发展。

拓展型课程以其灵活性、发展性、实践性和丰富性等因素也越来越成为连接中学课堂和现实生活的有效载体。首先体现在课堂内，如何构建拓展型课程，引导学生探索、发现知识的形成过程和发展规律，如何结合生活实际为学生提供活动交流的条件，使学生获得必需的基础知识和基本技能。其次延伸在课堂外，如何结合有关教学内容，采用灵活多变的形式，使学生在实践中体会数学的思维方式，增长综合运用学科知识的能力，分析研究和解决简单实际问题的能力，激发学生的创新能力，促进学生的个性发展。

拓展型课程更加强调以学科知识为基础，它不脱离学科知识，而是学科基础知识和基本方法与实践的融合与联通，它强调真实的社会生活情境；它强调还原于丰富的生活，结合生活中有趣、有挑战的问题，而非教授学生孤立、抽象的学科知识；它更加强调不是知识的接纳过程而是知识的运用和自主建构新知的过程。在教学中，教师根据学生的认知规律和知识基础，开展调查探究、劳动技术、社会实践等活动，让学生了解社会、探究自然、体验生活，培养学生科学探究、动手实践、团结协作的能力，使学生动手动脑进行实践和思维想象，发展学生的综合实践能力。主要方式有：基于教材内容的小课题研究；基于校外资源的小课题研究；基于乡土、社区资源的小课题研究。学生在“发现问题—审定问题—收集资料—研究问题—发表成果”的探究过程中，应用了知识、锻炼了能力、拓展了思维、发展了个性。

学校拓展课程的开发，丰富学科资源，延伸学科课堂，拓展学生发展的空间，开阔学生的视野，充分锻炼学生实践能力，培养学生的创新能力。拓展课程的开发，可以陶冶学生情操，促进学生身心健康；可以培养学生的团结协作精神和社会活动能力。当今中学生在校园学习生活当中，时常暴露出自私自利、不易相处、依赖性强、意志力差、责任心弱等问题，尤其在团结协作的意识和能力方面更是不尽人意。许多社会学家认为，团结协作能力和社会活动能力在当今和未来世界更为重要。因此，把团结协作能力培养融入学校课程活动中，不仅是为了顺应社会发展的需要，也是对国家和地方课程的有效补充。拓展课程的开发，可以提升学生的艺体素质。由于拓展课程开发的出发点是学生的兴趣，侧重于活动性，极大地丰富了学生的学习生活。学生的个性特长得到了发挥和锻炼，素质得到了全面提升。拓展课程的开发和实施，使学生的综合素质全面提高。随着学校拓展课程建设力度的加大，会更大地促进学生优质发展。

【案例 1】

四川外语学院重庆第二外国语学校

四川外语学院重庆第二外国语学校按照区域课改要求，基于核心素养的理论梳理，制定了学校的课程规划，明确了学校的培养目标，初步构建了学校的课程体系和评价管理方式，从机制上保障国家课程的落地和核心素养的落实。尤其是在学生培养目标的阐述上，初步完成了核心素养的校本化表达。

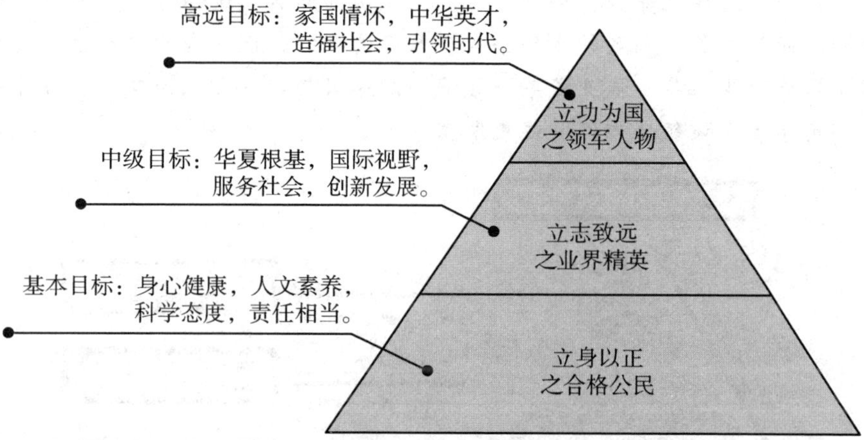

图 6-3 重庆二外学生培养目标图

学校培养的中级目标是立志致远之业界精英，其中最为重要的素质是服务社会和创新发展。也就是要通过基础教育的三年或六年，培养学生的集体和社会责任感，让学生具有服务社会的意识和基础能力，具有较强的创新意识和创新观念。学校培养的高远目标是立功为国之领军人物，所谓领军人物是各行各业中具有崇高的价值追求、出类拔萃的素养、卓越的领导才能、能在复杂的环境中取得巨大成就、享有较高行业美誉度的成功人士。

基于学校的高远培养目标，英语拓展课程在具体的教学实践中，通过 3E (Expose，Engage，Evaluate)课堂教学模式以及 PBL(Project Based Learning)

的单元教学模式，使学生的学习具有探索性、主动性。传统的灌输式教学一般是“老师讲，学生听”，这种方式是以教师为中心，以知识为本位学生处于被动的地位，学生的学习只能跟随教师的思路为学知识而学习，不能发挥学生的探索性和主动性；而PBL教学法是以学生为中心，以问题为基础，学生通过讨论、查资料等多种方式获得解决问题的方法和答案，这就使得学生的学习由被动变为主动，由盲目变为有目的地探寻问题的答案和实质的主动探索过程。在教学实践中培养学生的问题解决能力、创新能力和领导才能，为学生以后更高层次的发展打下了良好基础，同时通过三年或六年的培养，学生的外语能力和国际视野更加开阔，也让学生拥有宽厚的积淀。

【案例2】

重庆市辅仁中学校

为了实现“三有三会”的培养目标和课程目标，按照学校“双培扬长、分层分类”的实施路径，建构了“双培扬长”课程体系，开发了多元的选择性课程和发展性课程。选择性课程，培养学生的自我认知和自我选择能力，开发和培育学生的潜能和特长，满足学生的个性化学习需求，强调学生的选择性。发展性课程，培养学生在某一专业或某一领域的浓厚兴趣，使之成为其一生奋斗的目标，满足学生在该领域内终身发展所需。

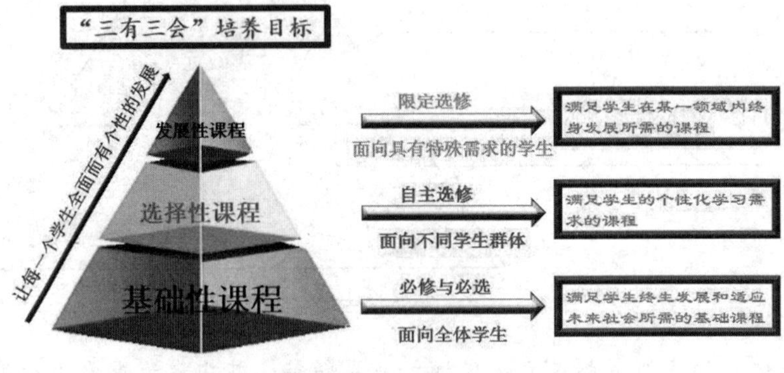

图6-4　辅仁中学学校课程层级图

辅仁中学校的课程体系在课程类别的划分上以国家课程的划分标准为依据，分为：语言与文字、人文与社会、科学、数学、艺术、体育与健康、技术、综合实践、德育、创新等十大类。在课程层次的划分上按照学生的学习需求层次与发展层次分为三个层级的课程，即：基础性课程。培养学生基本的身心素养、道德素养、文化素养、艺术素养等，为学生的终身发展和未来社会角色的适应奠定基础，课程重在基础性和普适性。选择性课程，提升学生的学习能力和学科素养，开发学生的优势潜能，培养学生的个性特长，满足学生的多样化、个性化发展需求，课程重在选择性和适合性。发展性课程注重培养学生在某一专业领域的浓厚兴趣，使之成为一生追求的目标，为学生将来在该领域终身发展打基础。

选择性课程和发展性课程重在培养学生的兴趣爱好，为学生终身发展奠基。体育与健康课程贯彻“健康第一”的原则。体育与健康课程所要求的健康知识，让学生在进行体育活动时有所了解，不组织笔试。保证国家规定的学生体育锻炼时间，促进学生身体素质与心理素质的提高。综合实践活动是国家规定的必修课，包括信息技术教育、劳动与技术教育、研究性学习、社区服务和社会实践等，旨在使学生通过亲身实践，关注生活和社会问题，增强社会责任感，提高收集与处理信息的能力，综合运用知识解决问题的能力，交流与合作的能力、创新意识和实践能力。各教研组或个人开发一些与学科相关的课程，供学生选择。

【案例 3】

重庆市长生桥中学校

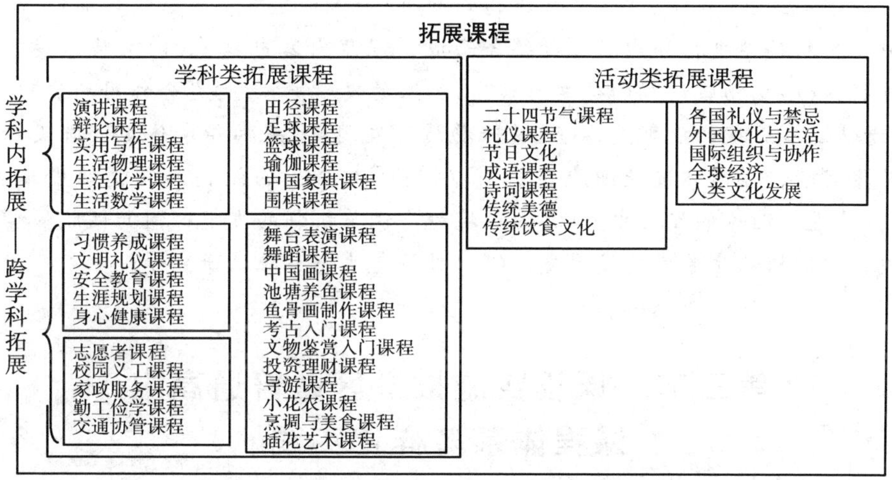

图 6-5　长生桥中学拓展课程图

学校拓展课程是学校面向兴趣爱好与个性发展需求不同的学生群体，基于知识模块整合而开发课程，分为学科类拓展课程与活动类拓展课程。学科类拓展课程是依据不同学段学生的认知能力和理解水平，开发学科内拓展课程与学科间整合课程，以拓宽课程内容的深度和广度。活动类拓展课程是帮助学生进一步增强对活动类基础课程的理解，主要着眼于学生品格培养、潜能发展，个性形成，促进学生多元化发展，促进学校形成办学特色的开放性课程。

基于学生发展的多样性和对课程选修的多样，学校依据构建的基础性、拓展性、探究性三类课程结构，将与该学科或研究主题具有逻辑联系的若干课程在知识、方法、问题等方面进行重新规划、整合构建而形成有机的课程群。课程群不是简单的课程集合，而是基于知识体系构筑的有机课程体系模块。课程之间不会主动发生关联，需要教师秉持课程群的思想，发挥主观能动性，建立课程间的内在联系。学科教师是承载课程群构建工作的主体。

仅把几门有内在逻辑联系的课程集结一处，只是一个"课程集合"，只有课程间完成了整合，成为一个课程体系，才能称之为"课程群"。因此，课程群建设应将重心放在相关课程之间内容的整合上。课程群中相关联的不同课程之间的内容存在着很大的重复性，课程组教师应该通过对不同课程内容进行深入分析，寻找相互之间的内在关系，找到恰当地将不同课程联系在一起的主线(研究主题)，将课程内容进行优化整合，进行再设计。

学校在学科内知识模块进行了整合研究。深度解读《课程标准》，把握课标要求；梳理学科重要知识点；探寻模块及模块间知识的层递关系。通过以上三条举措，搞好知识与能力的模块整合。如生物科学史课程就是将高中生物"必修 1 分子与细胞"模块、"必修 2 遗传与变异"模块、"必修 3 稳态与环境"模块中关于生物科学史部分内容进行整合而成。课程内容包括：(1)细胞学说的建立过程；(2)生物膜结构的探索历程；(3)酶的发现史；(4)光合作用的发现史；(5)遗传基本规律的发现史；(6)遗传物质的发现史(基因染色体上、肺炎双球菌转化实验、噬菌体侵染细胞实验)；(7)DNA 分子的结构和复制的发现史；(8)生物进化理论的发展史；(9)内环境稳态调节机制的发现；(10)促胰液素的发现；(11)植物生长素的发现史；(12)种群与生态系统的研究等。

第三节　课程实施推进区域普通高中课程体系多样化实践

课程实施是课程推进和落实的关键环节和重要步骤，通过课程多样化实施，可以有效推进区域普通高中课程体系多样化，而课程体系多样化是普通高中多样化发展的一个重要标志。区域课程体系多样化主要表现为学科知识拓展多样、职业技能培训多方、兴趣特长培养多元、实践能力训练多维四个方面。

一、学科知识拓展多样

区域普通高中在多样化发展的积极探索和有效尝试方面，以课程领导力的相关理论为指导，在课程建设上进行了切实有效的工作。从高中选修课开设与实施、奥林匹克竞赛课程开设与实施、高校自主招生项目课程开设与实施等方面进行总结。

(一)学校校本选修课程

在本课题研究过程中，正值教育部颁布了2017版普通高中课程方案，构建了适合中国特色的普通高中课程体系，在必修课程的基础上，增加了选修课程，确定了必修和选修的学分，凝练了各个学科的核心素养。

区域普通高中利用本土资源，由该校教师、外聘教师、学生家长开设了各种选修课，这些选修课绝大多数是对高考学科语文、数学、英语、日语、俄语、德语、西班牙语、物理、化学、生物、政治、历史、地理等学科知识的拓展。各校高中在2018年9月—2019年1月(2018—2019学年度秋季学期)开设选修课数量统计如表6-1所示。

表6-1　区域普通高中2018—2019学年度秋季学期开设选修课统计表

区域普通高中	选修课数量/门	竞赛课程/门	自主招生课程/门
重庆市第十一中学校	73	14	9
四川外语学院重庆第二外国语学校	71	12	8
重庆市辅仁中学校	36	2	3
重庆市广益中学校	22	3	5
重庆市南坪中学校	45	2	4
重庆市长生桥中学校	25	2	3

(二)学科竞赛类拓展课程

为了让有创新潜质的学生挖掘自己的潜质，培养一批痴迷于自然科学的有创新潜质的科研后备人才，区域普通高中重点开设了数学、物理、化学、生物、信息科学等五个学科的奥林匹克竞赛课程，在学科知识拓展上做了大量的研究工作。各学科在高中学科知识上的拓展，统计如表6-2所示。

表6-2　区域普通高中2018—2019学年度秋季学期奥林匹克竞赛知识拓展一览表

奥林匹克竞赛课程	学科知识拓展内容
数学	数论、参数方程、复数、极坐标、柯西不等式、曲线与方程、微积分
物理	导数、极限、微积分、相对论、物理光学、奥赛物理实验

续表

奥林匹克竞赛课程	学科知识拓展内容
化学	大学无机化学、大学有机化学、结构化学、物理化学、分析化学
生物	大学植物学、动物学、细胞生物学、生物化学、遗传学、生理学、动物行为学、生态学
信息学	C＋＋语言基础、数据结构、算法设计、计算机程序设计与应用

(三)高校自主招生培训课程

早在2003年，中国教育部开始推行自主招生，结束了此前高校只能在每年同一时间招考的历史。2015年起，自主招生考试安排在全国统一高考后进行，自主招生试点高校仍允许安排笔试环节。通过高考自主招生笔试和面试之后，可以得到相应的高考降分政策，一般通过考试后招生学校会与其签订招生考试合同，签订合同后，一般可享受降低十分至几十分录取的优惠政策，另外还有专业选择方面的优惠，具体合同要与学校交流和签订。从2015年起，所有试点高校自主招生考核统一安排在高考结束后、高考成绩公布前进行。笔试考试不得超过两门，考核过程全程录像，以防作弊。2017年，有90所试点高校，其中77所面向全国招生。

区域普通高中根据自主招生的政策变化，结合南岸区的实际情况，各校根据学校的实际情况，开设了自主招生培训课程，拓展了学科知识。以重庆二外自主招生培训课程为案例，描述如下。

1. 案例背景描述

2017年9月，重庆二外高中2020届学生入学后，学校对刚刚毕业的高中2017届学生获得高校参加自主招生资格以及最后获得各高校降分录取的情况进行了搜集、统计、调查、访谈，通过高考阳光平台各高校2017年向社会公示的降分信息的对比，发现重庆二外在自招项目中虽然已启动，但是还有很多工作可以做细，故根据2020届学生的实际情况，确定开设自招培训课程。

2. 课程开设情况

开设项目	承担课程
高校自招语文笔试	语文思维训练、语文表达训练、语文阅读训练、语文常识训练、语文写作训练
清华大学经学培训	蒙学(《三字经》等)

续表

开设项目	承担课程
清华大学经学培训	《诗经》
清华大学国学培训	《史记》
清华大学国学培训	《左传》
清华大学经学、国学培训	文字学
高校自招数学笔试	数学思维训练、数学计算训练、数学能力培养
高校自招英语笔试	英语单词拓展、英语语法训练、英语写作训练、英语文化思考
清华北大艺术史论、文化产业管理、影视文学评论培训	艺术史论、艺术鉴赏、审美概论
清华北大飞行学院培训	形体训练、身体素质训练、审美训练

3. 开设及实施过程

从 2017 年 9 月开始，高中 2020 届召集相关教师召开全国高校自主招生培训工作会议，确定有学科创新潜质的学生名单；由担任过项目培训的教师确定教学内容和培训时间、培训方式、检测方式，最后确定项目培训方案，提交学校课程发展中心审核。

①高校语数外笔试培训时间：每周周日上午，每学科一个小时。

②清华经学、国学项目培训时间：每周三晚上开设两门，各两个小时，每周六晚上开设两门，各两个小时。

③清华北大艺术史论、文化产业管理、影视文学评论、北大清华飞行学院培训项目，根据该项目具体情况确定实施。

(四)各类竞赛活动课程

区域普通高中根据新的高考自主招生条件，组织学生参加全国多种比赛，主要包括征文大赛、写作大赛、演讲比赛等。以重庆二外为例，描述如下。

1. 实施背景

重庆二外高中 2020 届领导小组成员李祥、温济勇、刘海明，根据新的高考改革和教育部颁布的全国高校自主招生相关文件，分析 2020 届学生的具体情况，为拓展学生学科知识的实验研究，分析目前通过参加全国各种竞赛，有利于文科学生在语文、英语、政治、历史、地理等高考学科上进行学科知识拓展，积极启动该项活动，让学生在参与各种赛事中，不断拓展自己的知识，扩大学生视野，提升学生能力，提高学生各个学科的核心素养。

2. 活动实施方案

由语文、英语、政治、历史、地理教研组组长通过相应的组织和网络，对各种竞赛赛事进行全方位的梳理，了解各种赛事的主办机构和承办机构，了解各种赛事的举办宗旨，了解参加赛事过程中学生学科知识的拓展情况，分析赛事参与的各种情况，积极组织学生参与到各种赛事中。梳理各种赛事的基本情况，积极组织参加，最后获得一些奖项(详见表 6-3)。

表 6-3　重庆二外学生参赛项目统计表

学科	比赛名称	组织机构	获奖情况
语文	全国中小学创新作文大赛	中国写作学会主办，北京大学中文系、武汉大学文学院	省级一等奖 1 人 省级三等奖 2 人
	“新概念”作文大赛	《萌芽》杂志社、中国当代文学研究会、北京大学、清华大学、复旦大学、华东师范大学、南京大学等十余所知名高校联合主办	全国三等奖 1 人 市级二等奖 1 人 市级三等奖 5 人
	北大培文杯创意写作大赛	北京大学中国语言文学系、北京大学艺术学院、北京大学新闻与传播学院	全国三等奖 1 人 市级二等奖 1 人 市级三等奖 4 人
	“语文报杯”作文大赛	《语文报》	省级一等奖 1 人
	中华之星国学大赛	《中华活页文选》杂志社	一级甲等 2 人、乙等 1 人、丙等 4 人
	重庆市第八届青少年科普征文大赛	重庆市科学技术委员会、重庆市教育委员会、重庆市文化委员会等	市级一等奖 1 人 市级三等奖 2 人
	中国诗词大会	中央电视台科教频道自主研发的一档大型演播室文化益智节目	重庆赛区第四名

续表

学科	比赛名称	组织机构	获奖情况
英语	全国中学生英语能力竞赛	国家基础教育实验中心外语教育研究中心、全国中学生英语能力竞赛全国组织委员会等	全国一等奖 1 人 全国二等奖 3 人 全国三等奖 2 人
	“希望之星”英语风采大赛	北京星路风采国际教育咨询有限公司	高中组一等奖 1 人 高中组星光奖 2 人
	21 世纪赛学杯英语作文大赛	中国日报社二十一世纪英文报与北京赛学科技有限公司联合主办	市级一等奖 3 人 市级二等奖 4 人 市级三等奖 3 人
	“英语周报杯”英语读写能力大赛	中国外语与教育研究中心中小学英语教育研究中心、英语周报社等	全国二等奖 3 人
地理	“中华杯”全国研学旅行大赛	陕西师范大学基础教育研究院与《中学地理教学参考》编辑部	全国特等奖 1 人 全国一等奖 4 人 全国二等奖 4 人
历史	“燕园杯”中学生历史写作大赛	北京大学历史学系、复旦大学历史学系、南开大学历史学院等	全国二等奖 1 人 省级一等奖 1 人 省级二等奖 2 人
综合	全国中学生第三届创新能力大赛	中国下一代教育基金会、中国教育发展战略学会高中教育专业委员会	18 人晋级第二阶段
	寻根乡愁记住年味——狗年春节微孝行动	市委宣传部、市文明办	赵彬尘获得重庆市一等奖

二、职业技能培训多方

面对未来国际国内形势，培养下一代的技能技巧、创新能力是当前教育义不容辞的责任。培养学生树立起对家庭社会和国家应尽的责任意识，养成良好的行为习惯。先做人后做事，形成正确的世界观人生观价值观，做合格的公民。先成人后成才，学校教育应该注重学生知识与能力的培养，培养学生的核心素养，让学生成为新时代核心素养的全面型人才。

(一)学生生活教育课程

辅仁中学秉承“辅人成才，辅材成仁”的办学理念，秉承“办适合学生全面有个性发展的教育”的育人理念，对学生进行生活细节的培训。因为现在的学生自理能力较差，特别是寝室的整理，几乎没有这个概念，即使有生活教师督促，学生也只是忽悠忽悠几下，不认真整理。俗话说“没有规矩，不成方圆”，辅仁中学决定培养学生的生活自理能力，用一个周六上午统一给学生上生活自理培训课。

培训过程：2018 年 9 月 16 日，辅仁中学以“生活即教育、社会即学校”为宗旨，以“快乐周末，意义周末”为途径，举办了两个培训活动：第一，周末管理细则培训；第二，教学叠军被。

第一课为周末管理细则培训：在阶梯教室，由学生生活部部长给初一学生讲座《五彩生活从周末规范开始》，在年级领导讲话后，还组织了知识有奖竞答。

第二课为教学叠军被：在大操场上，整齐地铺满了竹篾席子，在每一席上放一床被子，先是退役军人生活教师率先示范，然后学长学姐亲临现场示范，学长学姐手把手指导，家长也由观看到动手帮助，学生认真观看，不辜负教诲和指导，叠成的被子放在整齐的席上的同一方位，整齐划一，美观大方。最后，学生在享受排队领奖品的幸福中结束了培训活动。

培训效果：经过一上午的培训活动，同学们兴高采烈，喜庆洋溢，收获颇丰。既培训了技能，规范了行为习惯，又增长了知识，团结了同学，提高了生活自理能力。

(二)学生职业技能课程

长生桥中学师生认真践行课程领导力建设，不忘把重点放在课堂，将课改落地于课堂，着重解决教师在课堂上碰到的问题。学校申报了精品课程“池塘养鱼技术与鱼骨画创作基础”。鱼骨作画入课程，是长生桥中学职业技能培训的最大亮点。

长生桥中学结合学校的自然风貌和学生的实际，培养学生进行“池塘养鱼技术与鱼骨画创作”，建构了“池塘养鱼技术与鱼骨画创作”课程，总结出了两种职业技能课堂教学模式，课堂教学模式一：①操作流程——②技术标准——③设计创作——④成果分享——⑤经验交流；课堂教学模式二：①提出问题——②合作研究——③交流启发——④体验成长——⑤学习评价。课程 36 课时，让学生学以致用。

通过“池塘养鱼技术与鱼骨画创作”课程的学习，学生不仅学会一门技能，而且陶冶了情操，课程具有较强的教育价值。如一位学生仿作的《带着树一起飞的鸟》，当师生们欣赏画作时，也得到了审美教育：当一片土地污染严重，无法继续生存，小鸟带着树一起迁徙，因为树是鸟儿的家园。另一学生仿作的《沾满露水的翅膀》很有现实意义，现在孩子家庭作业繁多，课外补习班占去了他们大量的课余时间，因为那看似美丽实则沉重的露珠落在了翅膀之上，他们正如画中蝴蝶一样不能展翅飞翔。

“鱼骨入画课程”，让学生在收集鱼骨过程中，关注到现在的生活环境，知道收来的鱼骨污染是那么严重，让学生在艺术欣赏的过程中成为环境的忠实保护者，呼吁人们保护环境。

学校课程领导力不仅指学校对所开设课程的管理能力，还是指包括学校课程开发、设计、实施、评估等在内的整个学校课程建设的能力。在新高考背景下，学生的生涯规划显得尤为重要。例如，重庆十一中关注对生涯职业规划的课程建设。在校精英教师团队对课程领导力的深入研讨下，建设学生职业技能发展的课程，开展增强职业技能的相关课程，并取得丰硕成果。

2018 年，重庆十一中开设的选修课——“中学生社团领导力训练”被市教委评为 2018 年重庆市普通高中精品选修课程。学生社团活动本质上是一种综合实践活动。根据国家《综合实践活动指导纲要》精神，设计开发校本课程，将综合社会实践活动课程和学生社团活动有机结合起来，让学生在“实践体验”和“知识理论”之间形成往返运动，不仅可以激发学生进行较高层次的认知与思考，面向社区、社会进行正向价值观念的团队实践活动，还可以帮助学生进行自我设计、自我完善、自我评价和自我学习。

重庆十一中开设的选修课——“微电影创作”被市教委评为 2018 年重庆市普通高中精品选修课程。该课程构建了有关微电影创作的筹备、创作、拍摄、后期制作等系列内容的完整课程内容，整合了文学、美术、摄影、信息技术等多方面学科资源，是以培养学生的创新精神和实践能力为宗旨，不仅培养学生的知识技能(编剧能力、摄影技术、信息技术)，更锻炼学生的综合素质能力(团队协作能力、人文艺术底蕴、责任担任精神)，让学生在兴趣中学习知识，在实践中锻炼能力，促进了学生的全面发展。除此之外，重庆十一中还开展了“DIY 创意指尖”“生活面面观”“跨文化交际”等多种职业技能选修课。

(三)学生职业发展课程

2016 年，南岸教育综合改革示范实验区(二期)工作全面开启，二期改革中将以深化课程领导力建设为核心的 14 个项目组成的项目群来开启。会议当天，南岸区教委与重庆十一中等多所学校代表签订了责任书，各学校在教委的引领下，在职业技能培训工作上进行了攻坚。下文列举了重庆十一中、广益中学、南坪中学三所学校的工作措施和取得的成果。

【案例 1】

重庆市第十一中学校

重庆市第十一中学校积极组织校长、教师学习基础教育课程教学的有关理论，依此开展校长、教师、教研员培训，让其既“信其道”，又能“明其理”，为课程领导力下管理者、教育者职业技能建设打下坚实的理论基础。

为提升新教师的职业技能，更好地服务青年教师，帮助青年教师成长，重庆十一中定期开展青年教师培训会，对其进行专题培训。从理论、专业、意识层面，培养教师职业素养，促进职业技能提升。作为青年教师要有安身立命之本，在自己的岗位上找到自我价值，生活有着落，精神有寄托，要有情怀，对工作需要高度认同，要担负起对家长、学校和社会的责任，工作有底线。各专业领域上，不断加深各学科专业深度，将重庆十一中教师派送到其他榜样学校进行学习，也会邀请其他学校专家进行培训、交流，提高专业水平。鼓励教师参加各学科教学比赛，不断研磨提升自身能力，同时借助特级校长和特级教师联谊会、名师工作室、教研联合体、党性实践共同体等区域各类专业团体推进职业技能发展。例如，学校开展的优秀党员教师基于生物学科核心素养的教学理解献课、全国中青年教师课堂教学大赛、教师专业成长论坛等活动。

【案例 2】

重庆市南坪中学校

课程改革成功与否，取决于多种因素，其中一个比较重要的环节，就是要不断提升教师职业能力，南坪中学在这个方面做出了不少努力。

(1)教师职业提升措施

首先，推行教师职业能力提升计划。根据学生及教师人数，选取五项职业能力为专业教师培养考核主要内容，实施教师的系统性专业化培养。

其次，制定教师专业成长系列制度。区教委领导同人事处、教务处等先后制定、修订了《教师职业能力提升与职业发展规划》《校企双专业带头人选拔管理办法》《教学名师管理办法》等 7 个教师成长管理办法，有效促进了教师从“合格教师到骨干教师到专家型教师”的专业成长路径。

再次，构建教师专业成长组织体系。在教研组、教务处、科研处、人事处等组成的教师专业成长组织架构基础上，区教委督促学校成立了专业教学指导委员会，同时建立了委员会例会制度，发挥专家和资深教师的决策参谋作用。

在专业设置与布局、专业教学方案制定与实施、教材开发与编写、校本课题的立项审查、教学检查与督导等方面，进一步发挥指导与咨询作用，强化教学过程的监控，促进教学质量的提高。教学指导委员会的成立，使教师专业成长的组织体系更为完善。

最后，实施教师职业能力考核机制。学校以《职业能力提升与职业发展规划》为依据，实施师能提升计划。通过明确能力要求、评价标准、实施举措、考核反馈等主要内容不断完善教师考核评价指标体系与方法。学校对高、中、初各级职称教师分别明确了专业技术职务职责与岗位要求，开发了《专业教师职业能力提升与职业发展建设任务书》《专业教师职业能力提升与职业发展登记表》，共开发十三个考核评价项目进行重点考核，使教师考核评价机制有利于在五项能力方面出成果、出亮点。

(2)教师职业发展成效

首先，师资队伍建设实现校企师资融合。南坪中学高中英语教研组与重庆新东方培训学校南坪分部举行了联合教研活动。双方教师就2016年高考英语全国卷考题进行分析并交流了各校的高考备考情况。相互了解各校教学特色和教学困惑，共同探讨解决办法。本次联合教研对两个学校的英语教研有重要指导意义。最后，双方决定将在下学期举行高三同课异构的联合教研，以便让高考复习备考更有针对性更高效。

其次，师资队伍整体水平与综合能力显著提高。“青蓝工程”是青年教师成长的一个重要平台，是我校教师发展的一项重要活动，学校领导高度重视“青蓝工程”，范校长对“青蓝工程”给予充分肯定，希望指导教师与青年教师间要尊重、理解、平等、信任，达到合作、共赢、共进的目的。

最后，教师国际化视野得以提升。南坪中学校秉承“走出去，请进来”的模式，1月13日晚，美国当地时间早上7:30，中国当地时间晚上8:30，英国当地时间中午12:30，学校与姊妹学校美国俄亥俄州雷诺兹堡高中对双方合作项目进行了网络见面会议。学校就科技、工程等方面的成果进行展示，作品主题是《KFM翼型无人机的参数调试与试飞》，该项目联合重庆市南岸区翼知梦科普推广中心，培训和指导学生进行了QAV250无人机的组装和试飞。培养了教师的国际化视野，又提高了他们教学的能力。

【案例3】

重庆市广益中学校

重庆市广益中学校立足本校实际，构建了“五益”课程群，为孩子们的全面和个性发展提供了平台。该校独具特色的“文峰学堂”就是孩子们“益行”课程的有机载体。学校的“五益”课程群包括：益信，理想信念的培植；益品，品德修养的培育；益智，智慧学识的培养；益行，实践运用的培训；益身，身心健康的培护。学校根据学生实际，开设了丰富多彩的课程，目的在于培养“身心健康，人格高尚，世界眼光，有学有行”的具有广益气质的现代人。学生可根据自身爱好，自主选择喜欢的课程，因此深受学生的喜好与欢迎。

(1)让礼仪更“接地气”

礼仪服、标准式的微笑、整洁的容貌……这些在大学礼仪课中才能见到的场景，如今在广益中学的校园里寻常可见。礼仪课的开设是校长办学思想落地的一门具体课程，旨在将学生培养成有品德修养、有扎实学识的有用之才。

学校利用每周班会课或者课间时间，开展礼仪课程，每个班根据本班实际，开展了丰富多彩的礼仪活动。小品、辩论赛、朗诵等活动都融入了礼仪知识，甚至在学科教学中也渗透礼仪知识。“在英语课中，学食物的相关知识时，我就让学生模拟点餐，来渗透餐桌礼仪。”廖红老师说道。

(2)让美育焕发生机

为了让学生练习更接近考试标准，传统的美术课上，老师让学生画指定的物品，但面对同样的绘画物，学生的兴趣不高。如何才能提高学生兴趣呢？广益中学的美术老师将美术和生活相结合，让孩子们画他们感兴趣的漫画或者自己的偶像、亲人等。

美术与生活的有机结合不仅提高了学生课上画画的积极性，课下他们也闲不住，经常和老师探讨画画技巧。在学生学习之初，就会让学生确立学习目标，让他们清楚地知道自己要做什么，应该怎么做，通过这种方式，让学生主动为自己的目标奋斗，而不是老师逼迫他们去学习。虽然让学生根据自身兴趣自由发展，但这并没有影响到他们的绘画水平。近年来，广益中学的美术都取得了不错的成绩。

三、兴趣特长培养多元

如何培养学生的创新精神和创新能力以及如何应对21世纪的挑战，是关系到民族前途的重大问题。新一轮基础教育课程改革使各校拥有自主规划、开发、管理好校本课程的权利，学校拥有这项权利，更能展现自身办学特色，走出一条与众不同的办学路子。在校本课程的开发中，兴趣社团建设是其滩头阵地。如何建设特色社团，培养学生的兴趣特长，使之成为有价值、有意义的校本课程，这与我们开发课程的观念和认识密切相关，将课程领导力的有关内容融合到学生社团活动中，进而转化为学生的品格和能力显得尤为必要。师资条件的挖掘，校本资源的深度开发，优势课程的建立都是与特长社团建设息息相关的内容。

重庆市南岸区自推进普通高中多样化发展项目以来，把学校教育中的活动课程逐步向真正意义上的课程靠拢，特长社团作为学校活动课程的一个载体，备受重视。南岸区以重庆二外、重庆十一中、南坪中学、辅仁中学、广益中学、长生桥中学为项目学校，以培养创新精神与实践能力为灵魂，发挥教师主观能动性，发展学生兴趣特长，积极探索规范化和规模化社团的建设策略，从而全面推进普通高中多样化发展。

(一)社团活动课程典型案例

重庆二外是重庆市独具特色的全封闭、寄宿制中学。寄宿制的学校管理模式让学生社团活动的意义更为显著；同时，多元化的社团活动对学校社团的规范化管理也提出了更高的要求。因而，通过社团这一活动平台培养学生的兴趣特长，全面提升学生素养是增强我校自主发展力，促进学校特色化发展的重要途径。

1. 案例背景

重庆二外共有30多个社团，涵盖艺术、体育、科技、文学、语言、志愿服务等领域。参加学生社团的人数占全校人数的30%。社团类型分布上，艺术人文类、体育健身类和社会实践类的社团数量最多。其次，管乐队、合唱团、舞蹈队、武术队、篮球队、街舞社、创客社、航模社、模拟联合国等社团也大量吸睛。

在南岸区课程领导力的推动下，重庆二外努力进行社团活动的新探索，本年度秉承社团活动课程化理念，将专业导师定时定点开课指导与学生自主管理相结合，以崭新的面貌呈现在广大师生面前。

重庆二外抓住校内培训和校外培训的平台，组织教师学习新课程改革理念，结合学校办学思路，更新传统观念，树立符合学生发展的特长社团的建设正确理念。在吸收新课程新理念中，明确了“学生为本”“决策分享”“全员参与”“教育公平”“追求个性化发展”的基本理念。坚决反对把特长社团与兴趣小组活动、选修课、活动课等同起来的思想，从活动课程的高度重新认识特长社团的重要性。特长社团是校本课程的重要组成部分，与国家课程、地方课程共同组成三级课程。

2. 案例分析

学校完善了《社团活动方案》以及《社团活动章程》，出台了《社团评比考核办法》，明确了社团性质，强化了学习制度、活动制度、考勤制度，细化了奖励机制。在日常的社团管理中，坚持实行备课审核制和行政巡课制，努力提高每一次社团课的有序性和有效性。

积极整合校内外教师资源，组织社团负责教师编制具有校本特色的社团教材，开发并提供丰富的社团课程，实现社团课程校本化，校本课程项目化。同时充分调动社团学生的主动性、积极性，社团课程内容以学生兴趣导向为主，常规管理实行导师与社长双向负责制。

学校以有特长、有激情、有梦想的教师为核心，打造出一支善于组织社团活动并对其有深入研究的教师队伍，提高社团活动的有效性和多元性。同时，邀请有丰富阅历和专业特长的社会人士担任指导教师，对社团成员进行定期培训辅导，如我校长期邀请中国达人秀重庆总冠军 AK 街舞团队成员到校指导街舞社活动。

学校加大对社团活动的资金支持力度，添置社团活动所需设备，加强对社团负责人的培训、辅导。此外，引导学生社团继续发挥自身优势，加大与相关社会组织的联系，鼓励学生通过更广阔的渠道去筹取活动经费和活动资源。现我校学生社团已获取了多个组织的经济赞助和支持。

学校充分挖掘校友资源，邀请海内外知名校友对学生进行领导力培训，或教授骑马术、跳伞、击剑等活动，如邀请知名校友秦玥飞等来校讲座。学校充分利用区位优势。与社区、友邻学校及南山景区、抗战博物馆等开展了多项活动。

3. 案例反思

在全力实施素质教育，推动课程改革，开展普通高中多样化发展的形势下，重庆二外形成了较为成熟的社团管理运作机制。整合课程资源，开发校本实践基地，培养学生兴趣，挖掘学生潜能，发展学生素质，于创新实践中弘扬学生个性，用兴趣凝聚人心，以才艺彰显特色，构建欢乐和谐的课堂，为学生终身发展负责。

（二）区域特长课程建设

习近平总书记在全国教育大会上指出："要把立德树人融入思想道德教育、文化知识教育、社会实践教育各环节，贯穿基础教育、职业教育、高等教育各领域，学科体系、教学体系、教材体系、管理体系要围绕这个目标来设计，教师要围绕这个目标来教，学生要围绕这个目标来学。凡是不利于实现这个目标的做法都要坚决改过来。"这段重要论述为构建德智体美劳全面发展的教育体系、形成更高水平的人才培养体系指明了方向。进入二十一世纪，社会发展需要素质全面且学有专长的新型人才。提高全民族素质，教育学生在全面发展的同时，充分发挥自己的特长，将来为社会主义现代化建设做出更大贡献，是广大教育工作者的重要任务。

近年来，区域的社团课程已初具雏形，基本开发方向和整体设计框架都较稳定，建设目标也很明确。我们已经开发了体育类社团、艺术类社团、人文类社团、科技类社团、竞赛类社团和公益类社团等六大类社团，并准备结合各校学生发展的特点和需求，继续开办一些带有益智类的大众性社团，如既有走近文学、走近科学、名著欣赏、英语口语、新概念英语、信息化阅读、快乐英语、我会 ABC 等学科性强的社团，也有校史、家乡史等地方文化类社团，还有适应社会进步的时效性强的社团。只有在实践中不断开发社团课程，才能在形式和内容上不断进行调整和创新。只有把社团的发展定位于课程，才能在学科的视野下发展壮大，才能科学、健康地发展，才能培养出量大质优的创新型人才。

【案例 1】

四川外语学院重庆第二外国语学校

四川外语学院重庆第二外国语学校是首批国家基础教育实验中心外语实验学校、重庆市重点中学、重庆市首个高中英语课程创新基地。学校以先进的办学理念为指导，在学生兴趣特长培养上，着力通过社团引力、课程引道、艺术引领、基地引动、宿管引导五个方面培养学生品质和特长发展。“不用一把尺子量人才”，不搞“一刀切”，学校立足核心素养，以多元课程体系为载体，努力为学生搭建更广阔的平台，为学生无限发展提供可能。通过体艺选修课、社团活动、外语选修课等 70 多门课程丰富学生兴趣爱好，满足学习需求。特色课程与常规文化课程巧妙结合，合理搭配，为实现学生的个性发展和全面发展进行了有益探索。学校合唱团荣获全国第九届“中华文化小大使”合唱类艺术展演活动一等奖；男子篮球队勇夺重庆市中学生篮球联赛亚军，并受邀参加全国中学生篮球联赛；同年，学校被教育部授予全国青少年篮球特色学校；在全国北京大学模拟联合国大会活动中，多位学生获得“最佳立场奖”“杰出代表奖”“最佳风采奖”等奖项。这几年，重庆二外学子呈现多元成才的井喷之势。

【案例 2】

重庆市第十一中学校

重庆市第十一中学校是全国德育先进集体、重庆市德育示范学校、重庆市首批重点中学。学校将发展性放到课程评价的顶端，不断探索课程评价主体的多元化和评估手段的多样化。学校立足核心素养，构建了基础课程、拓展课程和特需课程三大课程体系。在完成国家课程的同时，开设了修德课程、博文课程、健康课程、艺馨课程、启智课程和“大阅读”课程共六大类 80 余门拓展课程，学生根据自己的兴趣特长进行选课走班。最后，针对学有余力的资优生、特长生，还有大学先修课程、学生自治课程、领导力课程、创客课程、学科竞赛课程和高水平艺体人才培养课程，共六大类20余门特需课程满足他们的需求。此外，还有“拏云”戏剧社、“稷下”阅读社、“崇德”武术队、模拟联合国等精品社团在内的各类社团18个，让学生做最喜欢的事，充分体现了学生选择的主体性，为各个层次学生发展提供了无限可能。

【案例3】

重庆市南坪中学校

重庆市南坪中学校秉承“培养幸福的人”的办学理念，以“幸福教育、美丽南中”为发展目标，立足校情、找准定位、优化管理、以人为本，全面实施“幸福教育，美丽南中”课程领导力建设行动方案，在实施课程改革，激发学生、教师、学校发展活力等方面进行了创造性的实践，为“幸福教育”撰写下生动的范本。

在课程体系建构中，学校大力推进幸福素养课程建设，并通过整合，开发拓展课程21门，包括班会课程、安全教育、法制宣传、篮球、足球、排球、武术健身、形体健美操、国际课程、科技制作、民乐、舞蹈、声乐、版画、白描课程、写意国画、中国地理地图、信息技术同环境教育、民防知识等课程。

2015年，学校18名学生组成的南坪中学啦啦操队，在2015年全国啦啦操锦标赛中，荣获“中学组花球自选动作”比赛冠军，取得了代表中国参加2015—2016年国际啦啦操系列赛事的席位。

【案例评析】

首先，学生潜力的开发促使教师的教育观得到了更新。一是教师改变了自己的学生观，教育的本能在于唤醒，每个孩子都有发展空间和潜力；二是重视定位了“因材施教”，真正的因材施教不仅要关注学生间的差异，还要关注学习结果上的差异；三是改变学生评价，对学生思想品德、学业水平、身心素质、情感态度等方面进行综合评价，激励学生全面发展。

其次，学生潜能的开发促进学生素质的全面发展。学生潜能的开发不仅优化了学校教育环境，而且丰富了学生学习内容，促进学生发展。一是学校充分整合资源，培养学生兴趣，挖掘学生潜能，让培养方向更加多元化；二是教师加强学法指导，充分尊重学生主体地位，提炼活动内涵，加强引导教育；三是加强学生自治，通过学生会、社团活动、主题活动、素质拓展等活动进一步提高学生自我认识和管理能力。

最后，学生潜能的开发促进学校快速发展。一是开发学生潜能的实践与研究，能积极促进学校办学观念发生较大改变，更加关注学生综合素质的培养及多元个性的发展；二是通过实践与研究，进一步激活学校教育底蕴，体现学校办学方向，促进学校快速发展；三是通过报告、课题、活动等方式呈现素质教育成果，加快区域素质教育工作推进。

在当前新课程改革的背景下，客观、公正、科学地评价学生，对提高课堂教学效率、促进学生全面发展、提升教师专业水平、深化课程改革有着十分重要的意义。

四、实践能力训练多维

实践能力是在发展过程中升华形成的人的基本活动技能。实践不是盲目的，而是有步骤、有目标的行为，是为实现目标而有计划的个人或团队行为。在“实践能力”培养的过程中，要将实践放在整体知识结构的框架中来认识，通过实践培养能力，使实践能力成为人的品质之一。

（一）实践能力培养课程

实践能力包含：收集处理信息的能力、获取新知识的能力；合作能力、交际能力、社会活动能力；观察事物、发现问题，汇总现象、提出问题，体验实践、分析问题；思维参与、解决问题；发展提高、交流成果。

实践强调行为的体验过程。实践能力的培养和单纯的理论教育是不同的。实践能力的培养要解决的主要问题是让学生在学习的过程中明确“应该”怎样做。而“应该”不是简单的告知，而是在具体的教学活动中让学生积极地“体验”实践过程，从中激发形成强烈的发展意识。因此，从实践能力培养的目标上认识，可以看成是以学生为主体，以实践为过程的，形成适应社会需求和发展的素质以及相应的价值观的教育。

根据高中课程设置的具体情况，南岸区依托学科基地建设，社团和选修课等多种方式多方推进实践能力的多维发展和培养。比如广益中学的地理学科基地建设，重庆二外的英语精品课程和“垭民看世界”地理研学坊的规划与实施都是紧紧围绕多维培养学生实践能力来开展的。下面就以重庆二外的“垭民看世界”地理研学坊的实践活动开展及取得的成就为例来举例说明南岸区的学校是如何开展实践能力训练的。

（二）实践能力培养课程典型案例

重庆二外的育人理念是：中华灵魂，世界眼光。所以立足自身，不断实践，成就自我，进而具备世界眼光就成为“垭民看世界”地理研学坊课程开发、实施与管理的指导思想。在开发“垭民看世界”地理研学坊系列校本课程时，学校以人为本，充分考虑学生的现有生活和知识基础，内容力求真实有效；立足本乡本土，汲取学生熟悉而感兴趣的乡土味浓厚的内容；注重校本课程与地方课程、国家课程的整合，注重培养学生调查研究、探究创新、合作交流等现代人必备的基本实践能力。

首先，做好课程设计。结合学校自身特色和学科自身特征，从整体把握构建一个课程愿景，包括课程规划、设计、选择等。课程设置的目的：丰富学校的实践课程，并给予学生充分实践成长的空间；通过参与课程，让学生的实践能力不断提升，为学生的终身发展蓄积能量。重庆二外“埡民看世界”地理研学坊课程设置主要有二类：一是学科强化课程；二是研学旅行课程。

学科强化课程主要是实践地图能力培养学生的基本学科能力。学好地理的一种重要能力是具有较强的地图能力。为了培养学生良好的识图、用图能力，课题组相继开展了填图大赛、障碍拼图大赛和户外方向测定等课程。

研学旅行课程主要是开展系列研学旅行培养学生运用知识解决实际问题的能力。“纸上得来终觉浅，绝知此事要躬行”。地理实践能力的培养首先从身边地理环境的感知开始。重庆二外地处重庆主城的南山上，南山是在地质时期因内力作用形成的背斜山。因顶部张力作用明显，受外力作用影响而形成现在的一山一岭两槽的地形。因主要为石灰岩，位于亚热带季风气候区降水丰富，所以喀斯特地貌发育。课题组带领学生走近背斜山、槽谷、断层等地质地貌，将书本上抽象难懂的知识具体化。地理学研究的一大宗旨是人地协调发展。重庆南山上的黄桷埡地区因山而兴，因水而聚。那么作为南山上最大的湖泊——涂山湖，它的环境经历了明显的变化。课题组带领学生对涂山湖的过去和现在做了细致具体的研学，让学生树立了很好的人地协调发展观。“读万卷书，行万里路”。辽阔的山川河流，多姿多彩的人文景观，这都是很好的研学对象，也是地理实践力培养的绝佳资源。课题组带领学生积极参与研学旅行，并将研学成果积极转化为论文并公开发表。

其次，多途径提高课程资源的统整能力。既要充分利用、发掘校内优势课程资源，还要积极整合、开发校外资源，取长补短，争取课程资源的优势最大化发挥。课程开设过程中不仅要充分调动校内所有本学科的教学力量也要进行多学科的合作，不仅对校内课程资源进行充分开发也广泛联系如重庆岩土水等生产部门，将课程资源的优势最大化发挥。

最后，多方式完善和优化课程体系。通过对课程实施状况及时监测、评价，发现和反思问题，将成果及时固化，并不断完善和优化课程体系。

（三）案例成果展示

重庆二外在第一届“全国中学生中华研学旅行大赛”初赛中，组织有序，学生成绩优异，荣获优秀组织奖。温济勇在2018年“第一届全国中学生研学旅行大赛”初赛中，辅导的学生取得了优异的成绩，荣获优秀指导教师特等奖。温济勇、徐文英老师指导的多位学生的研学旅行作品发表在《研学足迹：2018全国中学研学旅行大赛优秀作品集》。2018年徐文英报送的课例《第四单元环境管理与全球行动第一节环境管理》以涂山湖环境变化为例，被评为教育部2018年度“一师一优课、一课一名师”活动“优课”。

“重庆城区长江水质调查”社会实践报告

【调查背景】

重庆地处长江上游，是长江生态安全建设的核心区。目前三峡库区森林覆盖率仅22.2%，水土流失面积2万多平方公里，超过库区总面积的50%，生态环境十分脆弱。

【问题提出】

1. 何为绿化？绿化(greening，planting)是栽种植物以改善环境的活动。绿化包括国土绿化、城市绿化、四旁绿化和道路绿化等。绿化改善环境包括改善生态环境和一定程度的美化环境。

2. 本次调查主题为“现在长江的生态状况如何？”

3. 绿化长江有哪些具体措施？还两岸青山，一江碧水，植树，排污处理等。

【调查方案】

1. 目的：了解重庆城区长江水质状况。

2. 时间：2015年暑假社会实践。

3. 本次调查地点及时间安排

长江流经重庆主城的上中下三段：A段——上游段，鱼洞；B段——主城段，菜园坝；C段——下游，东港。上午走A、B两段，下午走C段，各段用时约一小时，30分钟取样，30分钟，观察走访。

4. 工具：笔、笔记本、相机、望远镜、水瓶、烧杯，皮尺、垃圾袋、水桶等。

5. 人员

<table>
<tr><td rowspan="4">第一组
甲组</td><td colspan="3">教师领队杨玲、丁振恒</td><td colspan="3">安全顾问刘伟</td></tr>
<tr><td rowspan="3">学
生</td><td>1组长组织
记录</td><td>采测员2</td><td>采测员3</td><td>采测员4</td><td>采测员5
摄影</td></tr>
<tr><td>刘阳秋</td><td>詹启鹏</td><td>王珏蕴</td><td>熊源</td><td>朱雯</td></tr>
<tr><td colspan="5">每人记录观景，感悟写在各自的笔记本。</td></tr>
</table>

<table>
<tr><td rowspan="4">第一组
乙组</td><td colspan="3">教师领队鄢华寿</td><td colspan="3">安全顾问曾筱斌</td></tr>
<tr><td rowspan="3">学
生</td><td>1组长组织
记录</td><td>采测员2</td><td>采测员3</td><td>采测员3</td><td>采测员5
摄影</td></tr>
<tr><td>罗晶</td><td>吴昊奇</td><td>刘煜恬</td><td>李耕</td><td>王紫</td></tr>
<tr><td colspan="5">每人记录观景，感悟写在各自的笔记本。</td></tr>
</table>

6. 调查内容

(1)取水样：A、B、C段各取10个样本，各取400毫升，贴标签，了解水质状况(返校分析检测含沙量、PH值、菌落情况)。

(2)垃圾取样：A、B、C段各取甲、乙两个样本。每个样本随机取10米同心圆为单位，返校分类整理。

(3)采访：采访当地原住居民或见证者，了解长江的江水和两岸植被前后变迁状况，枯水期和丰水期的变化。

(4)拍照：动、静图像素材获取，包括照相、摄影，主要是照片。

(5)记录：①采样地点A或B或C。②组号甲或乙。③每个取样的样本编号1或2或3。④照片编号即相机的照片编号。⑤采访记录填写。⑥每人一句话的观测感悟。

7. 调查方式

看：江水颜色，污染泡沫，漂浮物，沙滩颜色等；占沙滩种庄稼、盖房子，工业排污口等；5分钟经过的航船数量，两岸植被覆盖状况、人员活动频度等。

嗅：江水气味。

听：动物鸣叫声，机器、渔船、淘沙船声，建筑施工声音。

访：访问了解长江变迁，诗歌、谚语等。

查：上网查阅相关资料，如《话说长江》《污水综合排放标准》《饮用水水质标准值》等。

8. 调查结果

检测取样结果(见下表)。

地点	水样标本数	菌落数	含沙量(g/ml)	PH值	100平米垃圾数
鱼洞大桥沿岸	400ml×10		0.0015	7.2	
洋人街沿岸	400ml×10		0.0014	7.13	干净，未取样
广阳岛沿岸	400ml×10		0.0023	6.9	

调查参考资料1，见《科考掠影》图片展。

“绿化长江我行动”举措

1. 通过班会、黑板报、展板等方式宣传环保知识，加强环保意识，树立“保护母亲河，人人有责”的意识。

2. 向全校学生发起“绿化长江，我行动”倡议。

3. 收集各方面的绿化长江的金点子。

【愿景展望】

还两岸青山、一江碧水“绿化长江我行动”倡议书

尊敬的老师、亲爱的同学们：

大家好！

母亲河——长江，生态比较脆弱，水土流失比较严重，超前的商业开发又造成了新的破坏，与它的生态地位极不相称。目前三峡库区森林覆盖率仅22.2%，水土流失面积达2万多平方公里，超过库区总面积的50%。

我重庆二外“绿化长江我行动”学生科考小组对重庆主城区长江段水质进行了取样调查，我们先后到了主城区上游段的渔洞、主城区段以及主城区下游段的广阳岛，我们看到在渔洞一处偏僻的沙滩上到处散落着锈迹斑斑的工业垃圾和一些半埋在沙里的塑料袋，一股锈红的污水散发着令人作呕的恶臭直入长江。珊瑚坝湿地公园树上仍挂有洪峰过后残留的塑料袋。广阳岛东港开发区江边漂浮着白色泡沫，垃圾随意弃置于岸边草丛，江水比渔洞段更加浑浊。

在渔洞，我们在江边遇到一位老人，得知那股直排长江的污水来自附近的一家造船厂。站在寂然而又浑浊的江水边，听着江风的嘶鸣，思绪仿佛倒回去好几个世纪，碧水蓝天，岸柳如烟；江枫渔火，澄江似练。先辈们勤劳的身影，如在眼前；乐观爽朗的笑声，犹在耳畔。那时，没有身后林立的大厦，没有工厂隆隆的黑烟。天地间，仿佛就只剩下这“一江碧水，两岸青山”。打造长江流域绿色生态屏障，改善三峡库区生态状况，是摆在我们面前刻不容缓的艰巨任务。

作为重庆二外学子——重庆未来的主人，“绿化长江我行动”，责无旁贷。在此，校学生会、团委会、少先队大队部向全校师生发出倡议：

广泛宣传，积极参与，争做“绿化长江”的宣传者。统一步调，积极行动，争做绿化长江、植树造林的实践者。立足本职，以身作则，争做爱绿护绿的排头兵。

1. 加强植树造林的行动。我们沿途所见的江岸景色有好些都寸草不生或植被覆盖面积小，这样会导致大量水土流失，使长江的含沙量大大增加，更为江水泛滥提供“绝佳机会”。因此，我们也应更多地在江岸边种植树木、草丛等，

稳固土地根基，防止水土流失，保护生态平衡，是一切生态系统的基础。所以，请号召大家一起来参与植树的活动，争取早日见到岸边绿树成荫的模样。

2. 增多污水处理厂的设置。近年来许多工厂大肆修建，既破坏生态平衡，且有许多工业污水直接排入长江，污染了水源，而增设污水处理厂的举动请务必落到实处，而非“挂羊头卖狗肉”的虚假工厂，但是厂地面积要尽量减小，不占用过多的土地资源。

3. 严格限制“江景房”的泛滥，如今土地紧缺，可谓“寸土寸金”。开发商以“江景”为噱头，在吸引广大消费者购买的同时，却因建房屋，而除去大批覆盖的植被，令许多岸边呈现出“只见大厦不见绿意”的荒凉景象。希望可以将更多的江岸改造为公园，限制“江景房”的出现。

祝愿我们的母亲河——长江能早日重新披上美丽的绿纱。

校学生会、团委会、少先队大队、“绿化长江，我行动”社会实践组

2015 年 10 月 11 日

第四节 课程评价推进区域普通高中办学特色多样化实践

课程评价是检验课程目标的重要指标，也是教育目的实现的重要依据，所以课程评价的全面、准确、科学、公平对普通高中办学特色的形成具有重要的推进作用，课程评价的有效性和科学性是重要的指标。

一、课程评价与区域普通高中办学特色的关系

课程评价是课程领导力建设的总结和反思性环节，课程评价的理论梳理和实践样态总结可以很好地为下一阶段区域普通高中多样化发展提供更多的思路和方法。

(一)课程评价的概念及内涵

课程评价是我国课程改革推进和课程问题深化的必然产物。课程评价具有很强的问题指向性、价值判断和价值导向性功能。其中价值判断和价值导向性要求在事实描述的基础上，充分体现评价者的价值观念和主观愿望。不同的评价主体因其自身的需要和观念的不同对同一事物或活动会产生不同的价值判断，继而形成不同的价值导向。

随着我国新课程改革实践走向纵深发展的阶段，课程评价所蕴含的时代元素和实践意义也愈加凸显。建立多维度的课程评价体系和科学规范的课程评价标准至关重要，它对推进区域普通高中办学特色多样化起着不可估量的作用。

(二)课程评价维度及课程评价特征

多维度的课程评价体系包括哪些内容呢？它包括课程体系本身、课程实施、课程管理、课程结果等诸多课程要素。也就是说，课程评价对象的范围很广，它既包括课程本身的评价，也包括参与课程实施的教师、学生、学校环境的评价，还包括课程活动的开始、过程及其结果，即学生和教师的发展性评价。

《基础教育课程改革纲要(试行)》里特别提出，要改变课程评价过分强调甄别与选拔的功能，发挥评价促进学生发展、教师提高和改进教学实践的功能，建立促进学生全面发展的评价体系。评价不仅要关注学生的学业成绩，而且要发现和发展学生多方面的潜能，了解学生发展中的需求，帮助学生认识自我，建立自信，发挥评价的教育功能，促进学生在原有水平上的发展。基于多维度的课程评价体系，课程评价具备以下几方面的特征。

一是课程评价观念的多元化。课程改革的顶层设计与课程实施的下层之间要保持上下的一致性。杜绝课程改革的顶层设计领导开化，课程实施的下层教师固化，或者顶层设计领导固化，下层教师开化。这两种情况都不利于充分发挥课程评价的最大效益。课程改革顶层设计自身的多元化与课程实施下层教师的主体性发挥，决定了课程评价观念的多元化。课程评价观念的多元化必将有力推进区域普通高中学校办学特色的多样化。

二是课程评价方式的生态化。对于课程实施的教师和学生，不能按照一种十分僵化的方式来衡量课程的教学效果或学习效果，即工业化特征明显，追求流程化、标准化、统一化的效果，将教师和学生捆绑在分数的战车上。教师异化为工厂的工人，学生异化为生产流水线上的产品。在课程评价中，不能只以静态指标作为参照标准，而要加入一些农业发展的动态化和生成性评价指标，对教师和学生的评价要做到四个价值转向，即转向关注评价的主体性，转向强调学习的能动性，转向注重评价的发展性，转向体现评价的差异性。总之，其课程评价方式的农业生态化，必将最终催生和推进区域普通高中学校办学特色的多样化。

三是课程评价过程的客观化。课程的建构是动态发展的，课程实施的对象是发展变化的，课程实施的环境也是可以生成改变的，这一系因素决定了课程评价要高度关注过程，课程评价的客观化过程管理模式的不同，必将推进区域普通高中办学特色的多样化。

四是课程评价结果的全面化。不能只用一次考试来衡量学生的课程学习效果和评价教师课程实施能力，简单化的课程评价结果，只会让教育变得“立智塑人”而不是“立德树人”。单一的课程评价指标，将不利于推进区域普通高中学校办学特色的多样化发展。

(三)课程评价的标准

基于以上的课程评价维度和课程评价特征，我们应该建立什么样的课程评价标准来推进区域普通高中学校办学特色的多样化呢?

课程评价标准是课程评价方案的核心，在课程评价活动中起着关键性的作用。其评价标准是评价立场和价值尺度的反映，标准的厘定会因评价主体、评价内容、评价情境的不同而变得不同。固定的课程评价标准在现实的教育情境中可能根本无法运行。必须考虑到课程评价标准的情境性、科学性、适切性及可行性等。因此，我们不难判断，特定背景下实施多元化的课程评价标准，也将有力地推进区域普通高中办学向着特色多样化发展。

(四)课程评价与区域普通高中办学特色多样化的关系

全面推进普通高中办学特色多样化是我国高中发展的重要战略决策，特别是在2010年国家颁布《国家中长期教育改革和发展规划纲要(2010—2020年)》后，全国各地都为加快普通高中多样化发展进行了顶层设计，采取了一系列重大举措，也取得了令人瞩目的成绩。但如何深化区域普通高中办学特色多样化？如何让课程评价有力推动区域普通高中办学特色多样化发展，这是一个需要深究的问题。有必要再次厘清两者的逻辑关系。

首先，区域内普通高中学校的办学理念多样化在一定程度上是由课程哲学所决定的。其次，在办学理念的指引下，区域内各普通高中加快并推动了课程资源的开发步伐。最后，基于不同学校培养目标的不同，在具体实施课程资源的过程中，逐步形成了区域普通高中课程体系的多样化态势。一般来看，其课程体系分三种情况：一是国家课程体系；二是结合区域特色开发的地方课程体系；三是结合学校历史或师资力量开发的校本课程体系。课程体系的开发与完备为构建区域普通高中办学特色多样化奠定了坚实的基础。作为课程评价，始终贯穿于整个课程体系的构建中。课程体系的多样化态势在一定程度上决定了课程评价的多元化。反之，课程评价的多元化又推动了课程体系的多样化发展，从而有力地推进了区域普通高中办学特色的多样化。

二、区域实践案例

区域在课程评价方面的实践样态以学校校情为基础，从学情出发，探索出了多种行之有效、行之有据的评价标准和评价案例。

(一)课程体系多样化促进课程评价多元化

重庆二外根据课程目标的不同，以坚持多元主体、对课程体系运行过程的评价、对具体课程的过程性与终结性评价、对教师的课程开发与实施效果的评价、对课程“立德树人”功能的评价为原则，通过“学生对课程的满意率调查”“课程执教教师自评”“学科同行互评”三位一体的评价体系，对学生学业综合评价采用基础性发展目标的评价，对教师评价采用质性评价模式，从课程目标、课程内容、课程实施方式、课程实施过程监测、课程内容的评价方法等要素确定了评价标准，制定了教师课程实施自评、互评表(诊断性评价量表、总结性评价量表)，进行了学生课程评价调查(诊断性评价量表、总结性评价量表)，形成了多元立体动态的评价体系。

由于重庆十一中课程目标不同，构建的三级课程开发和实施体系不同，自然形成了重庆十一中课程评价的标准，这个标准既是对学生的评价标准，也是对教师的评价标准，包括三个标准：人文素养标准——师生具有文化修养、社会关爱、家国情怀，世界眼光；专业素养标准——师生具有扎实的学科知识功底，教师还必须具有熟练运用学科知识的能力，必备的教育和教学的理论基础和实践能力，基本的教育教学研究能力；创新素养——师生具有创新精神、创新意识和创新人格。

广益中学根据目标不同，建构了针对教师、学生、课程的三级评价标准。对教师的评价，主要对任课教师课程授课情况进行评价。学校通过《广益中学教育教学常规》各项条款对教师进行考核，并计入业务档案，纳入过程考核。主要内容包括课程理念、课堂组织、课堂目标、课堂纪律、教案规范、作业批改、考试成绩、学生听课效果、领导听课评价、学生问卷调查结果等。教师评价要强调教师对自己教学行为的分析与反思，建立以教师发展性评价、自评为主的评价方式，校长、教师、学生、家长共同参与的评价制度，使教师从多种渠道获得信息，不断提高专业化发展水平。对学生的评价，主要对学生的课程学习进行评价。方式及内容包括：学业方面，完成规定课程的学习情况(过程与考试结果)；活动方面，参加社会调查、校园活动、社团活动、社会调查等，有活动图文并茂的过程记录，有成果；参加教育行政主管部门认可或高校组织认定的考试或比赛，获得某项资格或证书等。学生评价不仅要关注学生的学业成绩，而且要发现和发展学生多方面的潜能，了解学生发展中的需要，帮助学生认识自我，建立自信。发挥评价的教育功能，促进学生在原有水平上的发展。对课程的评价：主要是对学校课程的开设、师生参与和课程效果的评价，要周期性地对学校课程执行情况、课程实施中的问题进行分析评估，调整课程内容，改进管理，形成课程不断革新的机制。采取师生问卷调查、社会调查的形式进行，对学校课程建设的合理性和实效性进行论证，进一步提高学校的课程建设水平，促进学生的全面发展，促进学校的质量提升。

南坪中学根据自己课程开发，形成了自己的评价标准。针对学生从科学素养(科学精神、创新素养)，美德素养(责任担当、品德涵养)，人文素养(文化积淀、人文情怀)，身心素养(健康体魄、健全人格)，艺术素养(审美情趣、技艺多能)，共五个维度确定了评价标准。针对教师，从精于教育(教育情怀、以生为本、教艺精湛、团队协作)，乐于学习(通识综合知识、学科教学知识、学科专业知识、教育理论知识)，善于生活(健康体魄、良好心态、高雅情趣、人生价值)，共三个维度十二个角度确定了评价标准。

辅仁中学根据自己多元化的课程体系，确定了三个维度九个角度的评价体系，三个维度是培基课程、培特课程、扬长教育，每个维度的评价标准依次分别是基本道德素质、基本文化知识、基本学习能力；特有兴趣爱好、特殊技能技巧、特长综合素养；道德仁爱之长、文化底蕴之长、创新意识之长。

长生桥中学依据多元化的课程，进行了多元化评价体系的建构。从评价对象上，他们从课程建设本身、学生学业、教师教学三个方面进行了评价的总体架构。评价方式有建立高中学生学分制评价体系——将学生综合素质评价与传统的学业评价方式相结合，从而达到帮助学生积累成长历程之目的，丰富学生对生活的感悟，体现自律与他律并行，激励与约束同在，促进学生综合素质评价中的评与育的结合与统一。利用“课堂观察”对课堂教学进行评价，课堂观察是通过特定的观察程序和观察记录工具，收集、分析课堂教学信息，并对课堂教学进行评判和建议，以实现促进学生学习和教师专业发展的课堂研究方式。学校对教师课堂教学的评价以课堂观察为工具，首先精准选择观察点。其次，根据观察点设计便于统计，易于分析，能支撑结果研究的观察工具。再次，对统计结果进行分析、研讨。让评价与研修并存，促进教师专业成长。采用“绩点制”教师评价，“绩点制”是把教育教学及专业成长的方方面面分划成若干个“绩点”，再把每一个点细化成“积分”，用“绩点积分”之和来衡量教师发展优劣的校本评价制度。通过“绩点制”评价，对教师实施教学活动的过程和结果运用点化、量化的形式给予评价，优化职能部门的评价。构建教师自评，同事互评，学生点评的多层次、系列化的“绩点制”校本评价制度，授予教师荣誉制。

(二)课程评价多元化推进成果呈现多元化

重庆二外课程开发、实施、评价的多元化，促使成果的多元化。首先，学校形成了教师培养体系：人格教师——专业型教师——专家型教师——学科带头人。其次，课程基本上满足了学生发展的需要和学校特色的建设，其中以外语课程和综合实践活动课程最为突出。再次，开发了如体验类活动课程、参观类活动课程、特色行为规范课程、特色社区服务课程和学生社团课程。从次，课程校本化成果也很多。重庆市首批外语创新基地建设让我校外语课程不断完善，外语3E课程体系不断发展，在促进学生外语听说读写水平不断提高的前提下，也在形成学校更为突出的外语课程特色。最后，提升教师专业化水平。教师高度重视课堂改革，注重挖掘课堂的内在潜力和资源。大力开发课程资源，教师在细心领会教材的编排意图后，要根据自己学生学习的特点和教师自己的教学优势，联系学生学习实际，对教材内容进行灵活处理，及时调整教学活动。创造性地开发和利用其他教学资源。

由于重庆十一中课程开发和实施评价的多元化，促使了成果多元化。首先是学校层面的，课程评价多元化，促使学校建构了课堂教学改革机制，在赛课上，形成了五年青年教师赛课——骨干教师献课——导学案主编示范课——外出培训教师献课的课堂演练机制。其次形成了以赛带培的教师培养体系，让五年青年教师、骨干教师、导学案主编教师、外出培训教师都来参加教学比赛，形成各个层级的教师培训机制，让各个层级的教师都能够得到发展。再次，有利于各个层面的业务提升，通过这个课程评价，将教师、教研组、年级组的活力全部调动出来，形成全校积极行动，获得业务提升的良好态势。最后，形成了既有多维评价又有教学反思的个人成长体系，在各种赛课活动中，形成评委评课、教研组内评、全校网评、数据分析四种评价方式，促使授课教师从理念的提升与感悟、发现问题、探索个人风格、导学案改编升级四个维度进行教学反思，促进教师的发展。

依据课程的多元评价，促使广益中学形成多元化的成果。首先，秉承校训、办学理念及学生培养目标，结合学校地理形势，学校描绘了教师“登山”的教师发展图，制定了“专业精深——学识广博——德行高尚——合作奉献”的教师发展目标。其次，激活教师教育教学的热情，切实提高教师教学、科研的兴趣和能力，从而提升教师水平。再次，学校根据教师专业发展培训规划，以备课组、教研组、年级组建设为依托，实行扁平化管理，大力加强校本教科研培训，不断增强教师实施新课程的主动性和实效性，逐步建立一支有独立课程开发能力的教师队伍。最后，加大教师培训力度，切实转变教育理念，增强课程意识，提高课程领导力、开发能力、实施能力；鼓励教师通过进修、自学等方式拓展并丰富自己的选修课程教学经验，积极向学生开设自己的精品课程；同时学校还从不同领域构建学习共同体，借助他山之力，以理论和实践的培训提升教师课程研发、实施能力。

南坪中学通过课程开发、实施、评价的多元化，形成了多元化的成果。在学校层面上，形成了培养教师成为幸福的人的阶梯发展模式：合格教师——成熟教师——优秀教师——专家型教师——教育家型教师。其次，形成了三级课题，其中班会课程申报为市级一般课题，民族弹拨乐申报了市级重点课题，啦啦操、视听说口语、人人会唱歌，申报为市级精品选修课程。

辅仁中学通过课程体系的开发、实施、评价，也取得了一定的成效。首先在学校层面上，提炼出教师的核心素养。道德素养：正气、师德、爱心、良好的情绪调控。专业素养：知识深厚广博、精湛教学水平、高超指导能力、娴熟语言能力。创新素养：终身学习、不断探索、不断创新的人。信息素养：对信息加工、处理和使用能力。其次形成了教师成长阶梯：入职教师——成熟教师——校级骨干——市区骨干——市区名师。

长生桥中学通过课程开发、实施、评价，取得了一些成果。首先通过顶层设计，系统规划，形成富有长中特色的“生活教育·生态课程”群；其次，通过学生综合素养“六个一百”发展性评价，让学生获得生活学习价值体验；再次，通过“绩点制”过程性考核，促进教师专业提升；最终达到优化课程，成就教师，发展学生的共同愿景。

附　录

南岸区普通高中发展促进计划(2015—2020 年)
(征求意见稿)

为贯彻落实《国家中长期教育改革和发展规划纲要(2010—2020 年)》《教育部关于全面深化课程改革落实立德树人根本任务的意见》《国务院关于深化考试招生制度改革的实施意见》和《重庆市普通高中发展促进计划》精神，实现南岸区“书香南岸，幸福教育”发展愿景，区教委、区财政局决定实施《南岸区普通高中发展促进计划(2015—2020 年)》。

一、指导思想

以党的十八大和十八届三中全会精神为指导，坚持立德树人的根本导向，不断深化基础教育领域综合改革，切实转变普通高中育人模式，推进普通高中特色化、多样化发展，不断提高我区普通高中办学水平和育人质量。

二、工作目标

(一)落实立德树人教育根本任务，弘扬社会主义核心价值观，培养具有中华文化底蕴、中国特色社会主义共同理想和国际视野的建设者和接班人。

(二)发展学生核心素养，培养学生适应终身发展和社会发展需要的必备品格和关键能力。

(三)深化课程改革，研究高考改革，提高育人质量，基本形成普通高中多样化、特色化的区域教育发展局面。

(四)努力打造市级领先，全国知名的教育强区，实现“书香南岸，幸福教育”愿景。

三、主要任务

(一)实施队伍能力提升计划。实施普通高中教育教学改革研究项目，提升教师队伍研究能力和业务水平，促进学校特色内涵发展。继续推进普通高中课程领导力建设项目，通过深化高中课程改革，进一步提高高中学校课程领导能力。实施普通高中课程执行力项目，开展教研员、教师培训，提高学科教研员教学指导能力和教师课程执行能力。

（二）实施课程资源建设计划。实施普通高中精品选修课程建设项目，鼓励和支持有条件的普通高中学校自主或合作研究和开发课程，满足学生个性化选课需求。实施普通高中课程资源服务平台建设项目，完善课程资源共享平台建设，不断充实平台课程资源，促进平台动态、可持续发展，全区高中学校共享优质教育资源。

（三）实施创新能力培育计划。实施普通高中学生社团建设项目，加快培育一批主题鲜明、管理规范、活动常态、富于特色、影响广泛的精品学生社团，逐步形成关注学生全面个性发展、利于推进素质教育的良好环境。大力推进“雏鹰计划”，以培养创新人才为目标，培育学生的创新思维、创新能力。

（四）实施特色高中建设计划。实施普通高中课程创新基地建设项目，引导普通高中学校建设独特的学科教学环境，优化课程育人功能，整体提升课程育人水平。实施特色普通高中建设项目，引导学校围绕特色项目，建构特色课程，打造特色学校，形成特色文化。

四、重点工作

（一）对已经申报成为市级课程创新基地、精品选修课程以及教育教学改革研究课题的项目，按照重庆市相关文件精神，做好项目推进工作。

（二）对未来四年即将申报的项目，按照区域整体规划、深入发掘、择优遴选、重点培育、精心指导、分批建设的原则，鼓励和支持有条件的普通高中学校自主或合作研究，总结提炼特色，积极申报相关项目。

（三）到2020年，培育市、区级普通高中课程创新基地6个，精品选修课程25门，教育教学改革研究项目40个。

（四）鼓励学校根据自身发展条件和需求，设立自主发展项目，促进高中多样化、特色化发展。

五、实施机制

（一）三方联动机制。教委统筹，学院管理，学校实施，以区域联动的工作机制共同推进南岸区普通高中发展促进计划。

（二）专家指导机制。学院牵头建立由“课程教材中心专家——市内高校/教科院专家——学院教研员”组成的三级专家指导机制，将教育理论和教学实践相结合，对各校进行全程深入而有针对性的专项指导。

（三）定点培育机制。各校充分发掘本校优势，专家团队逐校指导，点对点帮助学校总结提炼，形成多样化、特色化的良好发展态势。

（四）自主发展机制。各校根据自身发展需求，在教师队伍能力提升、课程资源建设、创新能力培育及特色高中建设方面进行自主或联合探索。

六、保障措施

(一)切实加强组织领导。按市教委相关文件精神，切实加强对普通高中发展促进计划的组织领导，及时分析和研究普通高中发展存在的困难和问题，科学推进普通高中发展。为此，成立南岸区普通高中发展促进计划领导小组，全面负责全区普通高中发展促进工作；成立南岸区普通高中发展促进计划工作小组(办公室)，具体进行研究、指导、管理，推动区域高中发展计划工作；各校相应成立普通高中发展促进计划项目组，具体组织实施相关发展促进项目。

1. 南岸区普通高中发展促进计划领导小组

组长：李劲渝

副组长：李小兵

成员：杨旭红、曾祥智、方晓霞、各普通高中校长

2. 南岸区普通高中发展促进计划工作小组(办公室)

组长：杨旭红

副组长：方晓霞、曾祥智

成员：曾敬、张春国、邓向阳、谭伟、唐小丽、相应学科教研员

3. 南岸区普通高中发展促进计划基层学校项目组

组长：学校校长

副组长：分管教学副校长

成员：项目负责人及相关人员

(二)切实加强经费投入。按不低于1∶1的比例，落实重庆市普通高中教育发展促进计划的投入政策；按照“保底线、补短板”原则，切实改善薄弱高中办学条件，促进城乡普通高中教育均衡发展。

(三)切实加强过程落实。各项目组要充分重视过程的研究，在活动中发现问题、分析问题、解决问题；在交流互动中探索规律、梳理经验、提炼成果。

1. 总项目组每年一次区级总结展示会

2. 各分项目组每年一次研讨交流会

3. 各项目学校每月开展一次相应项目的研讨交流活动

(四)切实加强检查评估。区教委加强过程监督与检查，区进修学院和各学校进一步明确工作思路，突出工作重点，认真落实普通高中发展促进计划。

附件1：《南岸区普通高中教育教学改革研究课题实施意见》

附件2：《南岸区普通高中精品选修课程建设实施意见》

附件3：《南岸区普通高中课程创新基地建设方案》

重庆市南岸区教育委员会

2015年11月26日

附件 1

南岸区普通高中教育教学改革研究课题实施意见
(征求意见稿)

为贯彻落实重庆市教育委员会、重庆市财政局《关于实施普通高中发展促进计划的通知》(渝教基〔2015〕5 号)和《重庆市普通高中教育教学改革课题管理办法》(渝教基〔2015〕8 号)精神，特制定《南岸区普通高中教育教学改革研究课题实施意见》。

一、指导思想

全面贯彻落实“立德树人”根本任务，培养学生核心素养，进一步深化区域普通高中教育教学改革，进一步提升教师队伍的研究能力和业务水平，培育普通高中教育教学优秀成果，推进区域普通高中优质化、特色化、多元化发展。

二、工作目标

(一)开展普通高中教育教学改革课题研究，解决普通高中教育教学改革问题。

(二)提高教师研究能力，改善普通高中教育教学现状，增强区域普通高中竞争优势。

(三)生成高水平普通高中教育教学改革研究成果，努力建成市级普通高中教育教学改革研究高地。

三、工作任务

(一)按照市教委《课题管理办法》精神，制度化、分类别、程序性推动区域普通高中教育教学改革项目研究，积极参与市教育学会牵头管理的重大、重点立项课题；区域和学校共同管理好一般立项课题。

(二)未来五年，南岸区计划立项重庆市普通高中教育教学改革重大课题 3 项，重点课题 12 项，一般课题 25 项，各高中据此做好研究课题项目计划。

(三)区域按工作计划、课题组按研究计划积极推动、开展研究工作，保证按时完成研究任务。

(四)每学年上期开展普通高中发展问题调研，对有研究价值的问题进行预研究，或作为区级课题立项开展研究，有重要价值的课题积极推荐到市里立项。

(五)整合区内外研究资源和研究力量，支持、帮助普通高中完成课题研究任务，形成有质量、有水平、有影响力的研究成果。

(六)切实开展研究成果的区域交流、应用和推广工作。

四、主要工作

(一)开展理论研究与学习。区教师进修学院相关教研员、各课题组研究人员，根据不同课题开展不同的研究和学习，定期开展相关文献综述，把握研究动态，保证研究的学术水准。

(二)制定可视化研究计划。各课题组根据研究工作任务，相关研究条件和资源，制定切实可行的研究推进时间表，包括研究任务、工作要求、成果形式、研究方法、责任人、时间要求等，按时间表推动研究工作。

(三)加强项目研究过程监控。区教师进修学院给予课题组专业学术支持，并监督课题组推进进度；各校课题组严格执行研究计划时间表，开展相应研究，收集相关档案材料和阶段成果，及时发现问题，调整研究举措，保证研究顺利推进。

(四)组织专家团队定向指导。由区教师进修学院牵头，组建课题研究专家资源库，形成三级专家梯队，根据不同课题研究需要，组织专家对课题组进行相应指导，提高课题研究质量，促进研究精品。

(五)促进研究成果交流推广。在区教师进修学院组织下，每年 9 月定期举行课题年度交流推广会。对教改课题结题优秀的课题，资助并推荐到有影响的报刊杂志发表。

(六)尝试开展网络化管理。根据区教师进修学院科研网站的建设情况，设置专门的网络空间，对南岸区普通高中教育教学改革研究课题进行网络化管理，提高课题研究的信息化水平。

五、保障措施

(一)强化组织领导

1. 按市、区文件精神，成立区普通高中教育教学改革研究课题工作小组，具体进行调研、立项、管理、推进、督促等事宜，推动区域高中教育教学改革研究工作。

组长：杨旭红

副组长：谭伟

成员：曾敬、邓向阳、张春国、霍小琴、相应学科教研员

2. 按市、区文件精神，各校成立课题研究小组，具体实施、开展、完成课题研究。

组长：课题负责人

成员：课题主研人员

(二)加强经费投入

区教委按“课题管理办法”匹配 1：1 的教改课题研究经费，学校自筹 1：1

以上的资金用于教改课题研究，保证研究顺利完成。

（三）加强过程管理

各项目要充分重视研究过程，各课题组每个月至少开展一次校内课题研究活动交流，每学期开展一次区域课题研究交流活动，每年配合总项目组完成一次区级总结展示会。

（四）加强检查评估

强化教改课题过程管理、监督。对按期完成阶段和最终任务的课题组给予表扬，对到期未完成阶段和最终任务的课题组通报批评。

重庆市南岸区教育委员会

2015 年 11 月 26 日

附件 2

南岸区普通高中精品选修课程建设实施意见
（征求意见稿）

为贯彻落实重庆市教育委员会、重庆市财政局《关于实施普通高中发展促进计划的通知》和《关于开展重庆市普通高中教育精品选修课程建设工作的通知》精神，特制定《南岸区普通高中精品选修课程建设实施意见》。

一、指导思想

全面贯彻落实“立德树人”根本任务，培养学生核心素养，促进区域高中特色多样化发展，促进优质教育资源共建共享，提升高中选修课程品质，推进区域普通高中优质化、特色化、多元化发展。

二、工作目标

（一）通过精品选修课程建设，提高普通高中选修课程质量。

（二）整体提高教师课程建设能力，促进教师专业化发展。

（三）建成多样化、高水平、可选择的普通高中选修课程群，在全市形成精品选修课程建设比较优势。

三、工作任务

（一）按照市教委《课程建设通知》精神，以精品课程建设标准为参照，推动区域精品选修课程建设工作。

（二）在未来五年，力争立项成功 25 门精品选修课程建设项目，各高中按此计划做好精品选修课程建设的具体安排。

（三）区域按工作计划、高中课程建设组按建设计划积极推动、开展建设工作，保证按时完成建设任务。

（四）每学年上期开展普通高中课程建设问题调研，对有课程建设价值的课程进行预研究，或作为区级课程建设项目开展研究，有重要价值的课程建设项目积极推荐到市里立项。

(五)整合区内外课程建设资源和研究力量，支持、帮助有关高中完成课程建设任务，形成有质量、有水平、有影响力的课程建设成果。

(六)切实开展课程建设成果的区域交流、应用和推广工作。

四、主要工作

(一)开展理论研究与学习。区教师进修学院相关教研员、各课程建设组人员，根据不同的课程建设需要开展不同的理论研究和学习，定期进行相关文献综述，把握课程建设动态，保证课程建设的专业水准。

(二)制定可视化建设计划。各课程建设组根据建设工作任务，相关建设条件和资源，制定切实可行的、可视化的课程建设推进时间表，包括建设任务、工作要求、建设举措、责任人、时间要求等，按时间表推动建设工作。

(三)按计划开展建设工作。区教师进修学院给予课程建设组必要的专业、学术支持，并监督建设组推进进度；各校课程建设组要严格执行建设计划时间表，开展相应建设工作，收集相关档案材料和阶段成果，及时发现问题，调整建设策略，保证建设顺利推进。

(四)组织专家团队定向指导。由区教师进修学院牵头，组建课程建设专家资源库，形成三级专家梯队，根据不同课程建设需要，组织专家对建设组进行相应指导，提高课程建设质量。

(五)促进建设成果交流推广。在区教师进修学院组织下，每年 10 月定期举行课程建设年度交流推广会。对课程建设取得的典型经验、论文，资助并推荐到有影响的报刊杂志发表。

(六)尝试开展网络化管理。根据区教师进修学院网站的建设情况，设置专门的网络空间，对南岸区普通高中精品选修课程建设进行网络化管理，提高课程建设的信息化水平。

五、保障措施

(一)强化组织领导

1. 按市、区文件精神，成立区普通高中精品选修课程建设工作小组，具体进行调研、立项、管理、推进、督促等事宜，推动区域高中精品选修课程建设工作。

组长：方晓霞

副组长：邓向阳

成员：曾敬、张春国、谭伟、相应学科教研员

2. 按市、区文件精神，各校成立建设工作小组，具体实施、开展、完成

建设工作。

组长：项目负责人

成员：项目核心成员

(二)加强经费投入

区教委按“课程建设通知”匹配1∶1的精品选修课程建设经费，学校自筹1∶1以上的资金用于精品选修课程建设，保证建设够用。

(三)加强过程管理

各项目要充分重视研究过程，各课程建设组每个月至少开展一次校内课程建设活动交流，每学期开展一次区域课程建设交流活动，每年10月定期举行课程建设年度交流推广会，每年配合总项目组完成一次区级总结展示会。

(四)加强检查评估

强化精品选修课程建设过程管理、监督，对按期完成阶段和最终任务的承建学校给予表扬，对按期未完成阶段和最终任务的承建学校通报批评。

重庆市南岸区教育委员会

2015年11月26日

附件3

南岸区普通高中课程创新基地建设方案
(征求意见稿)

为贯彻落实重庆市教育委员会、重庆市财政局《关于实施普通高中发展促进计划的通知》(渝教基〔2015〕5号)和《重庆市教育委员会关于开展重庆市普通高中精品选修课程建设工作的通知》(渝教基〔2015〕10号)精神，特制定《南岸区普通高中课程创新基地建设方案》。

一、指导思想

全面贯彻落实“立德树人”根本任务，不断深化区域高中综合改革，切实优化课程育人功能，转变普通高中育人模式，培养学生核心素养，推进普通高中优质化、特色化、多元化发展，不断提高区域高中办学水平和育人质量，制定本方案。

二、工作目标

(一)对区域内已申报成为重庆市普通高中课程创新基地的学校，按照《重庆市教育委员会关于开展重庆市普通高中课程创新基地建设工作的通知》的要求，按计划开展建设。

(二)发现和培育我区高中优势学科，初步形成区级课程创新基地，为达到申报重庆市普通高中课程创新基地创造条件。

(三)指导有关学校充分应用课程创新基地，定期开展交流活动，支持项目市级展示活动。

(四)到2020年，区域内高中力争建成6个市、区级普通高中课程创新基地。

三、工作任务

(一)按市《普通高中课程创新基地建设的工作通知》，以基地建设标准为参照，推动区域普通高中课程创新基地建设工作。

(二)在未来五年，南岸区力争立项成功5个课程创新基地建设项目，各高中按此计划做好课程创新基地建设的具体安排。

(三)高中课程创新基地建设工作组按建设计划积极推动、开展建设工作，保证按时完成建设任务。

(四)每学年上期开展普通课程创新基地建设问题调研，对有课程创新基地建设价值的内容进行预研究，或作为区级课程创新基地建设项目开展研究，有重要价值的课程创新基地建设项目积极推荐到市里立项。

(五)整合区内外课程创新基地建设资源和研究力量，支持、帮助有关高中完成课程创新基地建设任务，形成有质量、有水平、有影响力的课程创新基地建设成果。

(六)切实开展课程创新基地建设成果的区域交流、应用和推广工作。

四、主要工作

(一)开展理论研究与学习。区教师进修学院相关教研员、各课程建设组人员，根据不同的课程创新基地建设需要开展不同的理论研究和学习，定期进行相关文献综述，把握课程建设动态，保证课程创新基地建设的专业水准。

(二)制定可视化建设计划。各课程创新基地建设组根据建设工作任务、相关建设条件和资源，制定切实可行的、可视化的课程创新基地建设推进时间表，包括建设任务、工作要求、建设举措、责任人、时间要求等，按时间表推动建设工作。

(三)按计划开展建设工作。区教师进修学院给予课程创新基地建设组必要的专业、学术支持，并监督建设组推进进度；各校课程创新基地建设组要严格执行建设计划时间表，开展相应建设工作，收集相关档案材料和阶段成果，及时发现问题，调整建设策略，保证建设顺利推进。

(四)组织专家团队定向指导。由区教师进修学院牵头，组建课程创新基地建设专家资源库，形成三级专家梯队，根据不同课程创新基地建设需要，组织专家对其进行相应指导，提高课程创新基地建设质量。

(五)促进建设成果交流推广。在区教师进修学院组织下，每年11月定期举行课程创新基地建设年度交流推广会。对课程建设取得的典型经验、论文，资助并推荐到有影响的报刊杂志发表。

(六)尝试开展网络化管理。根据区教师进修学院网站的建设情况，设置专门的网络空间，对南岸区普通高中课程创新基地建设进行网络化管理，提高课程创新基地建设的信息化水平。

五、机制保障

(一)完善工作机制。成立南岸区普通高中“课程创新基地建设”工作小组，管理、协调区域高中课程创新基地建设工作；各高中成立相应创新基地所对应的高中学校课程创新基地建设小组，具体规划、培育学科开展课程创新基地建设工作。

南岸区“课程创新基地建设”工作小组：

组长：方晓霞

副组长：张春国

成员：曾敬、邓向阳、谭伟、相应学科教研员

(二)提供经费保障。对通过市级评审立项的普通高中课程创新基地，南岸区教委给予每个课程创新基地建设项目 50 万/年，经费主要用于设备设施采购和课程资源开发。

各高中对规划、培育为课程创新基地的学科进行经费倾斜。

(三)加强过程管理。各项目要充分重视研究过程，各课程创新基地建设组每个月至少开展一次校内课程建设活动交流，每学期开展一次区域课程创新基地建设交流活动，每年 11 月定期举行课程创新基地建设年度交流推广会，每年配合总项目组完成一次区级总结展示会。

(四)加强检查评估。强化基地建设过程管理、监督，对按期完成阶段和最终任务的基地学校给予表扬，对到期未完成阶段和最终任务的基地学校通报批评。

重庆市南岸区教育委员会

2015 年 11 月 26 日

参考文献

一、论文

[1]陈成忠：《普通高中培养模式多样化研究》，硕士学位论文，山东师范大学，2013年。

[2]陈传康：《区域概念及其研究途径》，《中原地理研究》1986年第1期。

[3]陈雪莲、王晓旭：《教师课程执行力：内涵释义及要素解析》，《通化师范学院学报》2015年第4期。

[4]陈志利：《普通高中多样化发展：应为、实为与何为》，《教育理论与实践》2014年第5期。

[5]程锦：《个性化的全面发展：教育目的的应然选择》，《商丘师范学院学报》2015年第8期。

[6]关俊奇：《普通高中要走出一条多样化发展之路》，《现代教育管理》2011年第12期。

[7]和学新、乌焕焕：《学校课程规划的内涵与价值追求》，《教育学术月刊》2010年第5期。

[8]花明：《基于课改背景下教师课程开发能力的提升》，《职教论坛》2011年第20期。

[9]霍益萍：《试论我国普通高中转型发展中的几个根本问题》，《教育理论与实践》2009年第29期。

[10]康万栋：《关于普通高中多样化特色化发展的思考》，《天津师范大学学报》2013年第7期。

[11]李大成：《以生为本的学校课程管理与评价》，《基础教育参考》2018年第1期。

[12]李凤春、高春明等：《股份制改革——中国高等教育自救的必然选择》，《吉林省经济管理干部学院学报》2014年第28期。

[13]李海燕、仲彦鹏等：《核心素养视角下学生学习力的培养》，《教学与管理》2019年版第3期。

[14]李劲渝、朱静萍：《通过区域课程领导力建设回归教育本质》，《中国

教育学刊》2015 年第 6 期。

[15]李润洲：《学生学习力提升的知识论透视》，《教育科学研究》2015 年第 11 期。

[16]李希贵、郭学军：《新高考背景下普通中学转型的路径选择》，《北京教育(普教版)》2018 年第 2 期。

[17]李兴江等：《中国区域经济差距与协调发展：理论、实证与政策》，中国社会科学出版社 2010 年版，第 8 页。

[18]林岚：《明确定位多元办学彰显特色：普通高中未来发展之路——部分高中校长座谈会综述》，《教育发展研究》2009 年第 6 期。

[19]刘世清、苏苗苗、胡美娜：《从重点/示范到多样化：普通高中发展的价值转型与政策选择》，《华东师范大学学报(教育科学报)》2013 年第 1 期。

[20]刘霞：《普通高中多样化发展的路径研究》，硕士学位论文，南京师范大学，2015 年。

[21]莫丽娟、袁桂林：《普通高中多样化发展动因研究》，《当代教育科学》2011 年第 8 期。

[22]裴娣娜：《学习力：诠释学生学习与发展的新视野》，《课程·教材·教法》2016 年第 36 期。

[23]王成云：《课程实施策略的比较研究》，《松辽学刊(人文社会科学版)》2002 年第 4 期。

[24]王发斌：《基于课程领导向度的学校课程规划研究》，《齐齐哈尔大学学报》2017 年第 1 期。

[25]王具宏：《普通高中多样化发展研究》，《教师教学能力发展研究》2018 年第 5 期。

[26]王宽购：《核心素养视野下普通高中课程建设探究》，《西部素质教育》2018 年第 4 期。

[27]王铭波：《集团化办学管理的思考与实践》，《江苏教育研究》2019 年第 2 期。

[28]王志超：《普通高中多样化发展的现实困境与理论探索》，《东北师大学报(哲学社会科学版)》2013 年第 2 期。

[29]王智超：《普通高中多样化发展的现实困境与理论探索》，《东北师大学报(哲学社会科学版)》2013 年第 2 期。

[30]闻待：《多样化以致丰富——高中教育多样化发展政策研究》，《基础教育》2011 年第 8 期。

[31]闻待：《论高中教育的多样化发展》，博士学位论文，华东师范大学，

2010 年。

[32]吴刚平：《校本课程开发的定性思考》，《课程·教材·教法》2000 年第 7 期。

[33]徐士强：《普通高中特色、多样、优质发展问析》，《教育理论与实践》2012 年第 7 期。

[34]杨庆媛：《教师专业发展路径的上海经验》，《长春师范大学学报》2019 年第 5 期。

[35]尹弘飚、靳玉乐：《课程实施的策略与模式》，《比较教育研究》2003 年第 2 期。

[36]袁桂林：《对普通高中多样化发展的理解》，《人民教育》2013 年第 8 期。

[37]袁桂林：《论高中教育机构和培养模式多样化》，《湖南师范大学教育科学学报》2015 年第 14 期。

[38]袁平平：《课程评价的意义与依据》，《旅游纵览(下半月)》2018 年第 12 期。

[39]袁晓英：《变革，让区域课程领导更有张力》，《上海教育科研》2015 年第 5 期。

[40]张力：《推动普通高中多样化发展的政策要点》，《人民教育》2011 年第 1 期。

[41]赵文平：《新中国基础教育课程结构变革历程审视》，《课程教学研究》2012 年第 11 期。

[42]赵小莉、张旭：《办学体制改革：教育现代化的关键选择》，《天津师范大学学报(基础教育版)》2016 年 17 期。

[43]浙江省教育厅：《深化基础教育课程改革 促进学生全面而有个性的发展》，《人民教育》2018 年第 3 期。

[44]钟启泉：《基于核心素养的课程发展：挑战与课题》，《全球教育展望》2016 年第 5 期。

二、著作

[1]陈侠：《课程论》，人民教育出版社 1989 年版。

[2]丛立新：《课程论问题》，教育科学出版社 2001 年版。

[3]电子科技大学应用数学系：《新世纪工科数学教育探索》，电子科技大学出版社 2000 年版。

[4]瞿葆奎主编、金含芬选编：《教育学文集·英国教育改革》，人民教育出版社 1993 年版。

[5][美]科南特：《科南特教育论著选》，陈友松译，人民教育出版社 1988 年版。

[6][日]牧野笃等：《当代日本中等教育》，山西教育出版社 1999 年版。

[7]施良方：《课程理论：课程的基础、原理与问题》，教育科学出版社 2000 年版。

[8]孙孔靓：《学校特色(2 版)》，北京人民教育出版社 2007 年版。

[9]汤才伯：《廖世承教育论著选》，人民教育出版社 1992 年版。

[10]王策三：《教学论稿》，人民教育出版社 2000 年版。

[11]吴宏志、冯大鸣等：《新编教育管理学》，华东师范大学出版社 2003 年版。

[12]袁晓英：《区域课程领导力建设的理论与实践》，上海三联书店 2012 年版。

[13]张斌贤主编：《外国教育史》，教育科学出版社 2008 年版。

三、报告

李劲渝、包茹华等：《西部区域性中小学幸福教育构建与实践研究》(课题批准号：FHB120506)，全国教育科学“十二五”规划 2012 年度教育部规划课题。

后　记

随着基础教育课程改革的不断深入推进，区域普通高中呈现多样化发展趋势。多样化发展是高中教育发展变革的主要趋势，高中多样化发展的关键力量是学校课程领导力建设，高中多样化发展的核心策略是区域整体推进。

《课程领导力——普通高中系统变革的核心动力》为重庆市普通高中教育教学改革研究重大课题"区域推进普通高中多样化发展的实践研究——以南岸区课程领导力建设为例"(批准文号：2015cqjwgzl002)的研究成果，旨在形成区域推进普通高中多样化发展的机制和策略，提升区域普通高中学校、校长及教师课程领导力，形成一批优质多元的特色高中，提高区域高中教育质量，促进高中学生个性化多元成长，形成课程领导力建设推进区域高中多样化发展的典型经验，供其他区域借鉴。

本书撰写具体分工如下：第一章，高勇、刘莎、文晓勇、牛红岭；第二章，曾松、张跃华、万夏、乔妮；第三章，周世超、谭定军、黄祖清；第四章，熊百艳、张春国、张金晶；第五章，罗清菊、赵安强、沈小力；第六章，袁仕荣、鲁海波。全书由包茹华和李小兵统稿。

在本书撰写过程中，特别感谢西南大学教育学部王牧华教授、艾兴副教授的悉心指导；感谢重庆第二师范学院万明春教授、重庆市教委基础教育处江鹏副处长、重庆市教育科学研究院李常明副院长、万礼修副院长、重庆师范大学张希希教授、重庆评估院张东副院长、重庆市教育学会秘书长栗梅；感谢重庆市南岸区教委及重庆市南岸区教师进修学院的相关领导、同事对本课题在研究及成书过程中无私的关心、支持和帮助；其他支持本课题研究的朋友们在此一并致谢。

由于本课题研究的研究团队水平有限，本书存在的不当之处敬请批评指正。

课题组